UDO SELL

Im Zauber des fernen Nordlichtes

Reiseabenteuer Alaska/Yukon

Umschlagfotos: Grizzly mit Rotlachs am Brooks River, Katmai National Park * „Ferienhäuser auf vier Rädern", Denali Highway * Kanus am Dease Lake, Cassiar Highway * TOTEM in Skagway * Fangerfolg am Gulkana River, Glenn Highway * Columbia Glacier, Prince William Sound * Tanzende Nordlichter am Himmel, Robert Campbell Highway

Alle Fotos stammen vom Autor.

IMPRESSUM:

REISEABENTEUER ALASKA – YUKON
Im Zauber des fernen Nordlichtes – Udo Sell

© Umschlaggestaltung, Aufbau und Konzept des Buches lag in Händen des Autors. Dieser behält sich alle Rechte vor.

Lektorat: Dipl.Ing. Andreas Röder

Druck und Bindung: Books On Demand GmbH

ISBN 3 – 8311 – 2161 – 3

Ersterscheinung im September 2001

Ruhig und vollkommen gelassen hält Buschpilot Steve vom Watson Lake Flying Service den Steuerknüppel seines Amphibienflugzeuges der Marke Otter in der Hand. Am fast wolkenlosen Himmel scheinen die letzten Sonnenstrahlen der Abendsonne durch die kleinen Fenster des Buschflugzeuges zum Greifen nahe zu sein.

Der Blick nach unten verdeutlicht uns die Unendlichkeit der nordischen Wildnis. Wie eine riesige Anhäufung von Streichhölzern wirken dabei die unzähligen Bäume.

Bäume, nichts als Bäume, dazwischen immer einmal Wasser. Türkisgrün schimmern uns die glatten Wasseroberflächen der Waldseen entgegen. Flüsse zerschneiden die Landschaft, münden nach Norden in die Beaufort See, nach Westen in die Bering See und nach Süden in den Pazifik.

Auch der noch so konzentrierteste Blick aus der Vogelperspektive verrät uns kein Anzeichen menschlicher Anwesenheit. Keine Häuser, Straßen oder einfache Zelt-Camps von Jägern und Fischern sind weit und breit zu sehen. Unsere ersten Eindrücke vom Yukon Territorium sind überwältigend. So hatten wir uns das Land, das wir bisher nur aus Zeitschriften, Büchern und Reisemagazinen kannten, vorgestellt. Der Yukon ist wahrhaftig ein Magnet, der mit seiner beispiellosen Landschaft und faszinierenden Tierwelt magische und unberechenbare Anziehungskräfte auf uns Menschen ausübt.

Udo Sell
Juni 1993

Inhalt

Vorwort des Autors

Schneebedeckte Bergketten, gigantische und unerforschte Gletscherlandschaften, verlassene Geisterstädte, saubere und fischreiche Flüsse und Seen, die sagenumwogenen Goldrauschlegenden Jack Londons und der Zauber der einzigartigen nordischen Polarlichter.
Das ist Alaska und der Yukon, das Land der mächtigen Grizzly-Bären, Lachse und Wölfe, dass bis zum heutigen Tage durch seine zumeist unberührte Wildnis alle begeisterten Naturfreunde und Outdoor-Freaks in seinen Bann zieht.

Seit acht Jahren bereise ich diese nordischen Länder, die mir immer wieder neue faszinierende Schauspiele der Natur boten. Kalbende Gletscherzungen an der Küstenregion, orkanartige Stürme, die mit vehementen Kräften über das riesige Land zogen oder wenn sich während der Lachswanderungen „Meister Petz" mit seinen messerscharfen Pranken als wahrer Meisterfischer entpuppte.

Mehr als 25 000 Kilometern war ich mit Freunden mit Campern auf den einsamen und oft hirnerweichenden Highways des Nordens unterwegs. Verwegene Buschpiloten, die weder Tod noch Teufel fürchten, flogen uns mit ihren zweimotorigen Maschinen zu längeren Aufenthalten in das „Real Alaska". In den entlegenen Wildnis-Camps führten wir das Leben eines Trappers. Selbst gefangene Lachse, Saiblinge und Hechte standen dabei auf unserem Speisezettel. Ausgedehnte Bergwanderungen, Kanutouren und das Beobachten der mächtigen Grizzlys an den weltberühmten Brooks Falls im Katmai National Park lieferten mir als begeisterten Hobby- und Pressefotografen ein Fülle von fantastischen Motiven.

Mit diesem Buch möchte ich alle Leser auf meine spannenden und erlebnisreichen Touren durch den hohen Norden „entführen". Sie mitnehmen auf den Spuren der Goldgräber, Glücksritter, Abenteurer, Indianer und Trapper, die schon vor vielen Jahren die Schönheit und unverfälschliche Natur des Nordens in seinen schönsten Zügen genießen konnten.

Wittershausen im Jahre 2001

Udo Sell

ANCHORAGE, DREH- UND ANGELPUNKT FÜR UNTERNEHMUNGEN IN ALASKA

Es ist der 21. Juni, Mittsommernacht. Auch in Alaska der längste Tag des Jahres. Sechs Männer aus Unterfranken stehen vor der Ankunftshalle des Internationalen Airports von Anchorage.

Jeder von ihnen ist mit viel Gepäck angereist. Große Reisekoffer und -taschen, Rucksäcke, Foto- und Videotaschen, sowie ein riesiges Transportrohr für die Angelruten, das einer „Panzerfaust" ähnelt, stehen leicht verstreut in der Gegend herum. Für mich und meine fünf Mitreisenden aus einem kleinen Ort in der Nähe des Weltbades Bad Kissingen ist Anchorage Start- und Ausgangspunkt einer mehrwöchigen Reise durch eine der faszinierendsten Landschaften unseres Erdballs.

Endlich, nach fast dreißig Minuten hat das ungeduldige Warten ein Ende. Ein knallroter Mini-Van des Airport Bed&Breakfast fährt vor. Am Steuer ein bärtiger, schwergewichtiger Mann mit großem Cowboyhut. Überraschend schnell schwingt sich dieser ganze Kerl von Mann aus seinem Sitz und verlässt sein Fahrzeug in Richtung unserer Gruppe. Mit einem lauten "Welcome Guys" begrüßt uns der Mann. Seine Verspätung erklärt er mit folgenden Worten: „In der Innenstadt findet heute der traditionelle Marathon-Lauf statt, einige Straßen sind aus diesem Grund gesperrt und es kommt daher zwangsläufig zu Stauungen!"

Mit vereinten Kräften laden wir äußerst schnell unseren großen „Gepäckberg" in den Laderaum des Fahrzeuges. Zehn Minuten sind wir gerade einmal unterwegs, als ich schon das hölzerne Reklameschild der kleinen Motelanlage ausmachen kann. Um die Reisekasse nicht gleich zu Beginn zu strapazieren, teilen wir sechs uns zwei Zimmer. Die amerikanischen Doppelbetten in den Motels, dass war mir bereits aus anderen Reisen bekannt, sind dafür groß genug.

Das Motel bietet relativ wenig Komfort, aber für die eine Nacht vollkommen ausreichend. Die Preise für Übernachtungen in den Hotels und Motels von Anchorage sind horrend, wie leider fast alles in Alaska. Für die Hotelbetreiber muss man als Gast auch ein bisschen Verständnis aufbringen, die Saison ist kurz und die Kosten für Heizung und Instandhaltung sind in den langen, dunklen und strengen Wintermonaten für die riesigen Gebäude enorm. In den Abendstunden macht sich bei mir ein Knurren im Magenbereich bemerkbar und so mache ich den Vorschlag, ein Restaurant aufzusuchen und dagegen Abhilfe zu schaffen. Bei unserem abendlichen Bummel durch die Straßen von Anchorage merke ich schnell, dass auch Alaskas größte Metropole die typischen Merkmale einer amerikanischen Großstadt besitzt.

Breite, schachbrettförmig angelegte Straßen und die auffallenden Leucht-reklamen der unzähligen Fast-Food-Restaurants, Motels und Einkaufszentren lassen nicht darauf schließen, dass nur wenige Kilometer hinter der Stadtgrenze die schier grenzenlose und ungezähmte Wildnis des riesigen Landes beginnen soll. Auch die recht schmucklosen, grauen Betonklötze passen nicht so richtig in das Bild an der Meeresbucht. Anchorage selbst liegt malerisch schön am Kopfende des sogenannten Cook Inlet, einer tiefen Einbuchtung des Golfs von Alaska.

Mein Blick auf die umliegenden Gebirgsketten der Chugach Mountains lässt schon einiges erahnen und weckt die Vorfreude in mir auf die bevorstehenden Wochen in der großen Weite des wilden und rauhen Landes. Wie ich aus unzähligen Dokumentationen am Fernsehschirm und Reisebüchern wusste, kennen die rauhen, unberechenbaren und oft erbarmungslosen Klima-bedingungen des Landes kein Pardon. Schon der kleinste Fehler eines Menschen oder Tieres in den langen, dunklen, bitterkalten und oft qualvollen Wintermonaten kann das Ende bedeuten.

Die Wertschätzung von Leben und Tod wird einem in Alaska so bewusst, wie in fast keinem anderen Land unserer Erde. Dies sollte ich auf meinen Reisen durch den hohen Norden noch zu genüge am eigenen Leib verspüren. Längere Aufenthalte in der rauhen Welt des Nordens können wahrlich zu einer echten Herausforderung werden. Meine eigenen Grenzen sollten oftmals aufgezeigt werden. Diese Erfahrungen prägen jedoch einen Menschen und bestimmen seinen weiteren Lebensweg.

Unsere Gruppe macht bei ihrem abendlichen Spaziergang einen kurzen Zwischenstopp am Lake Hood. Hunderte von Kleinflugzeugen der Marken Cessna, Beaver oder der legendären DeHavillands versammeln sich sprichwörtlich um den See. Es ist der größte Flughafen für Wasserflugzeuge auf der Welt. Aufmerksam verfolgen unsere Augen das Landemanöver einer zweimotorigen Cessna bei ihrem Anflug auf den See. Seidenweich setzt die Maschine dem „feuchten Rollfeld" auf. Unzähligemale starten hier am Tag verwegene Buschpiloten die Motoren ihrer Kleinflugzeuge, um abenteuer-lustige Menschen in die unendlichen Weiten der alaskanischen Wildnis zu fliegen.

Ja, die kleinen Flugzeuge sind in Alaska ein unentbehrliches Transportmittel, denn nur wenige Straßen durchziehen die endlosen Wälder und gewaltigen Gebirgsketten. Für die Versorgung der Menschen in abgelegenen Siedlungen sind sie sogar lebenswichtig.

Aber wir hatten uns ja eigentlich auf die Suche nach einem Restaurant begeben, um unsere „Hungergefühle" zu schmälern. Magisch zieht mich dann ein großes weißes, hölzernes Werbeschild eines griechischen Restaurants an. Mit Riesenportionen zu billigen Preisen wirbt es um Kundschaft. Und tatsächlich werden wir nicht enttäuscht. Auch die zwei Budweiser zum

Die typischen Merkmale einer amerikanischen Planstadt mit breiten, schachbrettförmig angelegten Straßen und grauen, schmucklosen Betonklötzen sind auch in Anchorage sichtbar

„griechischen Abendschmaus", die sich jeder von uns gönnte, sollten eigentlich für die nötige „Bettschwere" sorgen.

Der nächste Morgen steht im Zeichen eines schnellen Aufbruchs. Die Nacht verlief alles andere als planmäßig. Viele Gedanken schossen mir durch den Kopf. Was würden wir alles in den nächsten Wochen erleben? Würde sich mein sehnlichster Wunsch, einen mächtigen Grizzly-Bär in freier Wildbahn bewundern zu dürfen, erfüllen? Sollten wir das durchdringende Heulen der Wölfe und Kojoten hören, so wie es Jack London in seinen Romanen beschrieb? Ich wälzte mich ständig von der einen zu anderen Seite, viel zu aufgewühlt, um in einem tiefen Schlaf zu fallen. Thomas, Marcus und Karlheinz scheint es ebenso zu gehen, denn ich merke es, wie auch sie sich ständig im Bett umherwälzen. Besonders Karlheinz bringt an diesem Morgen nur schwer seine Augenlider nach oben. Der sogenannte „Jet-Lag", die zehnstündige Zeitverschiebung zu Deutschland und die Tatsache, dass es hier in der Nähe des nördlichen Polarkreises praktisch die ganze Nacht nicht dunkel wurde, sind wahrscheinlich die Gründe dafür. Diese These vertrat Marcus und er dürfte ausnahmsweise mal recht gehabt haben.

Nach einer gründlichen Körperreinigung begeben wir uns in den Frühstücks-
raum und stärken uns mit einem ausgiebigen amerikanischen Frühstück.
Kaffee, Orangensaft, Marmelade, Honig, Eier und Schinken und das wenig
nährstoffreiche und von uns allen unbeliebte typisch amerikanische Toastbrot
stehen zur Auswahl am Buffet. Im benachbarten Aufenthaltsraum bestaunen
wir „Petrijünger" mit leuchtenden Augen das Präparat eines Königslachses, das
über dem offenen Kamin das Zimmer ziert. Auch in den Etagengängen des
Motels sind originelle Jagdtrophäen zu bewundern.
So hält u.a. ein schneeweißes Dallschaf sein tödliches Unheil in Form einer
doppelläufigen Jagdschrotflinte in seinen Vorderläufen. Felle von Schwarz- und
Grizzlybären lassen darauf schließen, dass der Besitzer des Motels ein wahrlich
begeisterter Jäger und Angler sein muß.
Gegen neun Uhr laufen wir die achtzig Meter zur Vermietstation. Die
Fahrzeuge, zwei geländegängige Mini-Vans haben wir bereits von Deutschland
aus geordert. Dies ist auch meiner Meinung nach sehr sinnvoll, denn vor allem
zur Hochsaison sind Unterkünfte, Fahrzeuge und Wohnmobile oftmals
ausgebucht. Bei einer frühzeitigen Reservierung wählt man auch im Normalfall
die billigere Variante als beim kurzfristigen Buchen vor Ort. Die
Fahrzeugübernahme gestaltet sich rasch und ohne größere Probleme. Nachdem
wir unser ganzes Gepäck wieder einmal verstaut haben, geht es endlich los.
Um etwas Geld zu sparen, steuern wir als erstes eines der großen
Einkaufszentren in Anchorage an. In diesen für europäische Verhältnisse
überdimensionalen Einkaufshallen erhält man von der Zahnbürste bis zum
doppelläufigen Jagdgewehr praktisch alles, was für einen längeren Aufenthalt
in der Wildnis nötig ist. Drei große Einkaufswagen sind mit Lebensmittel,
Haushaltsutensilien und ein wenig Angelzubehör randvoll gefüllt, als wir uns
in die Schlange vor der Kasse einreihen. Ein kleiner Tipp: Es ist ratsam, die
meisten Besorgungen in Anchorage zu erledigen. Umso weiter man sich von
der Stadt entfernt, desto teurer werden Preise für Lebensmittel, Kleidung und
Benzin. Verständlicherweise, wenn man die großen Entfernungen in Alaska
berücksichtigt. Im Einkaufszentrum J.C. Penny`s sehen wir schon einmal in
einer Glasvitrine, was uns in „Real Alaska", draußen in der Wildnis „alles über
den Weg laufen kann". Sage und schreibe drei Meter und 41 Zentimeter misst
der mächtige Kodiak-Bär von seinen Hinter- bis zu seinen Vorderpfoten. Das
Gewicht des mächtigen Bären beträgt stolze 865 Kilogramm! Es handelt sich
hierbei um einen der größten, je von Menschenhand erlegten Braunbären.
Beim Anblick dieses „Giganten" wird mir schnell klar, dass es sich bei
Alaskas Braunbären nicht um kuschelige Teddybären handelt, sondern um die
größten Landraubtiere unserer Erde. Wer davon träumt, herrliche Aufnahmen
von Bären mit einer Pocketkamera schießen zu können, dieses wirkliche
„Greenhorn" sei an dieser Stelle gesagt, es möchte seine Reisepläne nochmals
gründlich überdenken.

Um die Mittagszeit starten wir auf dem Highway No. 1, auch Seward Highway genannt, in Richtung Süden zu unserem ersten Etappenziel, den Killey River Cabins, zehn Meilen südlich der kleinen Ortschaft Sterling auf der Kenai Halbinsel gelegen.

DAS ABENTEUER KANN BEGINNEN

Petrus hat uns gleich zu Beginn der Reise ein wahres Bilderbuchwetter geschickt. Wir fahren bei fast wolkenlosen Himmel auf den Seward Highway. Dieser Highway ist die zweihundert Kilometer lange Verbindungsstraße zwischen Anchorage und Seward, einem kleinen Fischerstädtchen an der Ostküste der Kenai Halbinsel. Immer wieder werfen meine fünf Reisegefährten und ich die Blicke auf die umliegende fantastische und faszinierende Landschaft, die sich uns, wie auf dem Servierblech, von allen Seiten spektakulär präsentiert. Die Fahrt auf dem Seward Highway entlang des Chugach State Parks mit seinen gewaltigen Bergen und Gletschern, sowie den Blick auf dem Turnagain Arm Fjord, in dem weiße Beluga-Wale leben, zählen zweifellos zu den landschaftlichen „Leckerbissen" einer Alaska-Reise. Der Turnagain Arm Fjord, der die Halbinsel vom Festland trennt, war vor Jahrmillionen ein gigantischer Gletscher. Erst mit dem Schmelzen des Eises blieb die spitz ins Land ragende Bucht vor der Südküste Alaskas zurück.

Thomas auf der Beifahrerseite erspäht sie als Erster. Die weißen Punkte an den steilen Berghängen bewegen sich. Der Blick durch sein Fernglas bestätigt unsere Vermutung. Eine ganze Herde Bergziegen sucht nach Fressbaren an den steilen, steinigen Hängen entlang des Highways. Es ist nicht ganz ungefährlich für uns, die beiden Fahrzeuge verkehrssicher am Straßenrand abzustellen und die Tiere mit unseren Videokameras festzuhalten oder einem 400 mm Objektiv zu fotografieren. Es herrscht reger Verkehr auf dem Highway.

Jeeps mit großen und vollbeladenen Anhängern, Camper mit Booten auf dem Dach, sowie riesige Wohnmobile brausen in rasantem Tempo an uns in Richtung Süden vorbei. „Alaskas Flair" von Einsamkeit und unberührte Wildnis wird bei diesem Anblick in weite Ferne gerückt. Aber es hat schon seinen Grund, warum es anscheinend alle Einwohner Alaskas auf diese Straße zieht. Der Lachs-Run hat begonnen und mit ihm sind Tausende von Sportangler aus allen Herren Ländern nicht mehr zu bremsen.

Besonders der Kenai River mit seinem großwüchsigen Lachsstamm zieht die Sportfischer auf die Halbinsel. Die schwergewichtigen „Kings" (Königslachse) steigen von Ende Mai bis Mitte Juli in dem Fluss auf und erreichen Durchschnittsgewichte von 35 Pfund, wobei Exemplare von über 50 Pfund auch keine Seltenheit sind. Der Weltrekord (97 Pfund Königslachs !) stammt übrigens auch aus diesem Fluss. Russian, Kasilof und Ninilchik River lassen ebenfalls das Herz eines jeden passionierten Sportfischers höher schlagen.

So, jetzt haben wir die Bergziegen mit unseren technischen Geräten zu genüge „eingefangen". Unseren nächsten kurzen Zwischenstopp machen wir am sogenannten „Beluga-Point". Mit der Flut können hier die weißen Beluga-Wale auf ihren Raubzügen durch den Fjord beobachtet werden. Uns bleiben die Meeres-Jäger leider verborgen, denn bis die Flut einsetzt dauert es noch Stunden und so beschließen wir, nach einer weiteren Zigarettenlänge, die Fahrt fortzusetzen. Weit kommen wir wieder nicht. Am Straßenrand äst eine Elchkuh mit ihren zwei Sprößlingen. Aber als ein schwergewichtiger Truck uns überholt verzieht sich die Elchfamilie ins dichte Waldgestrüpp zurück.

Es ist schon ein Graus mit diesen rücksichtslosen Alaskanern, die nur die fetten Lachse im Sinn haben. Aber man muss die Einwohner Alaskas entschuldigen. Ein Elch am Straßenrand ist bestimmt für uns Europäer ein lohnendes und begehrtes Foto- und Videomotiv. Für Alaskaner ist dies alltäglich. Deshalb sind auch viele Autofahrer auf dem recht stark befahrenen Highway nicht auf eine Vollbremsung des Vordermannes wegen eines Fotostopps eingestellt. Bitte hier den Hinweis beachten, die Verkehrssicherheit auf alle Fälle den noch so eindrucksvollsten und verlockendsten Naturerlebnissen vorzuziehen. Ein Verkehrsunfall könnte den Urlaub zu einem kurzen Vergnügen machen. Und wer möchte schon in einem fremden Land die schönsten Wochen des Jahres in einem Krankenhaus verbringen? Viel zu oft verleidet die herrliche Szenerie auch den Autofahrer, seine Blicke von der Straße zu nehmen, was sich dann ebenfalls negativ in der Unfallstatistik auf Alaskas Highways widerspiegelt. Hier nehmen die ersten achtzig Kilometer südlich von Anchorage fast unangefochten die Spitze ein.

Nach diesen achtzig gefahrenen Kilometern erreichen wir die größte Attraktion entlang des Seward Highways. Ein großes Hinweisschild am Straßenrand führt uns in die Portage Glacier Road. Bereits nach wenigen Fahrtkilometern erkennen wir schon aus der Ferne das blau schimmernde Wasser eines Eissees. Am Parkplatz des Besucherzentrums stellen wir unsere beiden Fahrzeuge ab.

Weiße Eisschollen treiben auf das dunkelblaue Wasser umher. Der Trip mit dem Ausflugschiff zu der eisblau schimmernden Zunge des Gletschers sollte für mich nur der Einstieg in die fantastischen Gletscherlandschaften des riesigen Landes werden. Er wirkte wie ein Magnet auf mich. Tatsächlich war er Auslöser, auf weiteren Touren noch mehr über die majestätischen Gletscher zu erfahren.

Mit dem Film „Voices of Ice" wird im Besucherzentrum ein international ausgezeichneter Film über die Gletscherriesen gezeigt. Falls es die Zeit erlauben sollte, darf man sich diesen lehrreichen Film nicht entgehen lassen.

Uns zieht es weiter, wir wollen endlich für einige Tage die gewöhnlichen Touristenpfade verlassen.

An der Kreuzung zum Sterling Highway heißt es für uns, vorerst Abschied vom Seward Highway zu nehmen. Wir folgen die „Straße der Fischer", wie der Sterling Highway auch gerne genannt wird. Kenai und Russian, mit die besten Lachsflüsse Alaskas fließen entlang dieses Highways. Nach allgemeiner Zustimmung wird am Kenai Lake eine kleine Rast eingelegt. Es wird auch Zeit, sich mit einer kleinen Brotzeit zu stärken. Immer noch strahlt die Sonne aus vollen Zügen und im türkisgrünen Wasser des Kenai Lakes bildet sich ein faszinierendes Farbenspiel. Die mächtigen Kenai Mountains bilden des weiteren eine prächtige Kulisse für unser kleines Picknick am Seeufer.

Verständlicherweise schmeckt einen bei diesem Umfeld das Wurst- oder Käsebrot gleich doppelt so gut. Mit Cooper Landing erreichen wir wenige Zeit später eine kleine Siedlung, die nur aus wenigen Holzhäusern und einer Tankstelle besteht.

WILDNISBLOCKHÜTTEN AM KILLEY RIVER

Es ist 20 Uhr als wir in Sterling eintreffen. Vom General-Store führe ich ein kurzes Telefongespräch mit Jerry Moore, unseren Gastgeber für die nächsten Tage.

In Alaska braucht man keinen Angelschein, jedoch muss man eine Erlaubnis bzw. Speziallizenz für den Fang von Königslachsen käuflich erwerben. Etwa fünfzig Dollar kostet der Jahresschein, Wochen- und Tageskarten sind im Verhältnis teurer, aber bewegen sich mit zehn bis dreißig Dollar noch in einem vernünftigen Rahmen. Im General Store von Sterling gibt es für unsere Gruppe keine Probleme, die benötigten Lizenzen zu erhalten.

Noch ein paar Dosen Bier und Cola, sowie etwas Angelzubehör in Form von Kunstködern wie Blinker und Wobbler und es geht weiter zu unserem ersten Reiseziel. Den gutausgebauten und geteerten Sterling Highway müssen wir nun leider verlassen. Langsame Fahrweise ist angesagt. Mannschaft und Gepäck werden auf der Feuding Lane, einer staubigen Schotterpiste mit unzähligen Schlaglöchern ganz schön durcheinander gerüttelt.

Zwanzig Minuten später ist der Spuk vorbei, doch Kurt jammert kräftig über auftretende Rückenschmerzen. Mit seinen fast 60 Lenzen ist er halt doch nicht mehr der Jüngste.

Jerry ist bereits am ausgemachten Treffpunkt am Ufer des Kenai Rivers und begrüßt uns landesüblich mit einem lautem „Welcome Guys". Nach einer kurzen Berichterstattung über die Anreise und den ersten Erlebnissen auf der Hinfahrt laden wir den größten Teil unseres Gepäckes in Jerrys Jet-Boot. Nach Aussage von Jerry wird der Transfer zum Ufer seines Waldgrundstückes am

„Picknick" vor herrlicher Kulisse

Killey River fünfzehn Minuten dauern. Das Boot ist schwer beladen. Nur Karlheinz und ich sind seine Begleiter bei der ersten Fahrt. Nicht ohne Hintergedanken der anderen. Schließlich ist fast das gesamte Gepäck an „Bord" des Bootes und das heißt es auch wieder auszuladen, denn mit der zweiten Tour möchte der Rest der Crew ja abgeholt werden.

Inzwischen steht die Sonne im Südwesten schon deutlich tiefer, dennoch ist es um zehn Uhr abends immer noch heller wie bei uns zu Hause etwa um sieben Uhr abends im Juni. Auf der Bootsfahrt zu seinem Grundstück und Campanlage erzählt uns der langjährige Armeeangehörige, dass er sich mit dem Kauf des riesigen Waldgrundstückes, einer Halbinsel, welche auf der einen Seite vom Kenai und auf der anderen vom Killey River umgeben ist, seinen persönlichen Jugendtraum erfüllte.

Der Aufbau der Campanlage kostete ihm zwar viel Schweiß, doch ist er auch sehr stolz auf seine neue Heimat in der Wildnis. Wie er uns weiter berichtet, besteht die Anlage aus einem großen Blockhaus, das Jerry gleichzeitig als Wohnhaus nutzt und bei einer Vermietung bis zu sechs Personen genügend „Bewegungsfreiheit" bietet. Für uns geht es aber noch tiefer und einsamer in die Wildnis. Zwei neu erbaute Blockhütten, die direkt am Ufer des Killey Rivers versteckt am anderen Ende der Halbinsel liegen, stehen zum „Einzug" für uns parat.

Im zügigen Tempo geht es mit dem Jet-Boot flussaufwärts. Ein Weißkopfseeadler, Amerikas Wappentier kreist über uns hinweg. „Der Horst des Adlers befinde sich direkt am Ufer seines Waldgrundstückes auf einem hohen Tannenbaum", vermeldet Jerry. Im gleichen Zug wird die Geschwindigkeit deutlich verringert.

Nach der nächsten Flussbiegung ist es soweit. Am Ufer steht bereits Diana, Jerrys Lebensgefährtin mit drei startbereiten Fourwheelern. Auch „Tank" (Panzer), ein netter und gut erzogener Rottweiler, wie sich in den nächsten Tagen herausstellen sollte, begrüßt „seine Gäste" mit einem kurzen Bellen. Für ein langes Plauschen bleibt nun keine Zeit mehr. Es war bereits ein sehr langer Tag und es liegt noch allerhand Arbeit vor uns.

Bis zum Eintreffen der restlichen Crew wollen wir das Gepäck zu unseren Blockhütten am Killey River transportiert haben. Die Ladeflächen der drei Fourwheeler sind vollkommen ausgereizt, als wir die Motoren starten und uns nun in Richtung eines schmalen Waldtrails bewegen. Der Transport unseres Gepäcks geschieht auf holprigen Geläuf, über Baumwurzeln, Steine und Äste. Um nicht einen Teil des Gepäcks zu verlieren, geht es nur im besseren Schritt-Tempo vorwärts. Nach etwa fünfhundert Metern erreichen wir Jerrys Wohnhaus. Ein kurzer Stopp, und Diana hat ein verschwitztes Lächeln auf der Lippe.

„So Jungs, jetzt geht es ab in die vollkommene Ruhe und Einsamkeit. Zwei Kilometer auf diesen Trail und wir sind bei den beiden Blockhütten am Killey River!"

Voller Tatendrang greifen wir die „Erklimmung" des Waldtrails an. Laut dröhnen die Motoren durch die sonst so ruhigen Wälder. Etwa auf halber Strecke erreichen wir ein feuchtes Sumpfgebiet mit einem kleinen aufgestauten Wasserloch. Diana erklärt, dass wir hier allerbeste Chancen auf einmalige Tierbeobachtungen haben. Nicht selten würden sich Elche, Füchse und auch Grizzlys zeigen.

Ich weiß nicht, wie es Karlheinz ergangen war, aber bei dem Wort Grizzly holte ich erst einmal tief Luft. Zum Glück hatten wir bereits bei unserer Anreise im Flugzeug die Belegung der Cabins ausgemacht. Ein großer Vorteil, so können wir bereits bis zum Eintreffen der restlichen Crew die entsprechenden Gepäckstücke an den jeweiligen Blockhäuser abladen. Pünktlich als wir mit dem Abladen fertig sind, trifft der Rest der Crew am ersten Blockhaus ein.

Mit Spannung werfen wir den ersten Blick in unsere neuen rustikalen Heime. Kochnische, Yukon-Ofen, zwei Doppel-Etagenbetten und eine gemütliche Sitzecke. Die beiden urigen Blockhütten sind bestens für einen Wildnisaufenthalt ausgestattet. Die sogenannten Outhouses, die Plumpsklos liegen jeweils gute fünfzig Meter von den Blockhäusern weg. Bereits am ersten

Die Cabins am Killey River sind mit Kochnische, Yukon-Ofen, Etagenbetten und Sitzecke bestens für einen Wildnisaufenthalt ausgestattet

Tag in der Wildnis entpuppt sich unser „Chefkoch" Hermann, der vom Beruf eigentlich Versicherungskaufmann ist, als Freund des guten Geschmacks. Er verwöhnt uns nach einem langen, anstrengenden Tag mit riesigen T-Bone-Steaks, gerösteten Zwiebeln und saftigen Speck. Dazu ein Bier aus der Kühlbox – „Anglerherz" was willst du mehr? In den folgenden Wochen sollten noch schmackhafte Fleisch- und Fischgerichte mit köstlichen Salaten und Gemüse folgen. Auch am Frühstückstisch fehlte nie etwas. Eier mit Speck, Marmelade, Honig, Butter und dazu frisch aufgesetzten Kaffee. Ich denke, in keiner noch so teuren „fünf Sterne"-Hotelanlage könnte es einen, rein aus kulinarischer Sicht gesehen, besser gehen. Das negative Resultat war, dass jeder von uns mindestens zwei bis drei Kilos an Körpergewicht zulegen sollte. Wir lauschen noch ein bisschen dem Knistern des Lagerfeuers. Die Müdigkeit ist uns aber allen anzusehen. Schließlich war der Tag sehr lange und anstrengend und vom Jet-Lag sind wir auch noch alle gezeichnet.

Und so klingt er langsam aus, unser erster voller Urlaubstag auf alaskanischen Boden. Es ist schon ein seltsames Gefühl, bei diesen immer noch relativ hellen Lichtverhältnissen um die Mitternachtszeit seine „Koje" im Blockhaus aufzusuchen.

KENAI, DIE ZEUGEN RUSSISCHER VERGANGENHEIT SIND NOCH HEUTE LEBENDIG

Wage Sonnenstrahlen ziehen durch die kleinen Fenster des Blockhauses. Sie ermuntern mich, aus dem Holz-Etagenbett zu steigen und zu neuen Taten zu schreiten. Für heute stehen mit den Vans ein Abstecher nach Homer, der südwestlichsten Stadt auf der Halbinsel, sowie nach Kenai, der größten Stadt der gleichnamigen Insel, auf dem Programm. Nacheinander laufen Marcus, Thomas, Karlheinz und ich die fünfzig Meter zum gemeinsamen Duschhaus, um unsere morgendliche „Grundreinigung" hinter uns zu bringen. Das Frühstück nehmen wir im Nachbarblockhaus ein. Hier hat Hermann bereits alles für unser leibliches Wohl vorbereitet.

Es scheint Hermann richtig Spaß zu machen, die komplette Truppe bestens zu verköstigen und dies trägt mit Bestimmtheit zur guten Laune und Stimmung während unseres Aufenthaltes bei.

Der Abwasch liegt in den Händen von Marcus und mir. Schnell ist dieser erledigt. Nur wenn alle mitmachen funktioniert ein intaktes Gruppenleben. Bei unserem anschließenden Marsch zu Jerry`s Hütte zeigt Thomas plötzlich mit seinem Zeigefinger auf einen Fleck im schmalen Waldtrail. Tatsächlich, es ist der Abdruck einer mächtigen Bärentatze, die sich regelrecht in den feuchten, schlammigen Untergrund eingegraben hat. Kurt bemerkt: „Gestern abend war diese Spur mit Sicherheit noch nicht da!" Also, jetzt wissen wir es genau. „Meister Petz" wohnt nicht weit von uns entfernt.

Mit merklich lauteren Geräuschen und Getrampel laufen wir nun weiter. Dadurch schrecken wir ein Moorhuhn aus seinem Schlafquartier auf. Das Federkleid des Vogels ist ein wahrer „Tarnanzug". Nach ein paar Metern Sicherheitsabstand lässt sich das Tier aber wieder zum Fortsetzen seines Schläfchens auf einen Ast nieder.

Plötzlich stört das Geräusch einer Motorsäge die friedvolle Morgenstille im Wald. Wie wir schon fünf Minuten später erkennen, ist der Schuldige dafür Jerry. Dieser ist in unmittelbare Nähe zu seinem Wohnblockhaus mit dem Bau einer Sauna im Blockhausstil schwer beschäftigt.

Nun muss er aber seine Arbeit für kurze Zeit unterbrechen, wir wollen zu unseren Vans und die stehen gut drei Meilen flussabwärts am Ufer des Kenai Rivers auf einem bewachten Camping-Parkplatz.

Die Sonne brennt, kaum eine Wolke ist am dunkelblauen Himmel wahrzunehmen, als wir uns in Jerry`s Boot begeben. „This weather is not usually in Alaska, enjoy the day!" Mit diesen Worten möchte uns Diana einen tollen Ausflugstag wünschen, schließlich gibt sich „Freund Petrus" ja schon alle Mühe.

Ein wirklich toller Tag. Der alaskanische Sommer scheint in diesem Jahr sämtliche Temperaturrekorde brechen zu wollen. Von den Fahrzeugen aus geht es wieder über die staubige und löchrige Schotterpiste zurück zum gut ausgebauten Sterling Highway. An der Kreuzung angekommen, erreichen wir nach dreißig Minuten Fahrt die Stadt Soldotna. Hier werden wir auf unserer Rückfahrt am späten Abend im Einkaufszentrum „Fred Meyer" unsere Vorräte ergänzen. Als begeisterte Angler unternehmen wir einen kleinen Abstecher zum Visitor Center der Stadt. Wie uns Jerry auf dem Boottransfer mitteilte, ist dort das Präparat des Weltrekord-Königslachses ausgestellt. Der gigantische Lachs mit einem Gewicht von 97 Pfund, der im Mai 1985 vom einheimischen Les Anderson im Kenai River gefangen wurde, zieht im Besucherzentrum unsere ganze Aufmerksamkeit auf sich. Hermann und Kurt stöbern noch ein bisschen in den Wandregalen, wo sich kostenlose Werbebroschüren, Kartenmaterial und Zeitungen befinden.

Dann geht es aber weiter. Unser nächstes Ziel ist Kenai. Mit fast siebentausend Einwohnern ist sie die größte Stadt auf der gleichnamigen Halbinsel. Wir machen Halt an den Attraktionen der Stadt. Es sind die beiden wunderschönen orthodoxen Kirchen, die wahrlich noch heute lebende Zeugnisse der russischen Vergangenheit sind. „Holy Assumption Russian Orthodox Church" wurde im Jahre 1896 von Mönchen erbaut. Mit ihren drei Zwiebeltürmen und der schönen Lage an der Meeresbucht zählt die Kirche sicherlich zu den schönsten und ältesten Kirchen in ganz Alaska. Bereits im Jahre 1846 gründete der russische Mönch Egumen Nicolai hier eine Siedlung. Nur wenige Schritte von der einen Kirche entfernt, kennzeichnet die zweite, die St. Nicholas Chapel, die im Jahre 1906 erbaut wurde, die Begräbnisstätte des Gründers Nicolai.

Unsere Blicke richten sich nun auf die gegenüberliegende Seite des Cook Inlet. Obwohl die Berge eigentlich ganz friedlich aussehen, sollten diese nicht unterschätzt werden. Sie sind ein Teil der Aleuten-Kette, das heißt es sind noch mehrere aktive Vulkane unter ihnen. Die letzte Eruption fand übrigens erst im Jahre 1992 statt, jedoch ohne schwerwiegenden Folgen für Mensch und Natur. „Heute bleibt die Küche von Hermann kalt", und so stärken wir uns typisch amerikanisch mit einem Chicken-Burger und einer Cola in einem Fast-Food-Restaurant, bevor wir die Stadt Kenai verlassen.

Die nun folgende Fahrstrecke verleiht uns immer wieder fantastische Ausblicke auf die Meeresbucht. Es ist eine wirklich wunderschöne Küstenstraße. Von der Straße aus können wir eine Elchkuh mit ihren zwei Sprößlingen beim Äsen in einer feuchten Moorwiese erkennen. Der recht breite Seitenstreifen lässt einen Fahrzeughalt ohne Probleme zu. Mit meinen Teleobjektiv möchte ich mich der Elchfamilie so nahe wie möglich nähern. Doch es hat keinen Sinn, zu feucht ist der Untergrund und ich versinke schon mit den ersten Schritten knöcheltief in dem schlammigen Morast.

Nach einem kostenlosen „Fußbad" geht es zurück zum Auto. Schätzungsweise 8 000 Elche leben auf der Halbinsel. Kein Wunder, dass der nächste Elch nicht lange auf sich warten lässt. Es ist ein ziemlich wüst aussehender junger

St. Nicholas Chapel in der Stadt Kenai

Elchbulle, der einige Meilen später den Highway überquert. Auf der gegenüberliegenden Straßenseite setzt er sein „Mittagessen" fort. Die vorbeifahrenden Autos stören den „Burschen" dabei recht wenig. Thomas und Hermann haben ihre Videokameras startklar und auch Kurt und ich nähern uns mit den Fotoapparaten dem Elch bis auf wenige Meter. Das Tier zeigt nicht das geringste Anzeichen von Scheu und Mißtrauen. Im Gegenteil, es scheint ihm Spaß zu machen, die Aufmerksamkeit auf sich zu ziehen. Viele Menschen würden bestimmt begeistert in die Rolle des Elchen schlüpfen und im Blitzlichtgewitter von Fotografen und Kameramännern zu stehen, um einmal im Mittelpunkt aller zu sein. Ein Traum, der sich nur für die wenigsten Menschen erfüllt. Erst als ein schwergewichtiger Truck in rasanten Tempo vorbeirauscht, beschließt der Elchbulle, einen Rückzieher zu machen und sein „Picknick" im dichteren Waldgestrüpp fortzusetzen.

Immer wieder verleiht uns die Fahrt auf dem Sterling Highway nach Homer Ausblicke auf das dunkelblaue Wasser des Cook Inlet. In der Nähe von Ninilchik, einem kleinen Fischerdörfchen machen wir kurz Rast. Ein Schild zeigt mit 29 Meilen die noch zu bewältigende Strecke an. Die letzte Etappe bis nach Homer dauert länger, wie es eigentlich geplant war. Eine größere Baustelle, wenige Kilometer vor der Stadt, lässt uns eine gute halbe Stunde verlieren.

HOMER, MILDES KLIMA PRÄGT DAS FISCHERSTÄDTCHEN AM SÜDWESTZIPFEL

„Halibut Capitol of the World", so nennt sich mit Stolz die Stadt am südwestlichen Ende der Halbinsel. Wir fahren auf der legendären Homer Spit Road. Fast sieben Kilometer ragt die Landzunge ins Meer hinein. Hunderte von Fischerkähnen, Segelyachten und Ausflugsschiffen haben im Small Boat Harbor, wie sich der Hafen von Homer nennt, ihren Anliegeplatz. Die Einwohner von Homer leben nicht nur vom kommerziellen Fischfang, dass wird uns schnell beim Anblick der vielen Charteragenturen entlang des Spits deutlich. Viele locken die Sportfischer zum großen Fang in die Kachemak Bay, welche Teil des Pazifiks ist. Und tatsächlich, wie uns ein Fischer im Hafen berichtet, sind Heilbutte, die Giganten unter den Plattfischen, mit Gewichten von über 100 Kilogramm an der Tagesordnung. Während des gesamten Tages laufen daher zig Charterboote aus. Aber nicht nur Heilbuttfischerei wird angeboten, auch ein- oder mehrtägige Wildnisausflüge per Boot und Wasserflugzeug. Hauptziele sind dabei meistens die exzellenten Bärenbeobachtungsmöglichkeiten auf Kodiak Island oder dem Katmai National Park.

Wir betreten eine der urigsten Kneipen Alaskas. Der Salty Dawg Saloon, ein ehemaliges Leuchtturmgebäude ist am Abend ein beliebter Treffpunkt der Fischer. Hier werden die großen Tagesfänge gebührend mit einigen Gläsern Bier und Whisky gefeiert. Auch wir gönnen uns einen kleinen Umtrunk in der dunklen, engen Holzbude. Vorbildlich trinke ich als Autofahrer im Gegensatz zum Rest der Crew nur eine Cola. Aber einen Schluck des dunklen Bieres lasse ich mir auch nicht nehmen. Nicht nur die Fischer hoffen auf große Beute. Unzählige Möwen und auch Weißkopfseeadler freuen sich immer wieder auf die Rückkehr der „Fangflotte" am späten Nachmittag. Der eine oder andere Fischfetzen ist den kreischenden Raubvögeln immer gewiss.

Zum Glück bleibt es zu dieser Jahreszeit in Alaska so lange hell. Denn erst kurz vor elf Uhr abends erreichen wir nach der Einkaufstour in Soldotna das Ufer des Kenai Rivers, wo uns Jerry pünktlich erwartet. Es ist schon ein ungewöhnliches Gefühl erst um die Mitternachtszeit vor einem Blockhaus, mitten in einem ruhigen, völlig abgeschieden Waldstück, sein „Feierabend-Bier" zu genießen. Dieser Abend endet aber schon nur eine halbe Stunde später, schließlich steht für Morgen unsere erste Angeltour auf dem Programm.

Der Salty Dawg Saloon in Homer ist einer der urigsten Kneipen von Alaska

Auch fünf unserer Gruppe bekennen sich zu dieser Leidenschaft. Nur Karlheinz hat mit Angeln und den „feuchten Schuppenträgern" nichts am Hut. Da aber keiner von uns Erfahrung im Lachsfischen besitzt, haben wir einen Angelführer (Guide) für fünf Stunden auf dem Kenai River „gemietet". Ein geguidetes Fischen ist in Alaska eine teure Angelegenheit. 120 bis 150 US-Dollar pro Person für vier bis fünf Stunden Fischen sind normal. Doch für „Lachs-neulinge" ist diese Investition dringend zu empfehlen. Die ortsansässigen Guides kennen die besten Pools (Fangplätze) und Fangtechniken und werden alles mögliche versuchen, dass der Angler zu seinem „Erfolgserlebnis" kommt. Außerdem ist es auch aus einem anderen Grund ratsam, nicht gleich auf eigene Faust mit dem Boot loszufahren. Der Kenai River weist an vielen Stellen eine starke Strömung auf und besitzt viele tückische Untiefen, welche schon so manchen Außenbordmotor zum „Verhängnis" wurde. Geguidetes Fischen ist nicht an allen Wochentagen erlaubt. Auch gelten relativ hohe Schonmaße und strenge Regularien am Kenai River. Deshalb sollte man die „Fishing Regulations" gewissenhaft durchlesen und unbedingt beachten. Denn auch hier gilt der Grundsatz: Unwissenheit schütz vor Strafe nicht!

Es ist zehn Minuten vor fünf Uhr als uns der Wecker durch sein lautes Kreischen aus unseren Anglerträumen aufweckt. Jim, unser Angelguide für den heutigen Tag, holt uns um viertel vor sechs an der Einlaufmündung des Killey Rivers mit seinem Jet-Boot ab. Es ist für uns alle hart, die Nacht war sehr kurz. Karlheinz möchte am liebsten liegenbleiben, doch mit einem kräftigen Schubser wird er zwangsweise zum Aufstehen ermuntert. Schnell sind morgendliche Pflichten erledigt. Der kräftige Kaffee von Hermann erweckt neue Lebensgeister in uns recht müden Krieger. Noch schnell der Gang zum Outhouse und ich bin zum Abmarsch bereit. Doch Marcus spürt auch noch ein dringendes körperliches Bedürfnis und so gedulden wir uns noch mit einer Zigarettenlänge vor dem Blockhaus. Schließlich sind wir nach dem Erspähen der Bärenspur lieber in einer größeren Gruppe unterwegs. Da fühlt sich doch jeder viel sicherer und ein Bär könnte sich bei dieser großen Auswahl nur schwer für den richtigen „Frühstückshappen" entscheiden.

Endlich können wir losmarschieren. Es ist bereits 30 Minuten nach fünf Uhr. Wir müssen einen "Gang" zulegen, um pünktlich an der Einlaufmündung des Killey Rivers zu sein. Der schnellere Schritt schadet keinem in unserer Gruppe. Bekanntlich macht ja Morgensport fit für den ganzen Tag. Fast pünktlich, nur zwei Minuten über die Zeit, erreichen wir die Flussmündung. Angelguide Jim hat sein Boot für die bevorstehende Tour bestens vorbereitet. Die komplette Angelausrüstung, das heißt auch die gängigsten Köder und ein großer Unterfangkescher werden bei diesen Touren zur Verfügung gestellt. Das Anlegen von Schwimmwesten ist Pflicht, denn ein „Überbordgehen" kann bei dem eiskalten Wasser des Gletscherflusses zu einem lebensgefährlichen Unterfangen werden. Auch Jerry ist früh aufgestanden. Er nimmt Karlheinz mit in seinem Boot. Schließlich sollen ja gute Videoaufnahmen für den Urlaubsfilm entstehen und Karlheinz auch seine Beschäftigung an diesem Tage haben. Erst ab sechs Uhr ist das Fischen erlaubt. Wir müssen uns noch fünf Minuten in Jim`s Boot gedulden. Kurt lästert schon wieder: „Ich möchte nur wissen, warum wir uns so beeilt haben, um jetzt Däumchen im Boot zu drehen!"

Doch nach einer ganz kurzen Wartepause brechen wir mit großer Hoffnung zu unserem ersten Angelabenteuer in Alaska auf. Mehrere Boote teilen sich die begehrtesten und besten Fangplätze, die unmittelbar an Jerrys Waldgrundstück beginnen. Um Punkt sechs Uhr geht es los. Jim wirft unsere mit Hot Shots (Wobblern – Kunstköder) bestückten Angelruten aus. Das Nachbarboot hat bereits nach wenigen Minuten einen Biss, doch der mächtige „King" kann sich von der Leine losreißen. Immer wieder steuert Jim die besten Pools an und lässt dann das Boot langsam durch die Strömung abdriften. Es herrscht eine Atmosphäre auf dem Boot, die spannender als bei Alfred Hitchkocks Kriminalfilme ist.

Jeder hält die Angelruten mit seinen beiden Händen fest. Wie uns Jim versichert, kommt der Biss eines „Kings" urplötzlich, vehement und ohne jegliche Vorwarnung. Wer dann darauf nicht gefasst ist, wird seine geliebte Angel im Bruchteil einer Sekunde für immer aus den Augen verlieren.

Plötzlich spürt Hermann einen gewaltigen Ruck in seiner Angelrute, der Fisch zieht in wenigen Sekunden zig Meter Leine von der Rolle. Nachdem sich nochmals für einen kurzen Moment die Rute in einem richtigen Halbkreis krümmt, erschlafft Hermann`s Angelschnur. Der Spuk ist vorbei. Der Lachs hat innerhalb kürzester Zeit den Kampf für sich entschieden. Still flucht Hermann vor sich hin. Seine Enttäuschung lässt er aber nicht richtig durchdringen. Zu lange ist er schon ein Petrijünger, der es gewohnt ist, den einen oder anderen „Kapitalen" zu verlieren. Aber einen Königslachs hatte er noch nie an seiner Angelrute und das mit fast stolzen sechzig Lenzen.

Auch Thomas hat noch zwei gute Bisse, aber auch er kann die Fische nicht bändigen. Jim versucht wahrlich alles, doch wir sollten an diesem Tage „Schneider" bleiben. Wenn schon keinen Lachs gefangen, dann wenigstens welchen essen. Über das Handy „bestellt" Jim bei seiner Frau das Mittagessen. Die Spuren der Technik und menschlichen Zivilisation sind auch in Alaskas Wildnis allgegenwärtig. Wie uns Jim erzählt, lebt er schon seit fast sieben Jahren mit seiner Frau und zwei Töchtern am Ufer des Kenai Rivers. Als Angelguide, Jagd- und Wildnisführer verdient er sein Geld.

„Millionär werde ich dabei zwar nie werden, doch wenn es immer reichen sollte, die Familie bestens versorgen zu können, habe ich an dieser Stelle mein „Paradies" auf Erden gefunden", schwärmt Jim mit einem leichten Grinsen auf der Backe.

Zwanzig Minuten nach Jims Anruf erreichen wir sein Wohnhaus, das direkt am Kenai River liegt. Herzlich willkommen heißen uns Jim`s Frau und Madeleine, seine älteste Tochter. Wirklich zwei hübsche Frauen, denke ich mir. Und das typische Lächeln eines Junggesellen zu Madeleine lasse ich mir nicht verkneifen. Inzwischen sind auch noch Jerry und Karlheinz in der Wohnstube eingetroffen. Jims Boot hat anscheinend ein paar „Pferdestärken" mehr. Die Fahrt mit „Vollgas" auf dem Fluss ließ die beiden aus unserer Sichtweite verschwinden. Jim`s Frau Chris und Madeleine tischen gebratene Rotlachsfilets auf. Dazu werden den hungrigen Gästen Bohnen, Möhren und Bratkartoffeln gereicht. Es schmeckt wirklich herzhaft. Der Frust vom schlechten Angeltag ist dabei schnell vergessen. Als sich obendrein noch Madeleine beim Essen neben mir am Tisch hinlässt, sind Lachse und Anglerei in weite Ferne gerückt.

„Hi", Juan, die zweite Tochter von Jim und Chris, begrüßt uns ebenfalls noch in der Stube des großen Blockhauses. Sie war mit ihrem Rottweiler „Black" am Seeufer unterwegs und gesellt sich nun zu uns an den Tisch. Auf meine Frage, was so hübsche und junge Mädchen in dieser verlassenen Gegend für Fun und Action tun können, antwortet Madeleine: „Es sind zwar keine Discotheken in Soldotna, doch die eine oder andere hübsche Bar. Wir gehen schon alle zwei bis drei Wochen einmal aus, um uns mit Freunden einen schönen Abend zu machen, schließlich müssen wir auch die fünfzig Kilometer bis Soldotna, vier- bis fünfmal wöchentlich für die Schule auf uns nehmen!" Aber wie mir Madeleine noch versicherte, gewöhnt man sich schnell an die weiten Entfernungen, und auf der recht langen Busfahrt zur Schule lässt sich noch das eine oder andere Versäumte in Sachen Hausaufgaben oder Vorbereitungen zu Proben erledigen. Wir haben uns alle die Bäuche mächtig vollgeschlagen und haben nur noch den einen Wunsch, ein ausgedehntes Nachmittagsschläfchen in den Kojen unserer Blockhütten am Killey River zu machen. Die Sonne schlägt wieder erbarmungslos zu, laut Jim`s Frau Chris ist es bisher der heißeste Tag des Jahres. Das Wetter, das schon seit mehr als einer Woche so anhält, ist wahrlich nicht typisch für Alaska.

„Laut Aussagen der „Wetterfrösche" soll es auch in den nächsten Tagen noch sonnig und warm bleiben!" Mit diesen Worten verabschiedet sich Jim von unserer Gruppe. Mit einem kräftigen Händedruck sage ich Madeleine und Juan Adieu. In Jerry`s Boot geht es zur Einlaufmündung des Killey Rivers. Nach dreißigminütiger Wanderung auf dem Waldtrail erreichen wir die Hütten. Karlheinz macht sich als erstes ein „Bud" aus der Kühlbox auf. Thomas, Marcus und ich können diesen Anblick nicht widerstehen. Die Sonne brennt sich an diesem Tag schier ihren Weg durch den dichten Wald. Keine der lästigen Moskitos lässt sich blicken.

„Sonnenbaden in den Wäldern Alaskas?", ruckzuck ist die Badehose angezogen und die Sonnenmilch aus der Reisetasche geholt. Für Karlheinz ist es zu warm und er legt sich in seine Koje im Blockhaus. Von den beiden „Old

Webbels", Kurt und Hermann im Nachbarblockhaus ist schon lange kein „Lebenszeichen" mehr zu vernehmen. „Erholung pur", dies hatten wir uns auch wahrlich verdient. Schnell fallen die Augen von uns allen zu.

Sicherlich mit dem Wunsch, dass man das Leben öfters so ruhig und gelassen angehen könne wie jetzt in diesem Moment.

Ein Platschen im Fluss weckt mich aus meinen Schlaf. Eine große Entenfamilie zieht im Killey River ihre Kreise. Es ist lustig, wie sich alle zehn Jungen in Reih und Glied einordnen und der Entenmutti folgen. Der „Schwimmunterricht" scheint den Jungen sehr zu gefallen, jedenfalls hat es den Anschein, dass alle von ihnen voll bei der Sache sind. Im Nachbarblockhaus scheint auch wieder Leben eingekehrt zu sein. Der rauchende Schlot verrät es mir, dass sich Hermann wieder an seinem Lieblingsplatz, an der Kochnische, eingefunden hat. Jeden Moment wird er sich zum „Essensempfang" lautstark bemerkbar machen. Tatsächlich dauert meine Vorahnung nur wenige Minuten.

„Essen ist fertig, Marsch Marsch antreten!" Hier macht sich immer wieder bemerkbar, dass Hermann als Ausbilder bei den Einzelkämpfern einfach viel zu lange bei der Bundeswehr war. Morgen wollen wir es auf eigene Faust versuchen, und mit zwei Booten selber auf den Kenai River auf Lachsjagd zu gehen. Thomas, Marcus und ich gehen nach den unbeliebten Küchenarbeiten nochmals in den Wald auf Pirsch. Unser Ziel ist das feuchte Sumpfgebiet. Mit Fotokamera, Stativ und Videokamera „bewaffnet", begeben wir uns auf die Wildpirsch. Nach guten zwanzig Minuten haben wir die Stelle erreicht, die uns Diana schon einmal gezeigt hatte. Noch ist nichts von Elchen oder gar eines Grizzlys wahrzunehmen. Es ist aber auch noch zu hell. Erst mit der Dämmerung, die eigentlich fast gar keine ist, sollen unsere Chancen für einmalige Wildbeobachtungen steigen. Bereits eine Stunde verharren wir im dichten Walddickicht. Thomas hat anscheinend die besten Augen von uns, wieder einmal entdeckt er die beiden Elchkühe, noch in relativ weiter Entfernung zu uns, als Erster.

Mit langsamen Schritten nähern sich Alaskas „Pferdegroße Hirsche". Im Gegensatz zu ihren Kollegen am Highway zeigen sich die beiden Kühe sehr scheu und äußerst aufmerksam. Jedes noch so kleine Geräusch wird mit den langen Ohren wahrgenommen. Die Tiere sind immer auf der Hut vor ihren natürlichen Feind, dem Grizzly. Ausgewachsene und gesunde Elche müssen aber nur bedingt mit Angriffen von Grizzlys rechnen. Da muss der Bär schon Riesenhunger haben, wenn er die Gefahr auf sich nimmt, von den knochenbrecherischen Hufen der Elche einen abzubekommen. Jetzt sind die Tiere endlich in Reichweite für mein 400 mm Tele.

Schön habe ich sie jetzt im Visier. Ständig unterbrechen die Tiere ihre „Durstlöschung" und heben ihre Köpfe, um die unmittelbare Gegend nicht aus den Augen zu verlieren. Das gibt bestimmt herrliche Fotos. Mein „Foto-grafenherz" schlägt plötzlich wieder viel höher. Vorsichtig, um die Tiere nicht zu erschrecken, legen wir den Rückwärtsgang in Richtung Blockhaus ein. Es ist schon sehr spät geworden und morgen wollen wir es ja schließlich selber wissen. Mit Booten werden wir alleine auf den Kenai River auf „Lachsjagd" gehen.

„Happy Hour" am Killey River

Am nächsten Tag brennt die Sonne schon am Morgen unerbittlich. „Haben wir eine Reise in die Karibik gebucht?" Mit diesen Worten äußert sich Karlheinz zu der unglaublichen Hitzewelle in Alaska. Die Angeltour wird mit zunehmender Dauer immer unerträglicher. Ohne Kopfbedeckung und Sonnenschutzbrille lässt es sich auf dem Fluss nicht aushalten. Um die Mittagszeit werfen wir den Anker und lassen unsere Köder in der Strömung „spielen". Ein Weißkopfseeadler beobachtet neugierig die Szenerie und hofft auf ein Stückchen Fisch. Da hat er leider bei uns Pech gehabt. Wir fahren schließlich noch etwas im schnelleren Tempo den türkisgrünen Gletscherfluss entlang, bevor wir uns in den frühen Abendstunden wieder von ihm trennen.

Wenigstens konnten wir in den letzten beiden Tage relativ viel „relaxen". Der morgige Ausflug nach Seward sollte zu einem würdigen Abschluss unseres Aufenthaltes auf der Kenai Halbinsel werden.

SEWARD, AUSGANGSPUNKT IN DEN KENAI FJORDS NATIONAL PARK

„Tja, was hilfst!" Die ersten Sonnenstrahlen geben mir das Startsignal. Das kuschelige Bett heißt es zu verlassen. Unser vorletzter Tag auf der Kenai Halbinsel ist angebrochen. Von Seward aus steht ein weiterer Höhepunkt unserer Reise auf dem Programm. Ein Trip in die fantastische Gletscherwelt des Kenai Fjords Nationalparks mit seiner intakten Flora und Fauna. Für die Fahrt nach Seward rechne ich mit guten zwei Stunden Fahrtzeit ab dem Sterling Highway. Deshalb heißt es für unsere Gruppe etwas schneller in „Wallung" zu kommen und die triste und müde „Aufstehstimmung" abzustellen.

Besonders Marcus scheint dieser Morgen gar nicht zu bekommen. Nur nach einem schweren Rütteln öffnet er sein linkes Auge und blickt recht verdutzt zu mir.

„Auf jetzt, es wird Zeit, du alte Schlafmütze!" Mit diesen Worten unterstützt mich Thomas kräftig, den müden Krieger auf die Beine zu bringen. Es waren anscheinend ein paar Whisky-Cola zuviel am vergangenen Abend. Karlheinz, normalerweise unser „Problemkind" macht dagegen heute morgen überhaupt keinen Ärger. Zum Glück haben wir unseren „Hermann", der schon wieder rechtzeitig am Werkeln ist, dass heißt mit den Vorbereitungen für den Frühstückstisch voll im Gange ist. Wir haben mit Jerry ausgemacht, dass wir spätestens etwa um neun Uhr bei ihm am Wohnhaus eintreffen. Schließlich verlassen die letzten Ausflugschiffe Seward um die Mittagszeit.

„Bin ich kaputt", meint Marcus beim Fußmarsch zu Jerry`s Blockhaus. „Komm, sei nicht so ein Weichei", erwidere ich ihn mit einem verschwitzten Lächeln auf der Lippe. Schnell hat uns wiederum Jerry mit seinem Jet-Boot zu unseren Vans gebracht. Er gibt uns noch einige wertvolle Ratschläge, so sollen wir unbedingt auf dem Schiff gleich unsere Ersatz-Akkus für die Videokameras in den vorhandenen Steckdosen aufladen. Wir würden ihn für diesen Tipp noch dankbar sein, denn im Kenai Fjords National Park gibt es mehr zu sehen, als es man sich vorstellen kann.

Mit dieser letzten wertvollen Bemerkung wünscht er uns einen wunderbaren Ausflugtag am südwestlichen Ende der Halbinsel. Ohne jeglichen Zwischenstopp erreichen wir die Stadt Seward. Die Grenze zur Wildnis haben wir bereits beim Erreichen des Sterling Highways hinter uns gelassen. Jetzt, zwei Stunden später, sind wir endgültig in die Zivilisation zurückgekehrt. Am Schalter eines der vielen Charteragenturen kaufen wir uns die Tickets für einen siebenstündigen Trip mit dem Ausflugschiff „Alaskan Explorer". Wie die vielen Werbeplakate verraten, ist es für jeden Besucher der Kenai Halbinsel ein „absolutes Muss", diesen Park in der Ressurection Bay zu besuchen. Bis zum Auslaufen des Schiffes ist es noch ein wenig Zeit. Wir bummeln noch ein wenig im Hafen auf dem „hölzernen Laufsteg" des Fischerstädtchens.

Die Häuser erinnern uns an die typischen, bunten Pfahlhäuser in Norwegens Fjorde. Viele Souvenierläden locken die Touristen mit allerlei „Krimskrams". Lohnender ist bestimmt ein Besuch in einem der Fischrestaurants, die dem Gast fangfrische Meeresspezialitäten versprechen. Ein wahrer Hochgenuss für Gourmetfreunde. Kurt bekommt beim Anblick der herrlichen Krabben und Lachse einen teuflischen Hunger. Doch auch er weiß beim Blick auf die Uhr, dass keine Zeit für eine große „Einkehr" in einem Restaurant besteht.

Das Städtchen Seward, das heute annähernd 3 000 Einwohner hat, wurde im Jahre 1964 von einem schweren Erdbeben erschüttert. Der Hafen wurde dabei vollends zerstört, aber nur wenige Zeit später wieder aufgebaut. Wie ich weiterhin aus dem Visitor Guide entnehmen kann, besteht bereits seit dem Jahre 1923 eine regelmäßige Zugverbindung mit der legendären Alaska Railroad nach Anchorage. In Seward wuchs außerdem Benny Benson auf, dieser entwarf im Alter von dreizehn Jahren das Symbol der „blauen" alaskanischen Flagge. Diese symbolisiert den Himmel und Alaskas Staatsblume, das Vergissmeinnicht. Der Nordstern steht für die Zukunft des Landes und der „große Bär" zeigt die Kraft und die Stärke Alaskas.

Mit einem Dröhnen seiner Sirene ruft der Kapitän seine Gäste an Bord. Wenige Minuten später legt das Schiff ab und steuert durch die geschützte Bucht an der Südwestküste Alaskas. Wir stärken uns im geschlossenen Innenfond mit einem kleinen Imbiss. Der typisch „dünne" amerikanische Kaffee und ein Sandwich sind bereits im Preis inbegriffen. Kurt meckert über den Kaffee und vermisst unseren guten deutschen Kaffee mit dem „Verwöhn-Aroma".

Einhundert Dollar kostet jeden von uns dieser Trip. Doch keiner sollte das Geld für diese Tour bereuen. Bereits nach wenigen Minuten auf hoher See kündigt der Kapitän über den Lautsprecher den ersten Höhepunkt an. Eine Herde von Orcas (Killerwale) hat der „Captain" durch sein riesiges Fernglas entdeckt. Auch Marcus kann sie schon durch sein von zu Hause mitgebrachtes Fernglas wahrnehmen. „Es sind mindestens sechs oder sieben Wale!" Stolz verkündigt er uns die erste Attraktion. Das Schiff steuert auf die „Walschule" zu. Die Meeressäuger sind von uns immer noch gute einhundert Meter entfernt. Zum Schutz der Tiere, um diese nicht allzu sehr in ihrem natürlichen Lebensraum zu stören, behält sich der Kapitän diesen Sicherheitsabstand vor.

Nach etwa halbstündiger Fahrt bahnt sich das Schiff durch einen engen Kanal, vorbei an steilen Felsklippen, seinen Weg. Ein wahres Naturschauspiel erwartet uns hier. Tausende von Seevögeln brüten auf den für Menschen

Small Boat Harbor – Seward

zumeist unzugänglichen Felsklippen. Ein wildes Geschrei von fast 100 verschiedenen Vogelarten ist in der Ressurection Bay oftmals zu hören. Die vielen Vögel lassen mich an Alfred Hitchkocks gleichnamigen „Horror-Thriller" erinnern. Doch die Vögel scheinen es irgendwie zu spüren, dass die Menschen mit ihren Foto- und Videokameras nicht an ihren Nachwuchs zur Bereicherung des Speiseplanes interessiert sind. Den ersten Gletscher können wir nun aus der Ferne ausmachen. Die Zunge des Holgate Glacier, so wird über Lautsprecher die sich immer näher vor uns aufbäumende Eiswand angekündigt. In einem herrlich dunkelblauen Farbton zeigt sich die mächtige Gletscherzunge durch die starke Sonneneinstrahlung an diesem Tage. Die auf dem Meer dahin schwimmenden Eisschollen reflektieren die Strahlen und lassen um uns eine herrliche „Glitzerwelt" aus Eis entstehen.

Volle Begeisterung steht uns allen ins Gesicht geschrieben. Ein begehrtes Fotoobjekt sind auf einer Fahrt durch den Fjord die sogenannten „Puffins" (Papageientaucher) mit ihrem bunt geschmückten Federkleid und Schnabel. Sie sind für alle an Bord des Schiffes ein wahrer Augenschmaus. Weiterhin bleiben uns als aufmerksame Beobachter auch die mit dem Schiff in „Wette" schwimmenden Delphine nicht verborgen. Das Gebrüll der Tiere können wir schon hören. Nach der nächsten Biegung sehen wir sie auch. Eine Herde

Auf dem Weg zum Holgate Gletscher im Kenai Fjords National Park

Seelöwen hat am steinigen Felsufer einen passenden Platz zum Sonnenbaden gefunden. Zielsicher peile ich die Tiere mit meinem 400 mm Teleobjektiv an. Das gibt bestimmt einige wunderbare Aufnahmen für das Urlaubsalbum. Die Schiffstour nimmt nun langsam sein Ende.

Deutlich höher wird die Geschwindigkeit. Hermann und Kurt haben sich bereits zu einem „Nickerchen" in den Innenfond zurückgezogen. Mit einer Tasse Kaffee möchte ich das gleiche Schicksal vermeiden. Doch um es vorweg zu nehmen, ohne den gewünschten Erfolg. Zwanzig Minuten nach sieben Uhr ist es, als wir im Small Boat Harbor, wie sich der Hafen von Seward nennt, wieder mit unseren Füßen auf sicheren und trockenen Boden stehen. Nun gönnen wir uns die Einkehr in ein Restaurant, schließlich hat sich auch „Chefkoch" Hermann wieder einmal eine Pause redlich verdient. Fisch- oder Fleischgerichte, für jeden Geschmack wird das Passende serviert.

Gegen 20.30 Uhr verlassen wir die Stadtgrenze von Seward. Wir sind auf den Highway zurück. Der Exit Gletscher, unser nächstes Ziel, gehört zu den wenigen Gletschern in Alaska, welche man bequem mit dem Auto und somit auch kostengünstig erreichen kann. Nach zehn Minuten Fahrt auf der gut zu befahrenden Straße erreichen wir den Besucherparkplatz.

Kenai Fjords National Park: glitzernde Welt aus Eis und Wasser

Fünf Minuten später stehen alle sechs direkt mit eigenen Füßen an der mächtigen Eiszunge des Gletschers. Für Wanderer zeigt ein Hinweisschild auf eine Tour zum sage und schreibe 780 Quadratkilometer großen Harding Icefield mit seinen insgesamt 34 Gletschern. Die Tour ist laut Aussage des Kellners im Restaurant an einem Tag zu bewältigen, jedoch soll die bergige Erklimmung sehr anstrengend und mit vielen Schweißtropfen auf der Stirn verbunden sein. Der Blick auf das gewaltige Eisfeld soll jedoch dafür entschädigen.

Uns bleibt leider keine Zeit, das Geheimnis des Eisfeldes zu erkunden. Wir sind nun schon seit mehr als zwölf Stunden unterwegs und ziemlich schlapp und kaputt.

Auf unserer Rückfahrt zu Jerry`s Cabins machen wir einen kurze Rast am Einlauf des Russian Rivers in den Kenai River. Dicht gedrängt stehen hier schätzungsweise hundertfünfzig Angler in Reihe und Glied in einer nur zweihundert Meter langen „Schlange". Es herrscht wahrer Jahrmarktbetrieb mit einem enormen Geräuschpegel. Immer wieder sehen wir, wie sich silbern glänzende Fischkörper in luftige Höhen schwingen, um die lästigen Angelhaken der Sportfischer durch gewaltige Luftsprünge aus dem Fischmaul zu entfernen. Der gigantische Zug der Rotlachse in Millionenstärke treibt die Fischer alljährlich in den Monaten Juni und Juli an den Fluss. Nur wenige von ihnen werden in dieser Zeit, dem „Haupt-Run" der Lachse, am Abend als „Schneider" am offenen Feuer vor ihrem Camper oder Zelt den Angeltag ausklingen lassen müssen. Aber auch für die Entnahme der Rotlachse besteht ein vorgeschriebenes Fanglimit, dass sich auch während einer Saison öfters ändern kann. Pünktlich um 23.30 Uhr erreichen wir das Ufer des Kenai Rivers. Auf Jerry ist Verlass. Er ist wieder pünktlich, denn viele Amerikaner und Kanadier nehmen es nicht so genau mit der Zeit. Für uns gestresste, leistungs- und zeitorientierte Deutsche ein absolutes Unding.

Es ist fast ein Uhr früh, als wir unsere Blockhütten erreichen. Ein sehr, sehr langer Tag neigt sich jetzt zum Glück dem Ende. Für große „Wildnis-Atmosphäre" mit Lagerfeuerromantik und einer Dose kühlen Bier in der Hand ist heute keine Zeit mehr. Jeder von uns ist mit dem Packen seine Reisegepäckes schwer beschäftigt. „Ein Bier geht noch", meint Karlheinz und reicht mir die Dose schon herüber. Auch Thomas und Marcus gesellen sich wenige Minuten später zu uns. Die dämmrigen Abendstunden sind inzwischen angebrochen.

Unser „Hausbiber" nutzt diese Zeit kräftig mit dem Ausbau seine „Hauses". Fleißig schleppt er Baumaterial, in Form von Büschen und armdicken Ästen zu seiner „Wohnburg". Die Biber gehören sicherlich zu den eindrucksvollsten „Bauingenieure" in der gesamten Tierwelt. Wir ziehen uns nun alle zur wohlverdienten Nachtruhe in unsere Holzbetten zurück. Selbst Karlheinz, der gerne noch die eine oder andere Zeile aus seinem Westernroman in den vergangenen Tagen las, ist heute dafür viel zu geschlaucht.

Wieder ein toller Tagesbeginn. Was für ein Sommer in Alaska. Bei diesem herrlichen Wetter fällt es besonders schwer, uns von Jerry und Diana zu verabschieden. Es waren sechs herrliche Tage mit vielen tollen Erlebnissen. Die fantastische Landschaft auf der Halbinsel hat uns alle begeistert und es kam wahrlich zu keiner Zeit Langeweile innerhalb der Gruppe auf. Jerry und Diana waren nette Gastgeber, die immer auf unsere Wünsche eingingen. Und mit den Fourwheelers hatten wir auch abenteuerliche Transportmittel parat, falls die Füße nach einer langer Ausflugstour streikten, den „sie" kannten spätestens am zweiten Tag den weiten Weg zu den Blockhütten.

Nun war es so weit, nachdem wir uns bereits von Diana verabschiedet hatten, war jetzt Jerry dran. Kräftig wurden die Hände geschüttelt, mit dem Wunsch auf ein Wiedersehen, was sich für die meisten von uns nicht erfüllen würde. Zu weit ist die Entfernung und zu teuer sind die Reisen in dieses nordische, nur von wenigen Menschen besiedelte Land.

Ein Trost ist sicherlich, dass erst ein kleiner Abschnitt unserer großen Reise hinter uns liegt. Für die nächsten Wochen werden wir auf größere Fahrzeuge „umsatteln". Zwei 22 Feet große Motorhomes werden unser neues „Ferienhaus auf vier Rädern". Die beiden Wohnmobile sollten genügend „Bewegungs-freiheit" für unsere sechsköpfige Crew bieten. Auf unserer Rückfahrt nach Anchorage genießen wir nochmals die letzten wunderschönen Ausblicke auf die landschaftlichen Reize dieser Gegend Alaskas.

FREIHEIT UND ABENTEUER „PUR"
MIT DEM FERIENHAUS AUF VIER RÄDERN

Zurück in Anchorage. Die Entwicklung der Stadt an der Pazifikbucht ist eigentlich schnell erzählt. Dank der reichen Bodenschätze und dem Bau der Eisenbahn, der legendären Alaska-Railroad zur Zeit des ersten Weltkrieges entwickelte sich das ehemalige Ölarbeiter-Camp innerhalb von 80 Jahren zu dieser bedeutendsten Metropole des amerikanischen Nordens. Die meisten Besucher Alaskas wählen Anchorage als Startpunkt einer Rundreise aus. Grund dafür sind die günstigen Flugverbindungen von Europa nach Anchorage. Die Flugzeit bei einem Non-Stopp-Flug beträgt gerade einmal zehn Stunden, was bedeutet: Man erreicht Anchorage wegen der Zeitverschiebung zur gleichen Zeit wie beim Abflug aus Europa.

Gegen die Mittagszeit erreichen wir das Firmengelände des Wohnmobil-vermieters am Old Seward Highway. Das Gepäck der gesamten Crew wird schon einmal aus den Laderäumen der Vans ausgeladen. Wir sparen uns dadurch viel Zeit, denn während Thomas und ich die beiden Vans beim einige Meilen entfernten Vermieter abgeben, kann der Rest der Crew die Übernahme der beiden Wohnmobile schon in Angriff nehmen. So dachte ich jedenfalls. Dreißig Minuten später kehren Thomas und ich zurück.

Es hat sich noch gar nichts getan. Der große Gepäckberg steht immer noch auf seinen Platz neben dem Büro im Eingangsbereich. Es hatte wieder einmal keiner den Mumm, nach unseren Fahrzeugen zu fragen.

Ich bin etwas gereizt, schließlich hätte ich ein bisschen mehr Eigeninitiative vom Rest der Gruppe erwartet. Auch das Wetter spielt da noch mit. Es ist sehr schwül und drückend heiß. Es herrscht nicht die allerbeste Luft in der Stadt, völlig ungewohnt von den letzten Tagen. Ich gönne mir jetzt zusammen mit Thomas auch erst einmal eine Zigarette, bevor ich das Büro des Wohnmobil-vermieters mit ihm und Marcus betrete. Die Angestellte an der Rezeption merkt schnell, dass wir aus Deutschland kommen und begrüßt uns mit einem herzlichen „Guten Tag meine Herren!"

Es ist schon viel leichter in seiner gewohnten Heimatsprache seine Wünsche zu äußern. Schnell sind die Mietverträge ausgefüllt und anschließend macht uns die gut deutsch sprechende Angestellte gründlich mit der Technik und Handhabung der großzügigen und relativ komfortablen Ausstattung der Fahrzeuge vertraut. Nun geht es für uns wieder einmal los, das „Sorgenkind" Nummer eins, das Einladen des Reisegepäckes. Beim Anblick könnte man wirklich meinen, wir würden für die nächsten beiden Jahre „Aussteiger auf Zeit" sein, so gewaltig ist der Haufen von gestapelten Koffern und Reise-taschen. Nach einem kurzen Imbiss ist das nächste Ziel eines der großen Einkaufszentren von Anchorage.

Chefkoch „Hermann" schlägt wieder einmal erbarmungslos zu. Vier große Einkaufswägen sind randvoll gefüllt mit Kartoffelsäcken, Konservendosen, tiefgefrorenen Fleischstücken, zwei 5-Liter Bottles Orangensaft, Haushaltsutensilien wie Spülmittel und Geschirrtücher, als wir uns in die Schlange vor dem Kassenschalter einreihen. Ein kräftiger Bündel Dollarscheine wandert aus Hermanns Hosentasche über das Förderband in die ausgestreckten Hände des Kassenangestellten. Karlheinz und Marcus haben derzeit im benachbarten Liquor-Store für genügend „flüssige Nahrung" gesorgt. Nun können wir beruhigt in Richtung Norden auf dem Glenn Highway zu unserem Wohnmobilabenteuer durch Zentralalaska aufbrechen.

„Freiheit auf vier Rädern" und Natur pur erwarten uns in den nächsten Wochen.

„On the Road again". Wir sind wieder auf der Strecke. Der Glenn Highway führt uns von Anchorage aus in Richtung Norden. Es geht ein kurzer Gewitterschauer nieder, als wir die Indianersiedlung Eklutna erreichen. Nach wenigen Minuten übernimmt aber wieder die Sonne die Macht am Himmel. Wir stehen am Eingang des Indianerfriedhofes. Die bunten Spirit-Houses der Athabascan-Indianer zeugen von den Geistern längst verstorbener großer Krieger. Der „große Manitou" hat sie schon vor langer Zeit in sein Reich geholt. Bei einer kurzen Führung werden uns die Lebens- und Glaubenseinstellungen von Alaskas Ureinwohnern näher gebracht. Eine orthodoxe Kirche erinnert an den nicht all so ruhmreichen Geschichtsteil Alaskas, als dieses Land noch vom russischen Zaren regiert wurde, die Urbevölkerung versklavt und die Natur gnadenlos ausgebeutet wurde. Pelzhändler, die es vor allem auf das dicke Fell der Otter abgesehen hatten und diese Tierart fast zum Aussterben brachten, gingen zumeist rücksichtslos mit den Indianern um. Wer sie nicht bei der Jagd auf die begehrten Pelze unterstützte, bekam die pure Gewalt der weißen Eindringlinge zu spüren.

Tausende Indianer wurden während der russischen Zwangsherrschaft umgebracht oder verschleppt. Erst als das Land nicht mehr genügend Einnahmen aus dem Pelzgeschäft lieferte, verlor der Zar in Petersburg das Interesse an das Land. Amerika kaufte für 7,2 Millionen Dollar das Land vom russischen Reich weg.

„Wir haben den teuersten Kühlschrank der Welt gekauft!" Mit diesen Worten übten viele amerikanische Senatoren harsche Kritik an der nach ihrer Meinung viel zu teuren „Neuanschaffung". Wie fehl sie mit ihrer Meinung lagen, zeigte sich schon wenige Jahre später, als von sagenhaften Goldfunden in Alaska berichtet wurde. Mit der Besiedelung des weißen Mannes wurden schon immer „schwarze Kapitel" in der Geschichte Alaskas eröffnet. Waren es erst die dicken Winterfelle von Ottern, Nerzen und Waschbären, so kam unter der

Spirit-Houses (Geisterhäuschen) im Indianerfriedhof von Eklutna

amerikanischen Führung die Ausbeutung des Landes auf die reichlich vorhandenen Bodenschätze.

Gold, Kupfer und ein oftmals radikal geführter Holzhandel mit der Abholzung von Hunderten von Quadratkilometer großen Waldflächen sorgten für einen Raubbau an der Natur. Auch bis zum heutigen Tage hat das „braune Gold", wie das Erdöl auch gerne genannt wird, das Land vor einer Ausbeutung nicht zu Ruhe kommen lassen. Die Anfang der siebziger Jahre noch belächelten Proteste von Natur- und Tierschützern haben inzwischen ihre Wirkung gezeigt. Natur-, Tier- und Umweltschutz sind große Bestandteile der heutigen alaskanischen Wirtschaftspolitik.

Wir starten wieder die Motoren unsere beiden Motorhomes und verlassen die kleine Indianersiedlung. Einige Meilen später kündigt uns ein Verkehrsschild den George Parks Highway an. Diesen folgen wir nun in nordwestlicher Richtung. Nach einem kurzen Abstecher zum Iditarod Headquarters in Wasilla und dem Städtchen Willow erreichen wir in den Abendstunden einen wirklich schön gelegenen Campground am Willow Creek.

Am Fluss können wir mehrere Angler beim Lachsfischen beobachten. Als einer von ihnen einen gut dreißig Pfund schweren Fisch nach aufregendem Drill kurz vor der Landung noch vom Haken verliert, gibt es für Thomas, Marcus und mich kein Halten mehr. Ausgerüstet mit unseren neuen Wathosen, die wir erst am Morgen für fünfzehn Dollars im Einkaufszentrum erstanden haben, wagen wir uns mit Angelruten in den Armen vorsichtig durch den kleinen Fluss. Die Strömung und die geringe Tiefe lassen die Durchquerung des Baches ohne größere Probleme zu. Ein paar Tropfen Wasser gelangen trotzdem in das Innere unserer Stiefel. Die nassen Füße können uns aber auf keinen Fall zurückschrecken, schließlich wollen wir den ersten selbst gefangenen Lachs in Händen halten.

Die Angelruten sind mit knallroten Lachsfedern bestückt. Um diese in der richtigen Tiefe den Fischen anbieten zu können, wird im Abstand von etwa vierzig Zentimetern zum Haken ein zehn Gramm schweres Olivenblei an der Angelleine befestigt. Der erste Biss lässt nicht lange auf sich warten. Thomas hat alle Mühe, beim Drill des mächtigen „Kings" nicht die Standfestigkeit auf den steinigen Ufer zu verlieren. Als der Fisch die Strömung in der Flussmitte erreicht, ist der Kampf zu Gunsten des Fisches entschieden. Thomas hat keine Chance mehr gegen die mächtige Zugkraft des Fisches. Auch ein „Nachrennen" am Ufer mit den dafür nur bedingt geeigneten Wathosen bringt nichts ein. Die Schnur ist diesem enormen Zug nicht gewachsen und reißt. Sichtlich enttäuscht kehrt Thomas wieder zu uns beiden zurück. Auch Marcus und ich sollen Thomas Schicksal am eigenen Leib verspüren.

Mit den Worten: „Vielleicht klappt es ja nach einem ausgiebigen Abendessen", sprechen wir uns gegenseitig etwas Mut zu. Hermann hat wie immer vorzüglich gekocht. Mit dem Abwaschen des Geschirrs und dem Aufräumen der Kochtöpfe beeilen wir uns an diesem Abend besonders. Der „große Fang" wartet auf uns. So hoffen wir jedenfalls. Wir kehren frohen Mutes zum Creek zurück. Und tatsächlich klappt es auch dann mit dem ersten Fangerfolg.

Nachdem ich einen gut dreißigpfündigen Fisch nach einem kurzen Fotostopp wieder in sein feuchtes Element schonend zurücksetze, hat auch Marcus einen King an der Leine. Dieser schüttelt aber nach wenigen Drill-Minuten den Haken ab. Schließlich gelingt es Thomas um die Mitternachtszeit einen gewaltigen King mit einem geschätzten Gewicht von guten 45 Pfund nach einem wirklich aufregenden Drill zu bezwingen. Sein Adrenalinspiegel pegelt sich erst nach mehreren Minuten wieder auf das Normalmaß ein. Mit zittrigen Händen hebt er den Körper des kapitalen Fisches für ein Erinnerungsfoto für wenige Sekunden aus dem Wasser. Auch dieser Fisch erhält seine Freiheit zurück.

Von wegen „kaltes Alaska". Mit kurzen Hosen und T-Shirts lassen wir uns auf einem großen Pappkarton vor unserem Wohnmobil nieder. „Party Time" ist angesagt, die ersten alaskanischen Lachse müssen gebührend „begossen" werden. Erst kurz vor zwei Uhr morgens, als es für etwas mehr als eine Stunde dämmrig wird, ziehen wir einen wärmenden Angelpullover über. Einige Dosen Bier und eine ganze Flasche Whisky müssen in dieser lauen Juninacht „dran glauben". Die meisten unserer Gruppe können erst um die Mittagszeit am nächsten Tag ihr Frühstück einnehmen. „Namensbezeichnungen können wegen den gesetzlichen Datenschutzbestimmungen leider hier nicht veröffentlicht werden". An eine Fortsetzung unserer Wohnmobiltour ist erst nach einem ausgedehnten Nachmittagsschläfchen zu denken. Schließlich gilt auch in Alaska eine Promille-Grenze und wir wollen trotz des relativ geringen Verkehrsaufkommen auf gar keinen Fall in irgendeiner Form etwas riskieren.

Guterholt von den „nächtlichen Eskapaden" starten wir in den frühen Abendstunden die V-Achtmotoren unserer Camper. Der George Parks Highway in Richtung Norden verleiht uns immer wieder gute Einblicke auf die grandiose Naturkulisse rund um Nordamerikas höchster Erhebung, dem Mount McKinley.

TALKEETNA, TREFFPUNKT FÜR BERGSTEIGER AUS ALLER WELT

Talkeetna, ein ehemaliges Goldgräberdorf ist unser heutiges Etappenziel. Die Fahrstrecke ist verständlicherweise an diesem Tage nicht sehr lange. „Welcome in Beautiful Down Town Talkeetna". Mit diesen Worten heißt der kleine Ort am Besucherzentrum seine Gäste willkommen. Talkeetna ist eigentlich nur eine kleine Straße. Neben einer Tankstelle, wo wir unsere Camper auftanken, gibt es noch einen General-Store, das Visitor Center, eine Kneipe und ein paar kleine, bunte Holzhäuschen, wo u.a. geführte Angeltouren, Jet-Boot-Touren auf dem Susitna-River oder Wildwasser-Rafting angeboten werden.

Die Dorfkneipe, das Fair View Inn, hat sich in den letzten Jahren zu einem Wallfahrtsort für Bergsteiger aus aller Welt entwickelt. „Mount McKinley-Bezwinger" feiern hier oft tagelang die Besteigung des höchsten ameri-kanischen Berges. Die ersten Bezwinger eines jeden Landes können hier das große gemalte Ölbild des mächtigen Berges mit ihrer Nationalflagge „ausschmücken".

Die Kneipe ist bis auf den letzten Platz gefüllt. Kein Wunder, es ist Samstagabend und der Boxkampf zwischen Mike Tyson und Lessly Hollyfield wird auf dem Fernseher übertragen. Im Flur zur Hintertür finden wir gerade noch einen Stehplatz. Als der Boxkampf durch die Disqualifikation Tyson`s ein unerwartet rasches Ende findet, verlassen viele Gäste wutentbrannt die Kneipe. Auch wir verlassen das kleine, nun recht verschlafen wirkende „Nest". Auf einem Campground am Montana Creek beziehen wir unser neues Nachtquartier.

Der privat geführte Campingplatz ist sehr gut belegt. Völlig normal, es ist „Lachssaison" und wie wir bei unserem kurzen Spaziergang zum Ufer feststellen können, ziehen sehr viele „Kings" den Fluss hinauf. Viele Angler haben sich eingefunden. Einige hatten auch schon guten Erfolg. „Alaskaner kommen anscheinend schon mit Angelrute und Wathose auf die Welt". Bereits die „Kleinsten" versuchen ihr Glück beim Fischen mit einer Spielzeug-Angel.

Der General-Store im Goldgräberdorf Talkeetna

„Schau mal, das ist ja wirklich lustig!" Marcus zeigt auf einen Angler, der mit seinen zwei Zöglingen auf den Rücken auf die Flussmitte zuwatet. Durch den besonderen "Gepäckträger" des Vaters können die beiden Nachwuchsangler den Vater beim Fischen kräftig über seine Schulter schauen und somit das Lachsfischen aus „aller erster Reihe" beobachten und erleben.

Zurück auf dem Campingplatz lernen wir unsere Camp-Nachbarn Mathias und seine Frau Maria aus Jerusalem kennen. Sie sind insgesamt vier Monate mit ihrem Wohnmobil in Alaska und Nordkanada unterwegs. Seine frisch gefangenen Lachsfilets kocht der begeisterte Angler in Gläser ein, so wie wir es aus den heimischen Hausschlachtungen von Schweinen her kennen. Er lebt schon seit den siebziger Jahren in Seattle. Seinen Lebensabend möchte er so weit es nur möglich ist, „mobil" verbringen. Der recht teure Motorhome war schon immer ein Jugendtraum. „Wir haben keine Kinder, das Geld muss unter die Leute und deshalb können wir schon seit einigen Jahren diese langen Trips finanzieren!"

Hermann unterstützt diese Argumente voll. Es ist zwar schon mehrfacher Opa. Aber sein Lebenstraum, mit dem Kanu auf dem Yukon River von Whitehorse bis zur Bering See zu paddeln, möchte er sich auch noch auf alle

Fälle erfüllen. Hermann ist wahrlich ein Naturbursche, welcher die Stille und Einsamkeit genießen kann. Für ihn würde auch ein sehr langer Aufenthalt außerhalb jeglicher Zivilisation in Frage kommen. Da wo es keinen Fernseher und Radio gibt und der Mensch sich noch mit sich und der Natur beschäftigen muss. Dort, wo jeder Tag zu einem neuen Abenteuer wird und der Mensch eine Lebensart zurück zur Natur finden kann.

DENALI NATIONAL PARK, ALASKAS JUWEL UNTER SEINEN NATIONAL PARKS

Als ich am nächsten Morgen aus den Fahrzeug steige, begrüßen mich schon wieder die vielen wärmenden Sonnenstrahlen. Mein erster Weg führt mich planmäßig zum „Outhouse". Karlheinz und Thomas, beide heute mit dem Küchendienst an der Reihe, haben inzwischen schon den Frühstückstisch gedeckt. Merklich besser ist an diesem Morgen die Laune und Stimmung. Kein Wunder, waren wir im Vergleich zum Vortag mit unserem Alkoholkonsum fast auf Null. Ein weiterer Camp-Nachbar hat während der „Nacht" fette Beute gemacht. Ein ausgenommener Königslachs hängt an einem Ast.

„Ein ganz schöner Brocken", meint Marcus. Aber Thomas gibt gleich Kontra. „Der ist auch nicht schwerer als der Große von gestern!" Obwohl ich es mir nicht anmerken lasse, unterstütze ich die Auffassung von Thomas. Ein gewisser Konkurrenzkampf unter den Petrijüngern ist ja immer vorhanden. Die gefangenen Fische werden auch gerne von „Stunde zu Stunde" größer, schwerer und länger. Uns führt die Reise weiter in Richtung Norden. An der Kreuzung „Trapper Creek" machen wir kurz Halt.

Von hier aus folgen wir in westlicher Richtung die Petersville Road. Die sechzig Kilometer lange Straße verleiht trotz des schönen Wetters nur relativ gute Ausblicke auf das gewaltige Bergmassiv des Mount McKinleys, der größten Erhebung Nordamerikas. Im Wolkendunst verbirgt sich die Spitze des Berges und somit bleibt die wahre Größe des Berges ein Geheimnis. Die hier heimischen Indianer nennen ihn Denali, „der Große" übersetzt. Der Berg ist neben der landschaftlichen Schönheit dieser Region und dem zahl- und artenreichen Tiervorkommen die große Attraktion des Denali National Parkes. Nach dreißig Kilometer Fahrt auf der Road beschließen wir die Umkehr. Nach dem Erreichen des Parks Highways geht es weiter Richtung Norden. Eine Stunde später zeigt uns ein riesiges Schild den Weg zum Parkeingang. Der fast 25 000 Quadratkilometer große Park gehört neben dem Yellowstone National

Die große Attraktion Alaskas, der Denali National Park im Herzen des Landes

Park zu den meist besuchten Parks in ganz Nordamerika und Kanada und ist ein wahres Juwel für Alaska.

Rund 50 000 Besucher verzeichnet der Park von Mai bis September. Zum Schutz des einzigartigen Wildreichtums dürfen Parkbesucher mit ihrem privaten PKW oder Wohnmobil nur die ersten, knapp 15 Kilometer, bis zum Savage River befahren. Ein inzwischen gut ausgebautes Pendelbussystem, dass sich der wachsenden Popularität des Parkes und der damit ständig ansteigenden Besucherzahlen stellen musste, bringt die abenteuerlustigen Touristen mit ausgedienten gelben Schulbusse ins Hinterland. Der Erfolg dieses Systems, das es seit dem Jahre 1972 gibt, ist heute offensichtlich. Die im Park lebenden Grizzlys, Elche, Karibus, Wölfe und Füchse haben sich längst an die vorbeifahrenden „gelben Klötze" gewöhnt. Mit etwas Glück kann man wenige Meter vom Straßenrand entfernt, diese Tiere "foto- und filmgerecht" zu Gesicht bekommen. Um die Pendelbusse benutzen zu können, muss man im Besitz eines Coupons sein. Diese erhält man im Visitor Access Center (Besucherzentrum) am Parkeingang. Die Busse fahren zwischen 6 Uhr morgens und 15 Uhr nachmittags in regelmäßigen Abständen am Besucherzentrum ab. Zur Hauptsaison im Juli und August sind die Fahrzeuge für denselben Tag oftmals sehr rasch ausgebucht. Wer keine unnötig lange Wartezeiten in Kauf nehmen möchte, sollte sich bereits beim Alaska Informationszentrum in

Anchorage die benötigten Coupons für den entsprechenden Tag besorgen. Die meisten Busse fahren die Strecke vom Visitor Center bis zum Eielson Center, das sich gute 100 Kilometer vom Parkeingang entfernt befindet. Diese Tour mit Pausen und Foto- und Filmstopps dauert etwa acht Stunden. Wer gar bis zum Wonder Lake fahren möchte, sollte zehn Stunden einplanen. Hierzu ist ein spezieller Coupon nötig! An wunderschönen Tagen lohnt sich die längere Fahrt auf alle Fälle, den nirgendwo sonst hat man einen besseren Blick auf den gewaltigen Berg als vom sogenannten Reflection Point am Wonder Lake. Leider ist der Berg meist in Wolken verhangen und die schönen Postkartenmotive, bei der sich das gewaltige Bergmassiv am strahlend blauen Himmel im Wasser des Wonder Lakes spiegelt, bleibt für die meisten Besucher und Fotografen nur ein unerfüllbarer Traum.

Bitte auch daran denken, genügend Getränke und Verpflegung mit auf die Touren zu nehmen. Dies gilt besonders an heißen Tagen, wenn in den voll-besetzten Bussen die nicht vorhandene Klimaanlage schmerzlich vermisst wird. Die Fahrzeuge bieten wirklich keinerlei Komfort, wie man es etwa aus einem modernen Reisebus gewöhnt ist. Es handelt sich um amerikanische Schulbusse, die während der Sommerferienzeit an die Parkverwaltung vermietet werden oder für ihre eigentliche Aufgabe „ausgedient" haben.

Unser Ausgangslager für die nächsten Tage ist der Otto Lake Campground. Er liegt etwa 15 Kilometer nördlich des Parkeingangs in landschaftlich wunder-schöner Lage mit Blick auf den gleichnamigen See und den famosen Berg-massive des Mount Helay, Dora Peaks und Sugarloaf Mountain. Kurt, Hermann und Marcus scheinen die kühlenden Luftströme unserer Klimaanlage im Motorhome nicht zu bekommen. Jedenfalls haben sich alle drei eine ordentliche Erkältung mit Schnupfen und Husten „eingefangen". Deshalb verschieben wir unsere für morgen geplante Bustour in den Park um einen Tag. Statt dessen machen Thomas, Karlheinz und ich eine Wildwasser-Rafting Tour auf dem Nenana River.

Besonders Hermann scheint es schwer erwischt zu haben. Wir fühlen mit ihm und Marcus springt für diesen Tag in die Rolle des „Chefkochs". Mit einem alten Hausrezept, einem Glas heißer Milch mit Honig will Hermann seine kräftige Erkältung bändigen. Hohes Fieber hat er zum Glück nicht, das zeigt das Fieberthermometer an, das Marcus in seiner Reiseapotheke unverhofft findet. Zum Glück arbeitet seine Frau Nina in einer Apotheke und hat ein wahrlich großes Sortiment an Arzneien und Medikamenten in die Tasche eingepackt. Thomas und ich unternehmen noch einen kleinen Abend-spaziergang mit unseren Angelruten zum Otto Lake.

Laut Beschreibung in der „Mile Post", der Straßenbibel Alaskas, soll der See Forellen und Saiblinge beherbergen. Der See ist nicht tief. Jedenfalls so weit das Auge reicht, kann ich den Grund erkennen. Barfuß und mit der Angelrute bewaffnet geht es schnurgerade ins Wasser. Mehrfach werfe ich den kleinen

Spinner, so weit es nur geht, in Richtung Seemitte. Auch Thomas probiert es eine knappe halbe Stunde ununterbrochen. Nicht einmal ein Biss, die Wassertemperatur scheint für die Salmoniden nur in den tiefsten Regionen des Sees erträglich zu sein.

„Von dieser Stelle aus, ohne Boot haben wir keine Chance!" Auch Thomas sieht dies ein und kommt mit mir ans Ufer.

Wir kehren zurück zu unseren Motorhomes. Karlheinz und auch der verschnupfte Marcus waren inzwischen rege mit dem Sammeln von Feuerholz beschäftigt. Am knisternden Lagerfeuer bewundern wir fast andächtig schweigend die weite Bilderbuchlandschaft, die sich uns von allen Seiten präsentiert. Kurt und Hermann haben sich schon lange in ihre Betten im Camper zurückgezogen. Mit einem ausgedehnten Schlaf versuchen sie der Erkältung „Herr zu werden". Wir genießen die laue Julinacht noch für einige Stunden am Feuer. Schließlich steht nach den „Strapazen" der vergangenen Tage ein Erholungstag auf dem Programm. Kein Wecker wird uns am Morgen aus dem Tiefschlaf wecken.

Thomas ist in unserem Camper am darauffolgenden Morgen als erster wach. Ein Blick zur Armbanduhr verrät, es ist tatsächlich schon fast zehn Uhr. Aber vielleicht hat dies auch der Körper verlangt. Frühstück ist nun nicht mehr angesagt, statt dessen ein ausgiebiger Brunch mit Schinken, Wurst und Käse. Kurt geht es an diesen Tag schon bedeutend besser, nur Hermanns Gesundheitszustand lässt noch sehr zu wünschen übrig. Aber er kann sich ja noch den ganzen Tag über richtig auskurieren.

Der frühe Nachmittag ist inzwischen angebrochen. Karlheinz, Thomas und ich haben uns am Eingang des Campingplatzes eingefunden. Wenig später fährt ein schwarzer Mini-Van vor. „Hi Guys", so begrüßt uns Jerry von Mount McKinley Tours. Er ist unser Rafting-Guide auf dem Nenana River. Fünfzehn Minuten sind wir unterwegs bis zum Ausgangspunkt unserer Wildwasser-Rafting-Tour. Nach einer gründlichen Einweisung wie man sich im eiskalten Wasser bei einem „Überbordgehen" verhält, starten wir mit dem Schlauchboot in die reißenden Fluten des Nenana Rivers. Selbstverständlich nicht ohne Schwimmwesten, Schutzhelme und geeignete „Wasserbekleidung" in Form von „Ostfriesen-Nerze".

Wie uns Jerry zu Beginn der Tour mitteilt ist er eigentlich Lehrer in Denver. Als Rafting-Führer verdient er sich in den schulfreien Sommermonaten gerne den einen oder anderen Dollar dazu. Jerry ist wahrlich muskulös. Seine Oberarme erinnern mich an die Oberschenkel unseres „Leichtgewichtes" Marcus. Die Tour wird für uns Dreien zu einem unvergeßlichem Abenteuerspektakel. Die aufbrausenden Sprudel und Wellen im eiskalten Gebirgsfluss lassen uns nach zwei Stunden tropfnass ans Ufer zurückkehren. Dank der fachkundigen Führung und Steuerung durch Jerry sind wir alle heil geblieben.

„Einfach Wahnsinn!" Mit diesen zwei Worten offenbart Thomas seine Begeisterung. Im Büro der Agentur kaufen wir uns einheitliche T-Shirts mit dem Aufdruck „I survived the Nenana River" (Ich überlebte den Nenana Fluss). Dieses Shirt sollte uns auch nach der langen Reise durch Alaska an dieses besondere Abenteuer erinnern. Unsere Rückfahrt zum Campingplatz wird gefährlicher als die Rafting-Tour. Jerry fährt äußerst unkonzentriert. Erst ein lauter Aufschrei weckt Jerry aus seinem „Tiefschlaf". Das Fahrzeug hätte er sonst sicherlich in den Graben gesetzt. Voller Stolz erzählen wir am Campingplatz den drei „Zurückgebliebenen" unsere tollen Erlebnisse bei dieser Tour. Unsere drei „Kranken" scheinen davon so begeistert zu sein, dass wir zwei Tage später alle die gleichen T-Shirts auf unsere Reise tragen sollten.

Wieder hat ein neuer Tag begonnen. Es ist sechs Uhr früh, als wir am Besucherzentrum eintreffen. Die ersten wärmenden Sonnenstrahlen spüren wir auf unserer Haut.

Mit froher Erwartung, vollbepackten Tagesrucksäcken sowie Kamera- und Videotaschen besteigen wir den Bus. Wir haben die kürzere Tour bis Eielson Center gewählt, denn auch heute soll es wieder sehr heiß werden. Über 30 Grad Celsius sind uns sicher. Ab der Savage River Brücke endet die geteerte Straße. Fortan führt eine Schotterpiste ins „Herz" des National Parks. Nach sechzig Kilometern Fahrt geht es steil hinauf zum Sable Pass. Am rechten Straßenrand erkennen wir ein Holzschild, das den Beginn des Sable Pass Schutzgebietes anzeigt. Laut Statistik sehen über 90 Prozent der Parkbesucher Grizzlys. Die besten Chancen hat man hier, denn es herrschen in dieser Gegend perfekte Lebensbedingungen für die Bären. Aus diesem Grund ist die mit Abtand höchste Populationsqoute des Parkes rund um den Sable Pass anzutreffen. Auch wir haben Glück und sehen aus etwa einhundertfünfzig Metern Entfernung ein Grizzly-Weibchen mit zwei Zöglingen.

Am Polychrome Pass legen wir nach gut fünfundsiebzig Kilometern Fahrt eine Pause ein. Von hier aus hat man einen wunderschönen Ausblick auf die Murie Plains und auf die riesige Alaska Range. Nach weiteren zwanzig Kilometern erreichen wir den höchsten Punkt der Parkstraße, den sogenannten Highway-Pass. Hier können wir Raubmöwen auf der Jagd nach Spitzmäusen und Lemmingen beobachten. Das Eielson Visitor Center bei Kilometer 106 ist der End- und zugleich Wendepunkt unserer Bustour durch den Park. Der Gipfel des Mount McKinleys, der leider an diesem Tage in Wolken verhüllt ist, ist immer noch über fünfzig Kilometer entfernt. Das Eielson Visitor Center wurde nach Carl Ben Eielson, einen früheren Buschpiloten Alaskas benannt. An den Wänden des Besucherzentrums hängen Fälle von Grizzlys und Füchsen zum Anfassen. Für Bustouristen, denen der Wasservorrat ausgegangen ist, steht eine Trinkwasserfontäne zur Verfügung. Auch wenn es ziemlich anstrengend ist und die Luft an heißen Tagen in den bis auf dem letzten Platz gefüllten Bus besser sein könnte, ist der Besuch des Denali National Parkes durch seine beeindruckende Tier- und Pflanzenwelt, sowie fantastischen Landschafts-panoramen ein unbedingtes Muss für alle Besucher Alaskas. Schließlich muss man sich im Gegensatz zu den meisten anderen National Parks, wie etwa Lake Clark oder Katmai National Park, nicht für teures Geld mit einem Buschpiloten „einfliegen" lassen.

Auch wenn es auf dem Foto den Anschein hat, bei Alaskas Grizzlys handelt es sich nicht um kuschelige Teddybären, sondern um die größten Landraubtiere unserer Erde

DENALI HIGHWAY, EINE LÖCHRIGE SCHOTTERPISTE FÜHRT DURCH DAS HERZ ALASKAS

Am nächsten Morgen kehren wir der Denali Region den Rücken. Aber unser Weg führt uns nicht weiter in Richtung Norden, sondern wir fahren auf dem George Parks Highway zurück bis zur Kreuzung bei Cantwell. Von hier aus befahren wir den Denali Highway in Richtung Osten bis zur Siedlung Paxson am Alaska Highway. Auch wenn die über 200 Meilen lange Schotterpiste mit ihren zahlreichen Schlaglöchern für so manche Kopfschmerzen sorgen wird, verleiht sie doch landschaftliche Eindrücke, wie man sich Alaskas unbeschreibliche Wildnis und Weite schon immer in seinem „Innersten" vorstellte.

Gletscher, die gewaltigen Gebirgsketten der Talkeetna Mountains, Wälder, Seen und riesige Tundrenflächen wechseln sich entlang des Highways ab.

Eine „angepasste" Fahrgeschwindigkeit ist besser als eine zu langsam gewählte. Denn man „fliegt" sprichwörtlich über die unzähligen Schlaglöcher des Highways, der diesen Namen nur auf wenige Kilometern verdient. Schnell haben wir diese Erkenntnis umgesetzt. Im Wohnmobil klappert es an allen Enden.

„Zum Glück sind die Fahrzeuge mit Plastikgeschirr ausgestattet", bemerkt Karlheinz. Leider sollte er mit der Kaffeekanne nicht recht behalten. Sie überlebte die Fahrt nur in „Stücken". An vielen Punkten entlang des Highways legen wir kurze Pausen ein. Natürlich auch, um Mannschaft und Fahrzeug etwas zu schonen. Aber der Hauptgrund sind natürlich die vielen Ausblicke auf eine tolle Kulisse. Wie ein grünes Meer liegen die unzähligen Fichten, Tannen und Espen im Tal eingebettet. Angeordnet wie Kompanien auf „Schlachtfeldern" zeigen sich die unzähligen Bäume bis zu den schneebedeckten Gipfeln der umliegenden Berge.

Am späten Abend erreichen wir den Campingplatz des Upper Tangle Lake. Schwarze Wolken sind im Anmarsch und sie bringen kühlere Luft und einen gehörigen Gewitterschauer mit sich. Unser Abendessen müssen wir diesmal in unseren beiden Campern „einnehmen". Nachdem nach gut einer Stunde der Spuk vorbei ist, entladen wir aus unserem Stauraum trockenes Holz für ein wärmendes Lagerfeuer. Die Temperaturen sind durch das Gewitter kräftig nach unten gefallen. Es ist trotz Lagerfeuer und Thermojacke immer noch recht kalt.

Am nächsten Morgen hat sich das Wetter wieder beruhigt und „Lady Sonja" hat am Himmel wieder das Zepter übernommen. Mit der kleinen Siedlung Paxson, bestehend aus einer Lodge, Tankstelle und Postamt, wo wir unsere restlichen Postgrußkarten „loswerden", verlassen wir den Denali Highway. Wir folgen nun den Alaska Highway und später ab Delta Junction den Richardson Highway in Richtung Norden. Immer wieder stoßen wir dabei auf die mächtigen Rohre der Öl-Pipeline, die sich wie eine stählerne Schlange auf einer Länge von über 1 300 Kilometern von Valdez, dem eisfreien Hafenstädtchen am

Einen guten Einblick in die schier grenzenlos scheinende Wildnis Alaskas verleiht die Fahrt auf dem Denali Highway

Prince William Sound, durch meist menschenleere Wildnis bis in den hohen Norden nach Prudhoe Bay schlängelt. Zwischen Naturschützern und den Ölgesellschaften kam es zu harten Kontroversen, da die mächtigen Stahlrohre der Pipeline die Karibuherden auf ihre Wanderungen durch den Norden Alaskas behinderten und irritierten. Mit einer Zwischenübernachtung am Harding Lake Campingplatz erreichen wir North Pole. Am großen Geschäftshaus des Weihnachtsmannes machen wir einen Stopp. Ein riesiger „Santa Claus" (Nikolaus) begrüßt alle Besucher vor „seinem" Haus. Das Santa Claus House mit seinem riesigen Souvenierladen, Rentieren für die Weihnachtskutsche und einer Kindereisenbahn ist die große Attraktion im Großraum Fairbanks. Der Kommerz mit den Touristen hat auch längst in Alaska Einzug gehalten. Dank des Geschäftsmannes Con Miller herrscht hier seit dem Jahre 1952 Weihnachten das ganze Jahr über. Auf Wunsch schreibt der gute Nikolaus auch zum richtigen Weihnachtsfest an die Liebsten zu Hause.

„Wieviel", das hängt ganz von der abgegeben Dollar-Quote im Haus des roten Weihnachtsmannes ab. Seit 1954 verfügt die winzige Siedlung sogar über ihr eigenes Postamt mit einem offiziellen „Nikolaus-Stempel".

FAIRBANKS, SOLDATEN UND STUDENTEN BEVÖLKERN DIE STADT AM RANDE DES ARKTISCHEN NORDENS

Ein paar Kilometer weiter erreichen wir Alaskas zweitgrößte Stadt Fairbanks. 75 000 Einwohner zählt die Stadt am Rande der Arktis. Ihren rapiden Aufschwung verdankt der ehemalige Handelsposten für Goldsucher den gewaltigen Ölfunden in der Prudhoe Bay und dem Bau des Alaska Highways zur Zeit des zweiten Weltkrieges. Stützpunkte der US-Army und die Universität Alaskas taten ein übriges, um für einen weiteren wirtschaftlichen Aufschwung der Stadt zu sorgen, die sich Dank ihrer geografischen Lage „Golden Heart City" nennt.

Kein Wunder, dass wir im Dog Sledge Saloon des Captain Bartlett Inn Hotels auf sehr viele junge Gäste stoßen. Manche „Frauentrophäe" eines jungen US-Soldaten, in Form eines Damenslips oder BH's, zieren die Holzwände.

Unzählige Erdnussschalen auf dem Fußboden verleihen im Saloon eine „knisternde" Atmosphäre. Thomas hat schnell Erfolg, sein schöner Cowboy-Hut findet auch bei einer jungen Koreanerin Gefallen. Mit den Worten „What a beautiful Cowboy" setzt sich das junge Mädchen kurzerhand auf seinen Schoß.

Ich habe leider heute die „A.......karte" gezogen, schließlich muss noch einer „fahrtüchtig" bleiben und unser Motorhome und die komplette Mannschaft zum River's Edge Campingplatz am Chena River transportieren. Jedenfalls war es auch mal lustig, im nüchternen Zustand dem Treiben der „Budweis"- und „Whisky"-Trinker zuschauen zu dürfen.

Alaskas Antwort auf Disneyland nennt sich der Ausflugspark „Alaskaland" von Fairbanks. Sicherlich ist dies sehr übertrieben, dennoch kommt bei einem Tagesausflug in diesem Vergnügungspark, wo Nachbildungen an das historische Fairbanks erinnern sollen, keine Langeweile auf. Für uns blieb nur wenig Zeit. Aber ein kurzer Abstecher am darauf folgenden Morgen lassen wir uns nicht nehmen. Im Stadtzentrum selbst erinnern wunderschöne Wandmalereien von Eskimos und Indianern, an die Lebensgewohnheiten der Ureinwohner und der prächtigen Naturkulisse des hohen Nordens. Ein Abstecher zum Museumsgebäude der Universität von Alaska, welche bekannt ist für ihre Forschungsarbeiten für die Polarregionen, sowie einer umfangreichen Ausstellung über Kultur und Leben der Inuits (Ureinwohner Alaskas) ist unbedingt empfehlenswert. Das Gebäude ist im Stadtteil College zu finden.

„Das braune Gold des 20. Jahrhunderts", so wird das Erdöl von den Einheimischen genannt. Mit der Erschließung des fast 700 Kilometer langen Dalton Highways von Fairbanks bis zur Prudhoe Bay am Beaufort Meer wurde ein weiteres Stück Wildnis vom Menschen erobert und für die Stadt bedeutete dies ein Boom in seiner Geschichte. Nicht umsonst wird die Stadt Fairbanks oftmals auch als „braune" Stadt bezeichnet.

Wunderschöne Wandmalereien sind in der Innenstadt von Fairbanks zu bewundern

Von Fairbanks aus sind es gerade noch einmal 320 Kilometer bis zum Polarkreis „Arctic Circle". Wer seine müden Glieder auf einer langen Wohnmobilreise in Gang bringen möchte, ist im Chena Hot Springs Resort gut aufgehoben. Die heißen Quellen am Ende der 90 Kilometer langen Chena Hot Springs Road haben ganzjährig geöffnet. Jedoch hat die Fahrstrecke dorthin kaum landschaftliche Höhepunkte zu bieten und man muss die gleiche Strecke auch wieder zurückfahren.

Am Nachmittag ziehen rabenschwarze Wolken auf, es gehen mehrere heftige Gewitterschauer vom Himmel herunter. Dies stört uns aber wenig, schließlich möchten wir vom Chena Hot Springs Resort aus den größten Teil der zu fahrenden Kilometer bis nach Anchorage hinter uns lassen.

Zu Beginn des Richardson Highways nach Delta Junction bessert sich das Wetter. Die Wolken brechen immer mehr auf und die Sonne bekommt deutlich mehr Durchschlagskraft am Himmel. Am Tanana River legen wir eine kurze Zigarettenpause ein. An dieser Stelle erkennt am wieder einmal die ungeheure Willenskraft der Menschen, die schier endlos scheinende Wildnis mit ihren oft unbarmherzigen Hindernissen zu trotzen. In einer Art, welche an die weltberühmte Golden Gate Brücke von San Francisco erinnert, werden die gewaltigen Leitungsrohre der Trans-Alaska Öl-Pipeline mit dicken Stahlseilen über die reißenden Fluten des Flusses gespannt.

Marcus amüsiert sich derweil mit einer flotten Blondine. Sie ist aber leider nur aus Kunststoff und begrüßt als Blickfang an einem kleinen „Tanta-Emma-Laden". Erst in den späten Abendstunden erreichen wir den Gulkana River. Unterhalb der Brücke an den Uferseiten des Flusses ist zwar kein offizieller Campingplatz, doch stehen hier unzählige Pick-Up-Camper und Wohnmobile. Kein Wunder, der Zug der Rotlachse hat auch in dieser Region begonnen und neben den Hundeschlittenfahren ist das Fischen das beliebteste Freizeitvergnügen der Alaskaner. Auch wir haben für unsere beiden Wohnmobile einen geeigneten Standplatz gefunden. Da sage noch einer, „Frauen und Angeln", das sei so eine Sache. Jedenfalls werden wir am Fluss eines Besseren belehrt. Eine junge Frau zeigt es dem „stärkeren" Geschlecht ziemlich ordentlich.

Innerhalb kürzester Zeit hat sie zwei wunderschöne Sockeys (Rotlachse) nach harten Drills besiegt. Da staunt die Männerwelt nicht schlecht, denn keiner von den anwesenden männlichen Anglern kann nur annähernd an den Fangerfolg der jungen Dame anknüpfen. Nachdem uns Hermann wieder einmal ein vorzügliches Abendessen servierte, haben Marcus und Thomas ein Lagerfeuer entzündet. Die Sandbänke entlang des Flussufers und das sehr milde Wetter verleihen uns ein Gefühl, als würden wir am Sandstrand eines spanischen Urlaubsortes sitzen, aber nicht in Alaska. „Jetzt fehlt nur ein guter Tropfen Rotwein und die spanische Paella und wir würden es wirklich glauben!"

Aber wir müssen uns leider mit Dosenbier den Abend am Lagerfeuer „versüßen". Ganz im Zeichen der rötlich sinkenden Sonne leuchten uns die gewaltigen Bergmassive des Mount Wrangell und Mount Drom entgegen. Befestigt auf dem dreibeinigen Stativ postiere ich meine Fotokamera für eine gelungene Aufnahme der beiden Berggipfeln, die sich durch die schräge Sonneneinstrahlung in einem rötlich schimmernden Festkleid zeigen.

MATANUSKA VALLEY, DER BROTKORB UND DIE KORNKAMMER ALASKAS

Im Herzen Südzentralalaskas, eingebettet zwischen der Denali Region und Anchorage, liegt das 23 000 Quadratkilometer große Matanuska Tal.

Majestätische Gletscher, schneebedeckte Berggipfel, mächtige und reißende Flüsse, ausgezeichnete Fischgewässer und ein fruchtbares Weideland bringen diesen Teil Alaskas groß heraus. Dank der vielen Sonnenstunden und des milden Klimas gedeihen Weizen, Roggen und verschiedene Obstsorten zu enormen und gigantischen Größen heran. Zentnerschwere Kohlköpfe und Rüben, welche die zehn Kilomarke bei Weitem überschreiten, machen deutlich, warum das Tal auch als Wunderland und Brotkorb Alaskas bezeichnet wird.

Tausende Tonnen Getreide lagern in den riesigen Silos der Farmen. Die Landwirtschaft hat in diesen Teil des Landes oberste Priorität. Dies sehen wir an den vielen Farmen, welche sich vor allem im Gebiet um der Kleinstadt Palmer niedergelassen haben. In Palmer kann man übrigens in einem Schaugarten die gigantischen Gemüse- und Obstsorten, die sonst nirgendwo auf der Welt in solchen Größen vorzufinden sind, bewundern.

Überlebenskünstler in der Tierwelt sind die Moschusochsen, Alaskas älteste noch lebende Tierart. In der Nähe von Palmer, direkt am Glenn Highway kann man die Moschusochsen in einer Zuchtfarm bestaunen. Eigentlich waren diese Tiere auch in Alaska durch unkontrolliertes Jagen ausgerottet. Im Jahre 1930 wurde eine kleine Herde aus Grönland wieder in Alaska „eingebürgert". Trotz Gefahren durch Bären, Wölfe und den strengen, eisigen Wintern haben die „Bärtigen", wie die Eskimos die Moschusochsen nennen, sich wieder zu einer stolzen Anzahl vermehren können.

Die Tiere haben eine sehr feine Unterwolle, die Eskimo-Frauen zu sehr begehrten Kleidungsstücken verstricken. In Anchorages Geschäften kann man sich von der Strickkunst der einheimischen Inuits überzeugen.

An der nächsten Tankstelle ist anscheinend auch die Uhr schon seit längerer Zeit stehen geblieben. Die Förderpumpen an den Zapfsäulen haben eine viel zu geringe Kapazität. Es dauert mehr als dreißig Minuten, bis wir unsere beiden großen Tanks mit Benzin gefüllt haben. Derweil ist eine Gruppe von Motorradfahrern an der Tankstelle eingetroffen. Natürlich sind alle motorisierten Zweiräder von der Marke „Harley Davidson". Auch in Alaska träumen die Biker auf ihrer „Harley" den Ruf nach grenzenloser Freiheit und Abenteuer.

Voller Stolz wedelt am Lenkrad des „Gefährts" die Nationalflagge, um die Sympathie zu den Vereinigten Staaten allen Touristen, wie wir es nun einmal sind, zu verdeutlichen. Die größte Attraktion dieser Region ist vom Glenn Highway aus erreichbar. 27 Meilen steigt die Zunge des mächtigen Matanuska Gletschers hinauf zu den gewaltigen Chugach Mountains. Die Umgebung rund um den Gletscher ist bekannt für spektakuläre und abenteuerliche Rafting-Touren, bei Natur-Fotografen durch den hohen Wildbestand, vor allem an schneeweißen Dallschafen und Rotwild, sowie bei einer großen Anzahl von Outdoor-Freaks, welche gerne ausgedehnte, schweißtreibende Bergwanderungen unternehmen.

Zum erstenmal sind wir während unserer Reise nicht der gleichen Meinung. Karlheinz möchte gerne auf dem kühlen Eis der Gletscherzunge „marschieren". Kurt ist damit aber gar nicht einverstanden. Er möchte lieber bei der großen Hitze ein kühles Fleckchen zu einem Nachmittagsschläfchen aufsuchen.

In der Region um Palmer hat die Landwirtschaft oberste Priorität

„Die Bärtigen", so werden die Moschusochsen in Alaska genannt

„Alter vor Schönheit" und so geben wir Kurts Wunsch Einhalt. „Eine kalte Dusche wäre nach vielen Tagen des Verzichtes auch nicht schlecht!" Diese sinnvolle Äußerung kommt von Thomas. Und so suchen wir in unserer „Mile-Post" nach einem geeigneten, privat geführten Campingplatz. Auch zum Auffüllen der Akkus ist dieser Vorschlag nicht schlecht. Mit dem Mountain View R&V Park am Old Glenn Highway finden wir einen schön gelegenen Campingplatz. Wenig später genießen alle Mann die warme, prickelnde Dusche in den sauberen Waschräumen.

Zum Glück ist Hermann wieder voll auf. Gut gelaunt präsentiert er uns einen Schweinebraten mit einer wunderbar gewürzten Pfeffersauce. Dazu, man glaubt es kaum, serviert uns der „Chefkoch" Semmelknödel und grünen Blattsalat. „Jetzt fehlt nur ein kühles Hefeweizen", und ich fühle mich wie in einem Münchner Biergarten. Ich bin wieder einmal vollkommen begeistert von Hermanns Kochkunst und vergesse für diese halbe Stunde die lästigen Kalorien zu zählen. Unsere Campertour durch Südzentralalaska neigt sich nun langsam dem Ende.

Der nächste Tag steht ganz im Zeichen von Alaskas größter Metropole. Beim Morgenspaziergang besichtigen wir das Visitor-Center und die Einkaufsstraßen, die fourth und fifth Avenue. Überall scheint hier „der Bär los zu sein." Fast vor jedem Geschäft grüßt uns ein präparierter Grizzly in furchterregender Posse. Die „ausgestopften" Tiere sollten die Hauptrolle in unserem nächsten Reisesabschnitt spielen, aber dann in einer waschechten „Lebendrolle".

KATMAI NATIONAL PARK,
VULKANE, WASSERFÄLLE UND HEISSE QUELLEN IM REICH DER MÄCHTIGEN BRAUNBÄREN

Von Anchorage aus starten wir mit einer Boing 737 der Alaska Airlines hinein in ein neues Naturabenteuer. Nach knappen 50 Minuten in der Luft landet die Maschine sicher auf der kleinen Landebahn des Flughafens von King Salmon. Der Ort, der nach der größten Lachsart unserer Erde benannt ist, zählt gerade einmal 400 Einwohner. Die kleine Siedlung liegt an der Westseite des Katmai National Parks. In den Sommermonaten fliegen täglich Linienmaschinen von Anchorage zum Eingangstor des Nationalparks.

Speziell zur Zeit des „Lachs-Runs" übertrifft die Zahl der Besucher, die sich aus Sportfischern, Naturfreunden sowie Outdoor-Freaks zusammensetzt, die eigentliche Einwohnerzahl um ein Vielfaches. Für die nächsten fünf Tage haben wir zwei Ferienhäuser auf Selbstversorgerbasis der Hotel King Ko Inn Anlage gemietet.

Wenige Minuten nach der Landung stehen wir an der Rollbahn der Gepäckausgabe. Es ist die einzige im Flughafengebäude. Ganze vierzig Personen warten hier. Gedanken an Gepäckausgaben an internationalen Flughäfen gehen uns durch den Kopf. „Keine Panik und Gedränge, um nur als erster sein Hab und Gut in Händen halten zu dürfen!" Es geht hier viel ruhiger und gelassener zu. Fünfzehn Minuten später sind alle aufgegebenen Gepäckstücke auf drei Kofferwagen plaziert. Bereits mit dem zweiten Schritt sehe ich beim Verlassen des Gebäudes auf der rechten Seite die King Ko Inn Hotelanlage.

Keine hundertfünfzig Meter vom Flughafengebäude entfernt, bläst uns ein eisiger Wind entgegen. Mit unseren kurzärmeligen Shirts haben wir offensichtlich die falsche Kleidung gewählt. Wir waren uns sicher, die gleichen angenehmen Temperaturen wie in Anchorage vorzufinden. Das war weit gefehlt. Doch die paar Meter sollten wir nicht gleich erfrieren.

Ich betrete mit den Vouchers (Gutscheine) die Hotelanlage. An der Rezeption lächelt mir eine junge Frau entgegen. Nach einer kurzen Begrüßung und Prüfung der Gutscheine überreicht sie mir zwei Schlüssel für unsere gebuchten Ferienhäuser. Das Gelände der King Ko Inn Anlage besteht aus einem großen Haupthaus mit Restaurant, Ferienhäuser und einem typisch alaskanischen Saloon, welche am Abend mit oftmaliger Live-Musik zum beliebten Treffpunkt der Einwohner King Salmons und Touristen wird. Das Hauptgebäude wurde im Jahre 1995 bei einem Brand vollständig zerstört, aber inzwischen wieder komplett aufgebaut. Wir wohnen in modernen Holzhütten, die jeweils Platz für zwei bis vier Personen bieten und alle mit Dusche/WC ausgestattet sind. Die Angelmöglichkeiten in dieser Region sind sehr vielfältig. Die Flüsse und Seen der Bristol Bay und des Lake Illiamna Gebietes beherbergen Millionen von

Lachse und sind daher erstklassige Angelreviere. Über 80 Prozent aller aus alaskanischen Gewässern gefangenen Sockeys (Rotlachse) stammen aus diesem Gebiet. Viele Alaskaner behaupten, dass hier die Lachse mit dem besten Fleisch in den riesigen Fangnetzen der kommerziellen Fischfänger landen. Die beste Zeit zum Fischen auf Königs- und Rotlachse ist von Ende Juni bis Mitte Juli, gefolgt vom Hunds- und Buckellachs im Juli und dem Silberlachs von Anfang August bis Mitte September. Regenbogenforellen in Trophäen-Größe, Saiblinge und Äschen sind die ganze Saison über fangbar, jedoch werden die ganz kapitalen Fische im Juni und September gefangen. Für Angler, welche keinerlei Erfahrung in Sachen Lachsfischen und Motorbootfahren haben, ist die Investition für einen ortsansässigen Guide unbedingt zu empfehlen. Der Naknek River hat teilweise eine starke Strömung und weist sehr viele Untiefen auf.

Besonders Kurt ist von den Häuschen begeistert. „Dusche und eigenes WC, das gab es auf der ganzen Reise noch nicht!" Kurt ist im Vergleich zu Hermann kein Naturbursche. Er liebt schon ein bisschen den Komfort, das war mir schon immer bewusst. Nur Hermann hat auf Anhieb ein Problem erkannt.

„Ich brauche dringend einen größeren Topf, mit diesen kleinen Pfannen kann ich unmöglich für die ganze Meute kochen!" Hermann ist unzufrieden, ist er doch immer um unser leibliches Wohl besorgt. Marcus und ich wollen in dem kleinen Supermarkt auf der gegenüberliegenden Straßenseite nach einem passenden Kochtopf suchen. Als wir den kleinen Laden betreten, wird uns schnell klar, dass wir hier Hermanns Wunsch nicht erfüllen können. Aber eines ist uns schon aufgefallen, die Preise für Lebensmittel, Getränke und sonstige Sachen sind horrend.

„Kein Wunder, es muss doch alles eingeflogen werden!" Mit diesen Worten erkläre ich Marcus die seiner Meinung nach viel zu überteuerten Preise.

„Naja, da werden wir heute im Restaurant unser Abendessen zu uns nehmen müssen", meint Marcus. „Kurt und Hermann werden davon nicht so begeistert sein", erwidere ich ihm.

Schließlich haben die beiden immer etwas gegen die amerikanische Küche auszusetzen. Als wir zu den Ferienhäusern zurückkehren, haben die anderen schon ihr Gepäck in den kleinen Schränken verstaut. Nach einer wohlverdienten Pause in Form eines kleinen Nickerchens und einer ordentlichen Erfrischungsdusche laufen wir gegen acht Uhr abends die hundert Schritte zum Haupthaus. „Die Preise sind noch relativ fair", meint Kurt beim Stöbern der Speisekarte. Die meisten von uns haben sich für ein gegrilltes Lachsfilet entschieden, wir sind ja im Land der größten und angeblich besten Lachse. Und tatsächlich sollten wir mit der Wahl nicht enttäuscht werden. In der benachbarten Bar erklingen bereits die ersten Töne.

„Natürlich werfen wir auch noch einen Blick hinein!" Marcus ist der Vorreiter und wir folgen ihm prompt. Es sind an die zwanzig Personen anwesend, auch ein paar recht hübsche Frauen. „Fünf Dollar für ein Bier", Karlheinz ist entsetzt bei diesen Preisen. Tatsächlich wird da ein feuchtfröhlicher Abend zu einem sehr teuren Spaß. Die beiden Musiker auf der Bühne haben unseren Geschmack getroffen, so dass es nicht bei einem Bierchen bleibt. Wir reden noch viel gemeinsam am Tresen mit einer gewissen Vorfreude auf den morgigen Tag.

„Ich hoffe nur, dass das Wetter morgen nicht noch schlechter wird!"

„Hauptsache es regnet nicht", meint Karlheinz dazu. Denn besonders Karlheinz hatte sich die Temperaturen in Alaskas ganz anders vorgestellt. Die heutige Kälte war wohl mehr nach seinem Geschmack.

Der Blick am nächsten Morgen durch das Fenster lässt die Stimmung bei mir merklich in tiefere Regionen sinken. „Es regnet, als hätte ich es geahnt!" Der Blick nach oben verrät auch keine Wetterbesserung. Dunkle Wolken entleeren ihren angesparten Wasservorrat über uns. „Hoffentlich starten wenigstens die Buschflugzeuge!" Meine Hoffnung steigert sich, als ich Motorengeräusche von Kleinflugzeugen am Himmel wahrnehmen kann. Plötzlich klopft es an unserer Tür. Es ist Hermann, der uns keine gute Nachricht mitbringt.

Klaus, unser Buschpilot hatte über die Hotelrezeption verlauten lassen, dass es derzeit nicht möglich sei, nach Brooks zu fliegen. Wir sollten uns aber bereit halten, denn laut Wettervorhersage solle um die Mittagszeit das Wetter besser werden. Thomas hat gleich die glorreiche Idee, er nimmt sein Kartenspiel aus der Reisetasche und einen Block mit Kugelschreiber legt er auf den Tisch. „Jungs, Waddeln ist angesagt!" „Kein so schlechter Gedanke", erwidert ihm Marcus. Immer wieder stehe ich vom „Kartentisch" auf, um durch das Fenster das Wetter zu beobachten. Immer noch keine Besserung in Sicht. Langsam werden wir ungeduldig. Dann, um fast ein Uhr, ist es soweit. Ein bärtiger Mann steht vor unserer Tür. Es ist Klaus Steigler, der deutsche Besitzer einer renommierten „Fly-in-Fishing"-Lodge in der Nähe von King Salmon und ein erstklassiger Buschpilot, wie wir später sehen sollten.

„Na Jungs, habt ihr schon lange gewartet?" „Ja", erwidern wir gemeinsam. Auf meine bange Frage nach dem Wetter in Brooks beruhigt mich Klaus. „In Brooks scheint die Sonne, das verspreche ich Dir!" Meine ganzen Zweifel konnte mir Klaus dadurch aber nicht nehmen. Für mich als begeisterter Fotograf war dieser Tag besonders wichtig. Er sollte mir Aufnahmen bringen, wie ich sie bisher nur aus Reisekatalogen und Büchern gekannt hatte.

Mit seinem verbeulten Van fährt uns Klaus zum Flugplatz für Kleinflugzeuge. Er liegt etwa drei Kilometer außerhalb von King Salmon. Dort angekommen, zeigt uns Klaus mit voller Stolz sein modernes, turbinengetriebenes Amphibienflugzeug. Schnell sind die Rucksäcke, Video- und Fototaschen im Laderaum verstaut. Während der Startvorbereitungen erklärt uns Klaus kurz die Sicherheitsvorkehrungen. Marcus darf Co-Pilot spielen. Er scheint von seiner neuen Rolle voll begeistert zu sein. Mit der passenden Kopfbedeckung und Funkgerät im Ohr fühlt er sich wahrscheinlich wie der Chef an Bord der kleinen Maschine. Die viermotorige Beaver, einzigartig in Alaska, wie uns Klaus versicherte, ist inzwischen zur Startbahn gerollt. Der Tower hat den Start freigegeben und Klaus lässt die Maschine „ihren freien Lauf". Klaus ist ein erfahrener Buschpilot. Wie er uns erzählt, fliegt der einstige Ingenieur schon seit fast acht Jahre abenteuerlustige Menschen in die fantastische und spektakuläre Landschaft des Katmai National Parks. „Wir haben hier nicht nur eine wunderschöne Landschaft, sondern auch die höchste Braunbären-population eines National Parks in ganz Alaska, wahrscheinlich sogar von der ganzen Welt!" Klaus kommt ins Schwärmen, „wenn du mit einem Gefühl aufwächst, alleine mit Bären, Elchen, Wölfen und Adlern zu leben, dann bist du im Real Alaska, draußen in der einsamen und lautlosen Stille Alaskas!"

Der Schatten unseres Kleinflugzeuges wandert über stille Wälder, Seen und karge Tundraflächen. Dann sehen wir das Spiegelbild unserer Maschine im hellblauen Wasser des riesigen Naknek Lakes. Wenige Minuten später landet die Maschine sicher auf dem wunderschönen See.

Wir befinden uns am Brooks Camp, der Anlaufstelle für die Bärenbeobachtungen im National Park und Ausflüge zum „Valley of 10 000 Smokes", dem Tal der zehntausend Rauchsäulen. Das Camp war ursprünglich ein Fischer- Camp. Heute beherbergen die Holzhütten im Blockhausstil, die mit zwei bis vier Personen belegt werden können, aber vor allem begeisterte internationale Tier- und Naturliebhaber, Fotografen, Forscher und „Wildnis"-Freaks aus allen Herren Länder. Das Angeln steht in Brooks eindeutig an zweiter Stelle.

„Bären" haben im National Park immer Vorfahrt, auch was den Fischfang angeht. Nicht selten sehen sich Angler gezwungen, ihre Schnüre zu „kappen", denn die zappelnden Fische an der Leine sind für viele Bären eine verlockende Versuchung, mit möglichst wenig eigenen Aufwand an eine delikate Fisch-mahlzeit zu gelangen. Und wenn plötzlich einer dieser mächtigen „braunen Riesen" mit Gewichten von bis zu 1000 Pfund auf einen zustürmt, dann gibt es nicht viel zu überlegen. Das Gesetz der Natur, dem Stärkeren den Vortritt zu lassen bzw. nicht unnötig zu reizen, sollte man hierbei als Mensch im Reich der Petze auf alle Fälle beachten, wenngleich Grizzlys und auch Schwarzbären nur in Ausnahmefällen einen Menschen angreifen würden. Aber wann ist schon ein solcher Ausnahmefall?

Jedes Tier ist wie jeder Mensch ein Individuum und somit schwer ein-schätzbar. In Brooks ist es bisher noch nie zu ernsthaften Angriffen von Bären auf Menschen gekommen. Für diese erfreuliche Tatsache ist sicherlich der gegenseitige Respekt hauptverantwortlich. Ein verletzter oder sogar getöteter Mensch würde den Bären bestimmt wieder in ein verkehrtes Licht zurück-führen. „Horror-Grizzly" oder Menschenkiller, gegen diese Begriffe und Schlagwörter müssten sich die Bären vor dem menschlichen Gericht behaupten.

Ein Urteil wäre dabei bereits vorher absehbar. Deshalb erhalten alle Besucher im Park Office zunächst wichtige Informationen über das Verhalten gegenüber den Grizzlys. Seit 1996 erfolgt zusätzlich, neben der Einweisung durch Parkranger, die Vorführung eines zehnminütigen Videofilms, der auf Wunsch auch in deutscher Sprache ausgestrahlt wird. Erst nach dieser kurzen Unterweisung erhält jeder Besucher das Ansteckemblem mit der Aufschrift „Katmai School of Bear Etiquette". Nun kann der „Bärenpirsch" nichts mehr im Wege stehen.

Wie uns Parkrangerin Mary versichert, sind zur Zeit sehr viele Bären in diesem Gebiet. Der Grund ist der „Hauptrun" der Rotlachse. Wir sollen höllisch aufpassen, wenn wir durch die unübersichtlichen Wälder oder mannshohen Graslandschaften marschieren. Die „Petze" hätten es gar nicht gerne, wenn man sie plötzlich und überraschend aus ihrem Nachmittagsschläfchen weckt. „Vorsichtig, die liegen manchmal so gut getarnt, dass man fast auf sie tritt!" Bei diesen Worten stellen sich besonders bei Kurt die Ohren Er hatte noch in King Salmon gelästert, dass wir wahrscheinlich gar keinen Grizzly zu Gesicht bekommen. Nun hatte er aber aus einem fachmännischen Mund die Nachricht von einer großen Anzahl versammelter Grizzlys in diesem Gebiet erhalten. Von der Rangerstation führt ein Pfad zu einer Beobachtungsplattform.

„Hey, schaut auf die andere Uferseite!" Ich bin der erste, der den Grizzlybär entdeckt. Mein erster „Petz" in freier Natur. Lange hatte ich von diesem Moment geträumt. Nach der Größe und Gewicht zu schätzen, handelt es sich noch um einen jüngeren Artgenossen. Es sieht schon etwas tolpatschig aus, wie sich der kleine „Teddy" ohne Erfolg auf die flinken Lachse ins Flussbett stürzt. Das Wasser „kocht". Die Lachse haben längst die Gefahr erkannt und schwimmen und springen wortwörtlich um ihr Leben. Wer sagt es denn, der „Youngster" hat es doch noch geschafft, einen stattlichen Lachs mit seinen messerscharfen Pranken zu fangen. Gut kann ich durch mein Teleobjektiv beobachten, wie der Bär fachmännisch am Ufer seine Beute zerlegt. Sofort haben sich um ihn einige Raubmöwen versammelt, die hoffen, den einen oder anderen Appetithappen für sich zu gewinnen. Respektlos nähern sie sich dem Bären bis auf wenige Zentimeter. Sie ahnen es, dass von „Meister Petz" keine Gefahr ausgeht. Zu sehr hat sich dieser auf die leckeren Lachsfilets und –eier eingestellt. Sie werden ihn den nötigen Speckmantel liefern, um über die langen Wintermonate zu kommen.

Uns zieht es weiter entlang des Brooks Rivers. Hundert Schritte später führt eine Brücke zur gegenüberliegenden Uferseite. Dort ist eine neue Beobachtungsplattform. Ausgerüstet wie ein echtes Filmteam mit unseren Video- und Fotokameras laufen wir über die wacklige Brücke. Auf dem Holzgerüst haben bereits zwei Profifotografen ihren Platz eingenommen. Dies merken wir beim Anblick ihrer Ausrüstung sofort.

Brooks River: junger Grizzly mit Rotlachs

„Diese Teleobjektive kosten ein Vermögen!" Marcus und Thomas werden von mir über die Preise der Objektive informiert. Aber zu weiteren Pläuschen kommt es nun nicht. Denn plötzlich kommt Bewegung auf die Plattform. „Wahnsinn, schau dir diesen Riesen an. Einen Hieb mit seinen tellergroßen Pranken und du bist im Jenseits!" Karlheinz ist entsetzt beim Anblick der tödlichen Waffen, die dieser Grizzly besitzt. Er ist nur wenige Meter von uns entfernt. Plötzlich hebt er sein Kopf und schnüffelt mit seiner Nase. „Hat er uns bemerkt", fragt Marcus. „Bestimmt schon lange bevor wir ihn gesehen haben", erwidere ich ihm. „Zum Glück haben die hier genügend Lachse", kommt die frohlockende Botschaft aus dem Munde von Kurt. Wir verharren noch über eine halbe Stunde auf dem „hölzernen Ansitz", bevor wir uns wagen, diesen zu verlassen. Am eindrucksvollsten ist das Beobachten der Braunbären an den berühmten Brooks Falls. Der Brooks River verbindet den Naknek und Brooks Lake miteinander. Etwa auf halber Strecke werden die Lachse auf der

Wanderung zu ihren Laichplätzen durch einen Wasserfall an ein zügiges Weiterkommen gehindert. Unterhalb der Wasserfälle drängen sich die Rotlachse in riesigen Schwärmen zusammen, um Kräfte für die Überquerung dieses Hindernisses zu sammeln. In „Bären-Kreisen" hat sich längst herumgesprochen, dass hier der beste Fangplatz ist. Obwohl die Grizzlys normalerweise ein „Einsiedler-Leben" führen, dulden sie aufgrund des reichen Nahrungsvorkommens ihre „Verwandten" in unmittelbare Nähe.

Der Weg zu den Brooks Falls ist nicht ungefährlich. Gerne nehmen auch die Petze den gleichen Pfad zum „Mittagstisch" wie die neugierigen Menschen. Fast zwei Kilometer führt ein Waldtrail zu einem absoluten „Weltklasse-Naturspektakel". Mit unserem Gesang, es ist das „Rhöner-Lied" aus unserer Heimat, möchten wir die Bären auf unser Kommen vorbereiten.

„Schau", Thomas zeigt mit seinem Finger auf einen großen, „frischgelegten" Kothaufen. Plötzlich sind die Bären wieder in voller Munde. Angst hat zwar keiner von uns, so glaube ich es jedenfalls, aber bestimmt den nötigen Respekt. In unseren Ohren nehmen wir wenig später das Rauschen der Wasserfälle wahr. Es kann nun nicht mehr lange dauern. Gute zehn Minuten später sind wir da.

Ich bin völlig sprachlos, als ich die wenigen Stufen hoch zur nächsten Plattform, die hier für die Besucher aufgebaut wurde, betrete. Was für ein Anblick, sieben mächtige Grizzlys kann ich sofort aus meinen Augenwinkel erkennen. Viele Jahre hatte auf diesen Augenblick gewartet. Nun war es soweit und der liebe Gott schickte mir ein „Super-Fototgrafen-Wetter". Kaum ein Wort fällt. Allen steht die Begeisterung ins Gesicht geschrieben. Schnell ist ein ganzer Film „verschossen" und ich wechsele einen Neuen ein. Zwei „braune Gesellen" haben sich anscheinend nicht also sehr lieb gewonnen. Mit drohenden Gebärden und einigen Prankenhieben versucht jeder von ihnen, den vermeintlich besten Fangplatz oberhalb der Wasserfälle für sich in Anspruch zu nehmen. Um die begehrtesten Fangplätze gibt es immer wieder einmal Rangeleien, welche nicht selten als blutige Kratz- und Beißspuren im dicken Fell von „Meister Petz" zurückbleiben. Im allgemeinen müssen sich aber die Bären an den Falls wie im Schlaraffenland fühlen. Nicht selten fliegen ihnen sprichwörtlich die Lachse wie gebratene Tauben ins Maul. Der Sprung über das Hindernis wird für viele Fische ein Sprung in den Tod, dennoch erreichen Tausende der Lachse ihr Laichgebiet und sichern somit den Fortbestand ihrer Art. Neben dem fast bewegungslosen Beobachten der Szenerie oberhalb des Wasserfalles haben sich andere Bären erkennbare Fangtechniken angeeignet. Durch hastiges Laufen und Springen versuchen sie die Fische in die Enge zu treiben, auch tauchen Tiere in tiefere Flussabschnitte ab, um regelrecht als „U-Boot" auf die Jagd zu gehen. Die Petze bleiben dabei manchmal mehrere Minuten unter der Wasseroberfläche. Egal für welche Fangtechnik sich auch die Grizzlys entscheiden, zur Zeit des Haupt-Runs der Lachse wird noch jeder von

Bei diesem Anblick schlägt jedes Fotografenherz höher: Ein ausgewachsener Grizzly zeigt seine Größe

ihnen eine delikate Fischmahlzeit ohne größere Probleme zwischen seine messerscharfen „Pranken" bekommen.

Ich könnte noch stundenlang den Petzen beim Lachsfang zuschauen. Aber die Zeit vergeht viel zu schnell und wir müssen uns langsam wieder auf den Rückweg machen. Schließlich werden wir noch an zwei weiteren Tagen die Möglichkeit haben, die mächtigen Grizzlys hautnah erleben zu dürfen.

Um acht Uhr wollte uns Klaus mit seinem Buschflugzeug am Camp abholen. Nun kommen auch Thomas und Hermann zu ihrem Recht. Sie möchten auf alle Fälle noch in der verbleibenden Stunde den einen oder anderen Rotlachs mit ihren Angeln überlisten. Schon mit dem zweiten Wurf kann Thomas einen stattlichen „Sockey" zum Anbiss auf die knallrote Lachsfeder animieren. Gute fünf Minuten muss er mit dem achtpfündigen Lachs kämpfen, bevor sich dieser geschlagen gibt. Da möchte Hermann auf gar keinen Fall nachstehen. Auch er hat einen schönen Fisch an der Angel. Aber es sollte alles ganz anders kommen.

„Ein Bär", Karlheinz zeigt auf die andere Uferseite. Tatsächlich ein mächtiger Grizzly hat nicht nur Hermann, sondern offensichtlich auch den sich verzweifelt wehrenden Lachs an der Angelleine wahrgenommen. Nun sehen wir es „Live". Mit einem Tempo, das einem „Top-Hundert-Meter-Läufer" in nichts nachsteht, rennt er auf den Lachs und Hermann zu. „Hermann, ein Bär", lautstark versuche ich, Hermann zu warnen. Aber Hermann scheint viel zu vertieft in sich und mit dem Drill des Lachses beschäftigt zu sein. Erst als Marcus, Kurt, Karlheinz und ich geschlossen brüllen, erkennt dieser die drohende Gefahr. Mit der rechten Hand die Angel in der Hand, versucht er, mit der linken verzweifelt sein Messer in der Hosentasche zu fühlen. Gerade noch rechtzeitig findet er sein Taschenmesser und kappt die Leine. Der Bär, keine zehn Meter mehr von Hermann entfernt, freut dies. Der völlig entkräftete Lachs wird für ihn zu einem willkommenen und „billigen" Abendessen. Nach diesem Vorfall ist allen die Lust am Angeln vergangen. Hermann flucht: „So ein Sch....kerl", klaut der mir den Lachs von der Angel.

Dies sollte aber nicht die letzte Begegnung mit einem Bären an diesem Tage sein. Das Geräusch seiner Maschine machen wir schon aus. Nun können wir den anfliegenden Klaus mit seiner weißen Beaver erkennen. Seidenweich setzt die Maschine auf das blaue Wasser des Naknek Lakes auf. Klaus „fährt" die letzten Meter schnurgerade zum Ufer. Die rotierenden Flügel seiner Motoren erlahmen und plötzlich ist es wieder geheimnisvoll still.

„Na, hattet ihr einen tollen Tag?" „Das kann man wohl sagen", erwidere ich ihm. „Auf, Beeilung!" Was ist jetzt, frage ich mich? Klaus zeigt auf den heran brausenden Grizzly am Seeufer. „Habt ihr Lachse gefangen", fragt uns unser Chauffeur. „Ja Thomas", antworte ich ihm. Der Bär kommt immer näher. Schnell schwingt sich Klaus zurück in die Pilotenkabine und startet die Triebwerke. Das plötzliche und laute Motorengeräusch veranlasst den Grizzly zur sofortigen Richtungsänderung. „Die Kerle riechen die Fische meilenweit!" Klaus nennt uns den Grund, warum sich der Bär unserer Gruppe in diesem Tempo näherte. Zum Glück war er schon da, sonst hätten wir uns auf einen harten Wettkampf um den Lachs einstellen können. Wer da wohl als Sieger den Platz verlassen hätte, bleibt ein unbeantwortetes Geheimnis. Zum Glück!

30 Minuten dauert der Rückflug. An seiner Fishing-Lodge, welche direkt am Naknek River liegt, möchte uns Klaus „absetzen". Es ist die Fox Bay Lodge, sie liegt etwa 15 Kilometer östlich von King Salmon. Wie uns er versichert, bietet er seinen Gästen hier rund um das Bristol Bay und Lake Illiamna Gebiet eine absolute Weltklassefischerei. Alleine elf Fischarten können in den umliegenden Gewässern befischt werden. Speziell für den Fliegenfischer ist es hier ein Eldorado. Das Bristol Bay Gebiet gilt als das größte Lachs-Laichgebiet der Welt. Wie uns Klaus weiterhin erzählt, ist der Anteil der Lachse, den die Sportfischer erbeuten, im Vergleich zum kommerziellen Fischfang sehr gering. Trotzdem sind die Bestimmungen der Fischereibehörde (Alaska Department of Fish & Game) in den letzten Jahren immer strenger geworden. Das Geschäft mit den Sportfischern und Touristen ist neben dem gewerblichen Fischfang die wichtigste Einnahmequelle der Einheimischen und darf deshalb in keinster Weise gefährdet werden. Zählmaßnahmen am Naknek River sollen sicherstellen, dass genügend Fische auch in den nächsten Jahren flussaufwärts zu ihren Laichgründen schwimmen und somit das Fortbestehen sichergestellt ist.

Mit voller Routine senkt Klaus die kleine Maschine zum Landeanflug auf den Naknek River. Er lässt keine Sekunde die Anspannung erkennen. Für Buschpiloten in Alaska ist es so wie für Autofahrer in Deutschland. Es gehört zum alltäglichen Geschäft.

Ach, da war ja noch etwas. „Hermanns großer Kochtopf!" Zum Glück fiel es mir noch gerade rechtzeitig ein. Auf meine Frage, ob er einen Topf aus seiner Lodgeausstattung entbehren könne, antwortet Klaus: „Das werden wir schon kriegen!" Hermanns Miene hellt auf, als er nur zwei Minuten später mit einem passenden und groß genug scheinenden Kochtopf erscheint. Nun ist wieder alles in Lot. „Die Verpflegung der Truppe ist somit sichergestellt!"

Mit seinem Van bringt uns „Chauffeur" Klaus in einer zwanzigminütigen Fahrt zurück zur King Ko Inn Anlage. „Was für ein Tag!" Rundrum zufrieden, mit jeder Menge erstklassigen Fotoaufnahmen von Grizzlys und Landschaft gönne ich mir eine Flasche Bud. Von solchen Aufnahmen hatte ich als begeisterter Presse- und Hobbyfotograf lange träumen müssen. Mit Sicherheit war dies bisher der erlebnisreichste Tag auf unserer Reise durch den letzten Grenzstaat Amerikas. Die Laune innerhalb unserer Gruppe ist auf dem Höhepunkt. Beim späteren Abstecher in den Saloon sollte dies voll zur Geltung kommen. Auch Hermann, eigentlich sonst nicht der Typ für alkoholische Getränke, lässt sich an diesem Abend das eine oder andere kühle Bierchen in der Bar schmecken.

„Und Morgen schlagen wir so richtig zu!" Thomas lässt sein Anglerherz wieder einmal sprechen. Keiner ist so fanatisch in Sachen Fischen wie er. Aber er sollte recht behalten mit seiner Prognose.

Zum Glück hatte ich mit dem Bootsvermieter telefonisch die Abholzeit auf zehn Uhr vereinbart. Der Blick auf meine Uhr verrät es mir. Es ist schon fast zwei Uhr morgens. Jetzt wird es aber höchste Zeit für die ganze Meute, sich schleunigst in den Betten zu verkriechen. Schließlich wartet bereits in wenigen Stunden das nächste Abenteuer auf uns.

Ohne Rücksicht weckt uns der piepende Wecker aus unseren Anglerträumen. Selbstverständlich ist es unser „Vorzeige-Petri-Jünger" Thomas, der sich als Erster aus dem Bett wagt. Mir fällt es wirklich sehr schwer. Nur langsam bringe ich meine Augenlider zum Öffnen. Marcus und Karlheinz scheint es genauso zu gehen. Aber mit den Worten:

„Auf ihr Weicheier, lasst Euch nicht so hängen", ermuntert uns Thomas, doch das warme „Bettchen" zu verlassen. In weiser Voraussicht hatte ich mein Angelgerät bereits transportfähig parat gestellt. Karlheinz kommt an diesem Tage einfach überhaupt nicht in die Gänge. Gerade heute, wo er doch für Hermann und Kurt den „Chef-Skipper" an Bord spielen darf. Aber der starke Kaffee von Hermann wird ihn schon aus seinem „Tiefschlaf" wecken. Großen Appetit zeigt keiner von uns am Frühstückstisch in Hermann und Kurts "Holzbude".

Pünktlich um 10 Uhr werden wir von Dave abgeholt und zu seinen Booten am Ufer des Naknek Lakes gebracht. In seinem kleinen Angelladen erstehen wir noch den einen oder anderen Wobbler. Thomas ist wirklich „heiß". Voller Elan schwingt er seinen Körper in das Boot. Bei mir und Marcus sieht das viel träger und langsamer aus.

In der Ruhe liegt die Kraft, denke ich mir jedenfalls in diesem Moment. Schnell hat uns Dave die wichtigsten Handgriffe an den Außenborder erklärt und wir starten flussaufwärts zu den auf seiner Flusskarte eingezeichneten Fangplätzen. Im Gegensatz zum Kenai River ist kaum ein anderes Fischerboot auf den Fluss auszumachen. „Los geht`s", Thomas am Außenborder gibt uns das Signal. Es dauert keine zehn Minuten und Thomas, wer sonst, brüllt „Fish on" laut aus seinem Mund. Der Drill gestaltet sich kurz und ohne große Probleme. Marcus kann sicher in dem riesigen Fangkorb des Keschers einen gut achtpfündigen „King" landen. „Könnte ein bisschen größer sein!" Mit diesen Worten möchte ich Thomas verschwitztes Lächeln etwas bremsen. Wie schon so oft, haben die Fische an seinem Köder den besten Gefallen. Und in diesem Rhythmus geht es auch weiter. „Fish on", Thomas drillt schon den nächsten King. Marcus und ich schütteln nur fassungslos mit unseren Köpfen. Wieder ist es kein Riese, aber mit zehn Pfund Gewicht schon etwas größer als der Vorgänger. Genüsslich zündet sich Thomas eine Zigarette an.

„Zwei zu Null", verkündet er mit vollen Stolz. Während er dies sagt, gibt es einen kräftigen Ruck an seiner Angelrute. Das darf nicht wahr sein, denke ich mir. Von wegen kurz und schmerzlos. „Das ist ein anderes Kaliber", dass merke ich an Thomas hektischen Armbewegungen. Marcus hat inzwischen den Platz am Außenborder eingenommen. „Vorsichtig, nicht zu stark forcieren!" Mit diesen Worten halte ich Thomas zu einen ruhigeren Drill des Fisches an. Es sind schon fast zehn Minuten vergangen. Den Fisch haben wir immer noch nicht zu Gesicht bekommen. Mit gewaltigen Fluchten zieht der Fisch immer wieder dreißig, vierzig Meter Schnur von der Angelrolle. Endlich scheint der Fisch müde zu werden. „Mit der richtigen Dosis" gewinnt Thomas Meter für Meter seiner Angelschnur zurück. Dann beginnt das Spiel wieder von vorne und der Fisch zieht in rasanten Fluchten an die vierzig Meter Schnur von der Rolle.

„Das muss ein Brocken sein!" Marcus liest mir die Worte aus dem Mund. Nun aber, nach über fünfzehn Minuten harten Drills kommt der Fisch langsam in Bootsnähe. „Da", ich zeige mit meinem Finger auf einen riesigen, silbernen Fischkörper, der sich nur noch gute zehn Meter vom Boot befindet. Die Spannung steigt, was für ein toller „silberner Torpedo" das ist. „Den darfst du auf keinen Fall mehr verlieren!" Marcus warnt zur Vorsicht. Thomas ist konzentriert. Immer wieder hat er auf die nun deutlich schwächer werdenden Fluchten des Fisches die passende Antwort mit einer perfekt eingestellten Bremse und dem richtigen „Gegenmanöver" mit der Angelrute. Der Fisch gibt auf. Thomas scheint den Kampf mit dem großen „King" für sich zu entscheiden. Nur zwei Minuten später wird diese Vermutung Realität. Ohne Probleme lande ich den völlig abgekämpften Fisch mit dem Kescher. Noch nie zuvor hatte ich einen größeren Fisch im Netz.

Thomas ist sichtlich „happy". Aber ehrlich, wir freuen uns wirklich mit ihm und seinen tollen Fang. Ein Meter und siebenundzwanzig Zentimeter zeigt das Maßband an. Die Waage pendelt sich bei 42 Pfund ein!

„Gratulation Thomas!" Mit diesen Worten beglückwünsche ich Thomas für diesen tollen und herrlichen Fang. Marcus und Thomas wechseln wieder die Plätze im Boot und Thomas fährt uns zurück zum Pool, wo der riesige Lachs seinen Wobbler nicht widerstehen konnte.

„Fish on", was für ein Ruck in der Angelrute. Der Biss kam vehement und ohne Vorwarnung. Der Fisch zieht mir in rasantem Tempo an die achtzig Meter Schnur von der Rolle. Ich zeige Thomas die Richtung an und mit dem Boot „verfolgen" wir die Reise des Fisches. Merklich schlägt mein Herz schneller, als ich die unglaubliche Kraft des Fisches an der Angel spüre. Auch ich muss fast fünfzehn Minuten mit dem „King" an der Angel kämpfen. „Der hat gut zugebissen!" Thomas zeigt, dass der Haken des Wobblers „bombensicher" im Fischmaul hängt. Wenige Augenblicke später habe auch ich den Kampf zu meinen Gunsten entschieden. Mit einem lautem „Yeh" lasse ich meine Freude freien Lauf. Inzwischen hat sich auch das Nachbarboot mit Hermann, Kurt und Skipper Karlheinz eingefunden. Sie schütteln nur noch mit den Köpfen. Kurt`s Miene sagt alles, sie hatten noch nicht einmal einen Biss. Kurt lässt sich natürlich gleich von uns die verwendeten Köder zeigen. Aber er merkt sofort, dass er eigentlich nichts Falsches gemacht hatte und wir keine „Geheimwaffen" eingesetzt haben. Wir hatten die Angelruten mit den ganz normalen Wobblern aus Daves Angelladen wie sie auch bestückt. Kurt und Hermann möchten natürlich auch das Gewicht meines Lachses erfahren. Mit 40 Pfund und 1 Meter fünfundzwanzig nur geringfügig „leichter" als der Lachs von Thomas.

„So Marcus, jetzt bist du an der Reihe!"

Und wirklich, der liebe Gott hat es mit unserem Boot an diesem Tage besonders gut gemeint. Auch Marcus bekommt noch sein Erfolgserlebnis. Er hat den schwierigsten Drill zu meistern. Der Haken sitzt nicht gut. Als ich den silbernen Fisch im Netz habe, hat sich auch schon der Haken aus dem Maul gelöst. „Aber was soll´s!" Auch Marcus hat seinen Lachs. Mit neunzehn Pfund deutlich kleiner als die beiden Vorgänger. Aber seine leuchtenden Augen zeigen den Ausdruck von vollster Zufriedenheit und Stolz. Die Lachse im Naknek River sind rasante Kämpfer im noch herrlich silbern glänzenden Schuppenkleid. Kein Wunder, kommen sie doch direkt aus dem Meeresarm und sind erst am Anfang ihrer langen Laichwanderung.

„Wir haben genug!" Noch nicht einmal zwei Stunden auf dem Fluss und schon fast das Fanglimit erreicht. Wahrlich kein alltäglicher Angeltag. Etwas Frust herrscht dagegen im andern Boot. Kurt, Hermann und Karlheinz können von unseren Fangerfolgen nur träumen. Wie sie uns versichern, hatten sie noch nicht einen Biss zu verzeichnen. Deshalb möchten sie auch nicht mit uns umkehren und es noch weiter probieren.

Auf der Rückfahrt herrscht in unserem Boot eine ausgelassene Stimmung. Wir sind verständlicherweise gut gelaunt und stimmen mit dem „Rhöner Lied" unsere bekannte Heimatmelodie an.

Als wir an Daves Bootssteg anlegen, kommt dieser aus seinem kleinen Laden die wenigen Stufen von seiner Holztreppe herunter zum Ufer. Etwas verwunderlich fragt er uns nach der recht schnellen Rückkehr. Als wir in das Boot zeigen, staunt er nicht schlecht. „You have good luck on this day!" Dave versichert uns, dass dies nicht alltäglich ist. Oftmals bleiben die Angler am Naknek River trotz des guten Aufstiegs an Kings und Rotlachse „Schneider". Sehr hilfsbereit zeigen sich zwei amerikanische Angler am Ufer. Beim Filetieren unserer großen Fänge stehen sie uns fachmännisch zur Seite und helfen uns gewaltig auf die Sprünge, die Fische fachgerecht in die großen Plastik-Fischtüten zu bringen. Am Abend werden die Fischfilets im großen Gefrierraum der King Ko Inn Anlage tiefgefroren und somit startklar und haltbar für den Heimflug nach Deutschland „gemacht".

Naknek River: Thomas mit kapitalen „King"

Inzwischen sind auch Kurt, Hermann und Karlheinz mit dem zweiten Boot eingetroffen. Sie hatten leider kein Glück mehr. Besonders Hermann hätte sich noch den Fang eines großen Kings gewünscht. Aber so ist es nun einmal beim Fischen. Man kann halt nichts erzwingen.

Wir bedanken uns nochmals recht herzlich bei den zwei Amerikanern für die fachliche Unterstützung und verabschieden uns mit einem lauten „Bye, bye".

Am nächsten Morgen begrüßt mich beim Verlassen unseres Cabins ein böiger Wind. Der Himmel ist dunkelgrau. Regenwetter scheint vorprogrammiert zu sein. Das Wetter in King Salmon zeigt sich im Gegensatz zu den ersten Reisewochen nicht von seiner besten Seite. Mit dem Amphibienflugzeug geht es heute wieder zum Brooks Camp im Katmai National Park. Nach einem ausgiebigen Frühstück sind die Tagesrucksäcke schnell wieder gepackt und wir begeben uns zum Haupthaus der King Ko Inn Anlage, wo uns Klaus bereits erwartet. Der Flug zum Brooks Camp wird trotz des „Sauwetters" wieder zu einem unvergesslichen Erlebnis. Der 17 000 Quadratkilometer große National Park fasziniert mit seiner urwüchsigen Landschaft, mit zahlreichen Flüssen und Seen, Inseln, Wäldern, grandiosen Wasserfällen, heißen Quellen, türkisgrünen Bergseen sowie majestätischen Gebirgsketten den Besucher immer wieder aufs Neue. Neben den ausgezeichneten Bärenbeobachtungsmöglichkeiten macht die Region rund um Katmai auch als eines der aktivsten Vulkangebiete unserer

Immer informiert über „lästige Bären", die Parkranger im Katmai National Park

Erde von sich reden. Fünfzehn Vulkane, teilweise noch aktiv, lassen Mensch, Tier und Natur des öfteren vor Ehrfurcht erstarren. Kein Wunder, wurde doch das „Gesicht" des heutigen National Parks mit dem Ausbruch des Novarupta am 6. Juni des Jahres 1912 erheblich verändert. Der „wütende" Vulkan spuckte „in seiner Erregung" Unmengen glühender Lavaasche hinab in das Tal. Die ursprüngliche Landschaft mit ihrer lieblichen Vegetation und Tierreichtum wurde vollends zerstört.

Nach Tagen der Finsternis zeigte sich, von wagen Sonnenstrahlen durchzogen, auf über fünfundsechzig Quadratkilometern ein völlig neues Landschaftsbild. Bis zu zweihundert Metern hoch wurde durch den Ausbruch des Vulkans das Tal mit Asche und Sand bedeckt. Es entstand das „Valley of 10 000 Smokes", das Tal der zehntausend Rauchsäulen, das eindrucksvollste Zeugnis des Vulkanismus in Alaska. Die „rauchenden Schlote" sind schon lange erloschen, geblieben ist eine Mondlandschaft aus vulkanischen Gestein.

Angekommen am Brooks Camp führt uns der Weg direkt zur Ranger Station. Dort stehen schon ausgediente Schulbusse parat, um uns in das Tal der erloschenen Schlote zu bringen. Außer unserer Gruppe steigen noch fünf weitere Reisende mit in den Bus. Der Busfahrer, der asiatischer Abstammung sein dürfte, macht auf mich nicht den sympathischsten Eindruck. Sein Gesichtsausdruck verrät mir Unzufriedenheit und schlechte Laune. Anscheinend ist er mit dem Busfahrer-Job nicht allzufrieden, besser gesagt ist er immer noch auf der Suche nach seinem Traumberuf. Aber dies kann uns ja egal sein. Hauptsache er bringt uns heil und gesund zum Tal und wieder zurück. Die Fahrt auf der schmalen Schotterpiste, die mit unzähligen Schlaglöchern versehen ist, ist kein komfortables Reisevergnügen. Die Federung des alten Busses ist auch nicht mehr die Beste. Kurt jammert schwer, sein Rücken schmerzt vom unentwegten Durchrütteln. Hermann hat schwere Probleme beim Kaffeetrinken. Die halbe Tasse aus seiner mitgebrachten Thermosflasche findet nicht den geplanten Weg in seinen Mund, sondern den Boden im Bus.

Nach zwei Stunden Fahrt hat der Spuk sein Ende gefunden. Mit einer Rangerin erkunden wir das Valley of 10 000 Smokes. Ich bin vollkommen beeindruckt von der sich von allen Seiten präsentierenden Mondlandschaft. Es scheint tatsächlich hier kein Leben weit und breit zu geben. Leider spielt heute „Freund Petrus" überhaupt nicht mit. Es regnet ununterbrochen. Der Himmel zeigt sich in einem dunkelgrauen Gewand. Aber mit unseren Regenjacken wehren wir uns gegen das schlechte Wetter. Vorbei an einen kleinen Wasserfall führt uns der Weg ganz hinunter in das Tal. Unter einen steinigen Unterschlupf werden wir von der Rangerin zu einem kleinen Picknick eingeladen. „What a bad weather!" Die Rangerin schimpft. Aber in Alaska ist das Wetter nun mal sehr launisch. Wir können uns aber wahrlich nicht über das bisherige Reisewetter beklagen. Auf dem Rückweg zeigt Thomas mit seinen Fingern auf eine riesige Elchschaufel. Es muss von einem kapitalen Elchbullen stammen. Alleine kann er das Geweih kaum heben.

„Das wiegt bestimmt vierzig bis fünfzig Kilogramm!" Abgeworfene Elchschaufel sind begehrte Souveniers. Aber dieses ist zum einem viel zu groß und schwer, und obendrein in einem zerbrechlichen Ruinenstadium.

Mit ein paar Bierchen und Whisky lassen wir nach unserem Rückflug nach King Salmon und einer ausgiebigen warmen Dusche den letzten Abend unseres Aufenthaltes in der Katmai Region im Saloon des King Ko Inns ausklingen. Fetzige Country-Musik treibt den Stimmungsthermometer innerhalb unserer Gruppe gewaltig nach oben.

Auch am nächsten Morgen ziehen dichte Regenwolken über den kleinen Ort King Salmon und diese entleeren kräftig ihren „gefüllten Bauch" über uns. Bei diesem „Sauwetter" fällt uns der Abschied nicht schwer. Eine Reise voller Höhepunkte und tollen, erlebnisreichen Wochen neigt sich langsam dem Ende. Der Rückflug nach Anchorage steht an. Nach der Gepäckaufgabe einschließlich unserer Kühltruhen mit den Lachsfilets werden im kleinen Souvenier-Shop im Flughafengebäude die letzten Dollars für ein paar T-Shirts und Mitbringsel ausgegeben. Während des Fluges nach Anchorage genieße ich nochmals die letzten Eindrücke des Landes, das uns mit seiner Schönheit so viele faszinierende Eindrücke und Erlebnisse in den letzten Wochen geschenkt hat.

WHITEHORSE –
HAUPTSTADT DES YUKONS UND AUSGANGSPUNKT
UNSERER NÄCHSTEN REISE

Starker Wind bläst uns ins Gesicht und das Thermometer zeigt gerade einmal vier Grad über den Gefrierpunkt. Es ist der 1. September in Whitehorse, der Hauptstadt des Yukon Territoriums und Ausgangspunkt unserer nächsten Reise. Die Reißverschlüsse unserer Regenjacken sind bis zum Anschlag hochgezogen, als wir das Flughafengebäude von Whitehorse verlassen. Ein Fahrer unseres Wohnmobilvermieters wartet bereits mit einem großräumigen Van direkt am Ausgang. Die großen Reisekoffer und das Handgepäck von uns Dreien, das heißt von Karlheinz, Thomas und meiner Person sind schnell im Laderaum des Fahrzeuges untergebracht. Der Wohnmobilvermieter hat seinen Firmensitz am legendären Alaska-Highway. Die Fahrtzeit dorthin beträgt zehn Minuten. Wieder einmal bin ich zurückgekehrt in das Land, das mich bereits in frühester Kindheit durch das Lesen von Jack Londons Romanen in seinen Bann zog. Keiner wusste das Land mit seinen majestätischen Gletschern, sagenhaften Goldfunden am Klondike und dem unheimlichen Heulen der Wölfe und Kojoten besser zu beschreiben als der weltberühmte Schriftsteller. Wie bei vielen anderen weckte es die Fantasie von unberührter Natur, Abenteuer und grenzenloser Freiheit in mir. Sicherlich wäre ich auch einer von den fast einhunderttausend „goldhungrigen" Gestalten gewesen, die einst um die Jahrhundertwende im Sog des „Gelbfiebers" auf der Suche nach faustgroßen Nuggets in den Goldfeldern des Klondike tief in der Geschichte des Landes wühlten.

Über hundert Jahre sind inzwischen vergangen, doch hat das Land an seiner magischen und fesselnden Anziehungskraft für viele Menschen noch in keinster Weise in irgendeiner Form etwas verloren. „Yukon", dieser Name alleine lässt Legenden und Abenteuergeschichten im Land der großen Träume und Hoffnungen wieder lebendig werden.

Das Yukon Territorium gehört heute zu den wenigen Gebieten, die der Mensch noch nicht zum Negativen verändern konnte. Mit geballter Manneskraft scheint die rauhe und oft unbarmherzige Natur den Menschen auf der Suche nach neuen Errungenschaften und Erschließungen bisher erfolgreich entgegenzutreten. Nur 30 000 Menschen leben in einem Gebiet, welches gut doppelt so groß wie Deutschland ist. Fast zwei Drittel davon wohnen in Whitehorse, der Hauptstadt des Yukons und wichtigstem Versorgungspunkt im Territorium.

Neben den kleineren Siedlungen, wie etwa Watson Lake, Faro, Ross River, Carcross und Carmacks scheint das riesige Land an den meisten Stellen menschenleer zu sein. Nur durch ein sehr dünnes Straßennetz werden Versorgungen sichergestellt. Den verwegenen Buschpiloten, die weder Tod noch

Teufel kennen, kommt bei der Versorgung und in Ernstfällen in den abgelegenen Siedlungen eine lebenswichtige und unverzichtbare Aufgabe zu.

Der Yukon, mit seinen schwerzugänglichen Gebirgsketten, Gletschern und dichtem Buschwerk der arktischen Tundra ist ein letztes Refugium für viele Tierarten geblieben. Tatsächlich gibt es heute noch immer mehr Karibus und Elche als Menschen in diesem nordischen Land. Wer einmal die Stille der einsamen Wildnis hört und plötzlich vom auftretenden Erscheinen der faszinierenden Nordlichter geblendet wird, der wird dieses rauhe Land, so wie ich, ewig lieben und achten.

Es sollte doch nie vergessen werden, dass hier in der rauhen Welt des Nordens, in dem die Wildnis wirklich kaum Grenzen kennt, ein ständiger Überlebenskampf um das „nackte Leben" herrscht. Nur mit dem nötigen Respekt ist in diesem wilden, von den extremen Klimabedingungen gezeichneten Land ein Leben in Einklang mit der Natur vorstellbar. Jedem Menschen, der eine längere Zeit in diesen ungezähmten Weiten Nordkanadas verbringt, wird schnell klar werden, dass er nur Gast in einem der letzten Paradiese unserer Erde ist.

Wir haben das Firmengelände erreicht. Es stehen nur noch wenige Fahrzeuge parat. Die meisten Wohnmobile sind schon in Richtung Süden nach Vancouver und Calgary unterwegs. In diesen beiden Großstädten haben die meisten Vermietstationen ihren Hauptsitz. Die Camper werden dort nicht nur für die kommende Saison gewartet, sondern auch vor dem strengen nordischen Winter „geschützt".

Kein Wunder, fallen doch in Whitehorse die Temperaturen nicht selten unter die Minus 40 Grad Marke. Der deutschsprechende Geschäftsführer heißt uns in seinem Büro herzlich willkommen. Er heißt Oliver und ist eine Mischung aus „Schweiz-Kanadier". Wie er uns erzählt, lebt er nur die Sommermonate in Whitehorse. Jedes Jahr flüchtet er Anfang Oktober nach Vancouver. Hier in Whitehorse sei es ihm zu kalt, zu dunkel und es ist einfach zu wenig los. Die ganze Gegend falle laut Oliver in einen mehrmonatigen „Winterschlaf". Da hätte die Millionenmetropole Vancouver am Pazifik deutlich mehr zu bieten. Dieses Argument kann ich ihm auf gar keinen Fall abstreiten.

Sehr schnell, vollkommen unproblematisch erfolgt die Fahrzeugübernahme. Wir haben ein sogenanntes Deluxe-Paket abgeschlossen, dies beinhaltet die komplette Haushaltausstattung der Fahrzeuge, zusätzlich wärmende Schlafsäcke, die erste Benzin- und Propangasfüllung, Vollkaskoversicherung und Endreinigung. Wir waren schon andere Übernahmen gewöhnt, wo selbst das Essgeschirr einzeln aufgelistet wurde und bei der Anmietung nachzuzählen war. Wichtig bei den Übernahmen ist es, das Fahrzeug genau auf Schäden zu überprüfen. Besonders die Windschutzscheibe sowie die Seitenfenster sollten auf mögliche Sprünge durch die oftmals unvermeidlichen Steinschläge

Willkommen im „geheimnisvollen Yukon"

auf den Schotterpisten des Yukons bestens kontrolliert werden und Schäden vom Vermieter sofort bestätigt werden. Dies erspart bei der Rücknahme in den meisten Fällen unnötigen Ärger, wenn plötzliche Kratzer oder Brüche, die man auf keinen Fall selbst verursacht hat, vom Vermieter entdeckt werden. Ich weise Oliver auf die Schäden an der Windschutzscheibe hin. Sie ist regelrecht von kleinen Steinschlägen übersät. Mit dem entsprechenden Vermerk im Mietvertrag, dass wir keinerlei Haftung für die Glasscheibe mehr haben, bin ich sehr zufrieden. Schließlich haben wir mit dem Camper die Genehmigung, alle Straßen des Nordens zu benutzen. Dies ist sehr selten und normalerweise bedingt dies einen enormen finanziellen Aufschlag durch den Wohnmobil-vermieter. Die Straßen des Nordens fordern von den teuren Wohnmobilen ihren Tribut.

Kaum ein Fahrzeug hält länger als drei bis vier Jahre durch. Wenn man nun die Anschaffungskosten der Camper berücksichtigt, wird es einem schnell verständlich, warum die Tagespauschalen für die Miete deutlich höher liegen als vergleichsweise im Süden Kanadas und den USA. Noch eine kleine Information: Viele Vermietstationen sehen es nicht gerne, wenn sich die neu eingetroffenen Urlauber nach einer langer, strapaziösen Anreise gleich auf große Fahrt begeben. „Übernächtigte" Fahrer, von der Zeitverschiebung zusätzlich „gekennzeichnet", unterschätzen oftmals ihre mangelnde Fahrtüchtigkeit. Deshalb verlangen die meisten Vermieter, dass die erste Nacht auf einen Campingplatz in unmittelbare Nähe von Whitehorse verbracht werden muss.

Oftmals bezahlen sogar die Vermieter die Gebühren für die erste Nacht.

Mit einem kräftigen Händedruck wünscht uns Oliver viel Spaß und Abenteuer für die nächsten Wochen. „Hoffentlich hält sich der Schnee noch etwas zurück!" Oliver denkt schon an den kalten Winter. Aber er hat Recht. Schließlich ist das Wetter im Norden oftmals launisch und unberechenbar. Fällt ein kalter Nordwind über das Land herein, so kann sich innerhalb weniger Minuten die Anzeige im Thermometer von Plus- in Minusgrade umwandeln. Selbst in den Monaten Juli und August, eigentlich die beiden klassischen Sommermonate, sind Schneestürme im Yukon schon vorgekommen. Thomas nimmt den Fahrerplatz ein und stellt noch kurz die Außenspiegel in die richtige Position ein.

Unsere ersten Fahrkilometer mit unserem neuen Heim auf vier Rädern führen uns zurück nach Whitehorse. Wie bei allen Reisen steht die „Versorgung der Mannschaft" an erster Stelle.

Der Provianteinkauf für die ersten Reisetage gestaltet sich in Whitehorse sehr unproblematisch. Im „Extra-Food", dem größten Supermarkt der Stadt, können wir etwa auf gleichem Preisniveau wie Deutschland recht preiswert einen Vorrat an Lebensmitteln und Getränken „anschaffen". Unsere großen Einkaufswägen sind randvoll mit tiefgefrorenen Fleisch, Kartoffelsäcken, frischem Obst und Salat, Nudeln, Milch und diversen Konservendosen gefüllt.

Karlheinz gibt mit seinem Zeigefinger, ohne auch nur ein einziges Wort zu sagen, die nächste Richtung an. Natürlich, es ist der Liquor-Store, wo wir uns mit Bier und zwei Flaschen der härteren Sorte „eindecken". Der Platz vor dem Alkoholgeschäft scheint ein beliebter Platz bei den einheimischen Indianern zu sein. Voller Stolz, mit prächtigen Federschmuck bekleidet und auf schneeweißen Pferden reitend, so kennen wir die Indianer aus zig Western-Spielfilmen. Was für ein Gegensatz zu der Realität, der wir nun gemeinsam ins Auge sehen müssen. Vom Alkohol gezeichnet, lungern die einstigen stolzen Krieger und Häuptlinge an den Straßenrändern und betteln um Dollars für den nächsten „Schub", der sie aus ihrem Alltagstrott für wenigen Stunden in ein feuchtfröhliches Koma entreißt.

Es ist immer wieder erschreckend mit anzusehen, dass es immer noch viele Ureinwohner Amerikas und Kanadas nicht verstehen, mit dem „Feuerwasser" des weißen Mannes richtig umzugehen. Eine bessere Variante des Bettelns hat ein Straßenmusiker mit seinem Saxophon vor dem Eingang des Liquor-Stores parat. „Nicht schlecht!" Der Kommentar von Karlheinz zur Jazz-Musik teilt auch meine Meinung. Jeder bringt mit einem Quarter (25 Cent Münze) einen kleinen Dank für das kurze Musikschauspiel an den Musiker hinüber.

Whitehorse wurde im Jahre 1951 zur Hauptstadt des Territoriums bestimmt. Die Amtsgeschäfte konnten aber erst zwei Jahr später aufgenommen werden. Ebenfalls im Jahre 1953 wurde der Dammbau fertiggestellt, der die riesigen Wassermengen des Yukon Rivers aufstaute und so Strom für die neue Hauptstadt lieferte. Seit diesem Jahr gilt Whitehorse als wichtigstes Transport-, Versorgungs- und Kommunikationszentrum des gesamten Yukon Territoriums. Ihren Namen verdankt die Stadt den gefürchteten Stromschnellen des Yukon Rivers im Miles Canyon. Sie erinnerten die Goldsucher und Abenteurer an die wehenden Mähne galoppierender weißer Pferde.

Vom Schwatka See aus kann man sich heute mit dem Ausflugsboot „MV Schwatka" in den Canyon hineinfahren lassen. Als eines seiner Wahrzeichen begrüßt der stillgelegte Heckraddampfer S.S. Klondike am Ortseingang die Besucher der Stadt. Das Schiff von Baujahr 1929 hat seinen Liegeplatz direkt an der Robert Campbell Brücke. Ihren Namen hat die Brücke vom berühmten Forschungsreisenden der Hudson Bay Company erhalten. Robert Campbell war als erster Weiße von Osten kommend durch die grenzenlose Wildnis in den unbekannten Norden Kanadas gereist. Von 1839 bis 1852 baute er im heutigen Territorium eine große Anzahl von Pelzhandelsstationen auf. Ein besonderes Schauspiel erwartet den Besucher von Whitehorse an der Fischtreppe. Annähernd 3 000 Kilometer müssen die Lachse überwinden, um über den Yukon River ihre Laichgründe im Michie Creek zu erreichen. Es handelt sich dabei um den längsten Lachsaufstieg der Welt. Mit etwas Glück bekommt man „Kings" (Königslachse) mit Gewichten von 40 Pfund und mehr zu Gesicht. Vom Alaska Highway kommend erreicht man die Fischtreppe, in dem man über die Robert Campbell Brücke bis zur Nisutlin Straße fährt, hier rechts abbiegt und diese Straße bis zum Ende durchfährt.

Nun wird es aber Zeit für ein geeignetes Nachtlager. Wir haben uns für den Campingplatz am Takhini Hot Springs Resort entschieden. Dieser liegt etwa 20 Kilometer nördlich von Whitehorse am legendären Klondike Highway, der in Richtung Dawson City führt. Die Bewölkung am Himmel hat wieder zugenommen. Ein kalter Wind bläst aus Richtung Osten, als wir unseren Stellplatz am Campingplatz eingenommen haben. Im Gegensatz zu den nachfolgenden Tagen haben wir für 3 Dollar einen Bündel Brennholz an der Rezeption des Resorts ersteigert. Es schon fast neun Uhr. „Lange bleibt es nicht mehr hell!" Karlheinz hat es erkannt. Die langen Tage aus unserer letzten Reise gehören der Vergangenheit an. Merklich nehmen die Tagesstunden in den Septembertagen

Der stillgelegte Heckraddampfer S.S. Klondike ist eines der Wahrzeichen von Whitehorse

ab. Wie lange würde es noch dauern, bis sich das Land unter einer tiefen Schneedecke verschanzt?

Für die Vorbereitungen auf ein ausgedehntes Abendessen habe ich heute keine Lust mehr. Ein Nudelgericht aus der Tüte ist in wenigen Minuten servierbereit. Es schmeckt uns besser als erwartet. Inzwischen ist auch der Nachbarstellplatz auf dem Campingplatz „bewohnt". Ein etwa Anfang Zwanzigjähriger hat sich mit seinem treuen Freund, einem schönen Husky und seinem schon recht verrostet aussehenden Pick-Up-Camper eingefunden. Auf ein romantisches Lagerfeuer hat er wohl keine Lust mehr. Er scheint sich sofort auf die Nachtruhe zu konzentrieren. Und ich hatte Recht. Schon nach wenigen Minuten erlischt die Innenbeleuchtung im Camper. Uns fällt es auch schwer, die nun von Minute zu Minute müder werdenden Augen immer noch geöffnet zu halten. Es war ein langer Tag. Erst die Anreise vom Heimatort zum Frankfurter Flughafen, dann das Warten bis zum Abflug und schließlich der gut zehnstündige Transatlantikflug nach Whitehorse.

„Die paar Teller und Gläser spülen wir morgen!" Karlheinz möchte lieber noch einen „Schlummertrunk" in Form einer Dose Budweiser einnehmen, bevor er sich in seinen Schlafsack zurückzieht. Thomas und ich haben es uns derweil schon bequem in unseren Kojen gemacht. Schon in dieser Nacht merken wir wie gut es ist, einen kälteerprobten Schlafsack zu haben, denn die Temperaturen in der Nacht fallen bis in die Nähe des Gefrierpunktes.

Unser amerikanischer „Nachbar" auf dem Campingplatz war schneller als wir. Ich staune nicht schlecht, als ich am nächsten Morgen das Motorhome verlasse und mich auf den Weg zum Outhouse begebe. Der Amerikaner scheint bestens ausgerüstet zu sein. Auf seinem großen Grillrost, der wie Marke „Eigenbau" erscheint, brutzeln Eier und Speck. Leicht fröstelnd grüße ich mit einem kräftigen „Good Morning". Die Retoure mit den selben Worten und „It`s a very cold Morning", beschreibt meinen Gemütszustand vollends. Bei diesen Temperaturen fällt der Gang zum bekannten Plumpsklo wahrlich nicht leicht. Eine wohl temperierte Hoteltoilette ist hier in diesem Fall bestimmt die angenehmere und wohltuende Alternative. Aber Komfort ist an den meisten Reisetagen durch den hohen Norden Kanadas und Alaskas ein Fremdwort. Tägliches Duschen erscheint als unnötiger Luxus, oder halten uns doch nur die kalten Temperaturen vor einer regelmäßigen Körperreinigung zurück? Die Antwort wird wohl jeder selbst von uns mit sich ausmachen müssen.

Deutlich schneller erfolgt der Aufbruch als bei unserer letzten Reise. Wir sind ja nur zu Dritt. Da gehen die allmorgendlichen „Ritualien" flotter voran, als bei einer größeren Gruppe. Schließlich hat ja jeder so seine morgendlichen Bedürfnisse, die er gerne so schnell wie möglich erledigen möchte.

Unser erstes Ziel sollte eigentlich der Besuch des Yukon Wildlife Preserve sein. Weil dieses in unmittelbarer Nähe zum Takhini Hot Spring Resort liegt, hatten wir uns für die erste Nacht diesen Campingplatz ausgesucht. Als wir am verschlossenen Eingangstor stehen, macht sich leichte Ratlosigkeit innerhalb unserer Gruppe breit. Wir kehren nochmals die zwei Kilometer bis zur Rezeption des Resorts zurück. Das Nachfragen zum Wildlife Preserve bestätigt nur meine längst gefasste Vermutung.

Der Besuch des Tiergeheges, wo Dallschafe, Elche und Karibus in ihrem natürlichen Lebensraum beobachtet werden können, wird exklusiv von „Gray Line of Alaska", dem größten Reiseveranstalter Alaskas angeboten. Wie wir später in Whitehorse erfahren, werden täglich zwei Touren mit firmeneigenen Kleinbussen zum Wildlife Preserve durchgeführt. Wir hatten uns also nicht richtig informiert und mussten auf einen Besuch verzichten, weil wir sonst einen ganzen Reisetag verloren hätten. Ja, da wollte ich schlau sein, hatte ich doch auf dem Stadtplan von Whitehorse das Tiergehege unmittelbar neben den heißen Quellen ausgemacht und deshalb extra die zwanzig Kilometer in „falsche Richtung" für mich und meine zwei Freunde in Kauf genommen. Nun, der kleine Umweg ist halb so schlimm und nach guten zwanzig Minuten erreichen wir die Innenstadt von Whitehorse.

Am großen Parkplatz vor dem Supermarkt stellen wir unser Motorhome ab. Eintrittskarten für das Tiergehege erhält man übrigens problemlos im Büro der Gray Line in der 4th. Avenue. Wer Lust hat, kann auch zusätzlich an eine organisierte Stadtbesichtigung mit Schifffahrt in den Miles Canyon dazubuchen. Wir jedenfalls erkunden die Stadt auf eigene Faust. Vom Parkplatz aus führt uns ein kleiner Fußmarsch zum MacBride Museum. Das Museum zeigt auf Fotos und Ausstellungen die legendäre Geschichten des Goldrausches, die geheimnisvollen und zauberhaften Indianer-Kulturen, die Arbeit der kanadischen Polizeibeamten im hohen Norden, sowie die Naturgeschichte und Geologie des Yukons. Unter freiem Himmel kann man sich außerdem eine Eisenbahn, die „Feuerwehrglocke" Whitehorse von 1900 und Relikte aus der Goldrauschzeit in Form von Goldwaschpfannen, Werkzeugen und anderen lebensnotwendigen Ausrüstungsgegenstände der einstigen „Stampeder" aus nähester Entfernung anschauen und sich somit selbst in die Zeit des Goldrausches zurückversetzen.

Unser nächstes Ziel ist das alte Bahnhofsgebäude der „White Pass & Yukon Route Railway", einst eine der malerischten und spektakulärsten Bahnlinien Nordamerikas. Verrottet liegen die Eisenbahnschienen am Yukon River. Die Zeiten, als die Bahn Tausende von Abenteurer bequem über den gefürchteten Chilkoot Pass beförderte, sind wahrlich schon lange vorbei. Im neuerbauten Visitor Center im Stadtzentrum an der 2 th. Avenue erhält man mit Broschüren, Karten, Ausstellungen und sonstiges Informationsmaterial, wie z.B. Campingplatzstandorte, viel Wissenswertes über den Yukon. Es ist somit ein idealer Ort, seine persönliche, individuell ausgearbeitete Reise in perfekten Zügen zu gestalten und ablaufen zu lassen.

Das Old Log Church Museum, nur wenige Schritte vom Besucherzentrum entfernt, das an die ersten Missionare im Yukon erinnert, sowie das neuerbaute Beringia Zentrum und das Transportmuseum, sind in der Nähe des Flughafens angesiedelt und lohnen zu einem Besuch. Unser letzter Abstecher in Whitehorse zu Fuß ist der stillgelegte Raddampfer SS „Klondike". Er begrüßt als markantestes Wahrzeichen alle Besucher von Yukons Capitol am Stadteingang. Einige Fotos des Schiffes sollen das Reisealbum ausschmücken. Freundlich winken uns zwei Kanuten auf dem Yukon River zu. Für viele ist die Bewältigung der 750 Kilometer langen Strecke auf dem Yukon River bis nach Dawson City ein absoluter Abenteuertraum, der eigentlich heute leicht zu erfüllen ist. In Whitehorse ist es kein Problem, Kanus zu leihen oder auch an einer geführten Tour auf dieser Strecke teilzunehmen. Für den ungeübten Kanuten ist es bestimmt besser, sich einem ausgebildeten Guide anzuvertrauen. Besonders bei Hochwasser birgt der sonst eher ruhige Fluss durch angeschwemmte Äste, Bäume und Wurzeln, sowie tückischen Sprudel und Stromschnellen nicht zu unterschätzende Gefahren, die schon so manchen Kanuten in lebensbedrohliche Situationen brachte.

Das Wetter hat sich beruhigt. Der dichte Wolkengürtel hat sich etwas aufgelockert, dennoch pfeift noch ein böiger Wind durch die Straßen von Whitehorse.

Die Holzhäuser in der Innenstadt von Whitehorse erinnern noch heute an die wilden Goldrausch-zeiten von damals

Schnell kaufen wir noch in der „Alpine Bäckerei" einige frische Brote für den Start unserer Wohnmobiltour ein. Der Besitzer ist Deutscher und die Hand-schrift des so guten deutschen und nährreichen Brotes ist bereits beim Anblick deutlich zu erkennen. In Sachen Brot- und Teigwaren haben sowohl die Kana-dier als auch die Amerikaner einen deutlichen Aufholbedarf gegenüber dem europäischen Standard. Unsere Reise führt uns auf dem Alaska Highway in Richtung Süden. Schnurgerade führt der Highway in die atemberaubende Wildnis des Landes. Schwergewichtige Trucks rollen im rasanten Tempo an unserem Camper vorbei. Ein Anblick, an dem man sich als Wohnmobiltourist einfach gewöhnen muss. Die Entfernungen sind im Norden Kanadas enorm und die relativ geringe Verkehrsdichte lässt die Trucker im „Bleifußstil" über die Highways regelrecht „blasen". Man sollte sich in keinster Weise mit ihnen anlegen und ihnen, soweit es irgendwie möglich ist, respektvoll Vorrang gewähren.

An der Kreuzung zum Klondike Highway verlassen wir den Alaska Highway.

MIT BEGINN DES FARBENPRÄCHTIGEN INDIAN SUMMERS AUF GROSSE TOUR

Erster Höhepunkt entlang der Strecke ist der wunderschöne Emerald Lake. Die Einheimischen nennen diesen Lake Regenbogen-See. Bei der richtigen Sonneneinstrahlung nimmt der See durch seinen weißen Sedimentboden fantastische Farben an. Der dichte Wolkenvorhang lässt nur wenige Sonnenstrahlen ab und zu durch. Das Wohnmobil haben wir verkehrssicher auf den ausgebauten Park- und Haltestreifen am Ufer abgestellt. Um einen besseren Überblick zu erhalten, klettere ich auf der gegenüberliegenden Straßenseite den steinigen Berghang hinauf. Vergeblich warte ich auf einen günstigen Moment, die herrlichen Seefarben, die ich aus Prospekten kannte, auch auf meinen Reisefotos zu Hause bewundern zu dürfen. Schon schade, denke ich mir. Die Mühen als „Bergsteiger" wurden leider nicht belohnt.

Der Wind macht es uns nicht leicht, die „Abschiedszigarette" vom Emerald Lake richtig genießen zu können. Rauchen in unserem Schlaf- und Wohndomizil gibt es übrigens für uns nicht. In dieser Sache sind wir alle derselben Meinung. Der Gestank von kalten Rauch muss im Schlafquartier wahrlich nicht sein. Da machen wir lieber hin und wieder auf unserer Strecke eine kleine Zigarettenpause, um die Sucht in Griff zu bekommen. Nur wenige Kilometer später erreichen wir Carcross Desert, das als kleinste Wüste der Welt gilt.

Voller Elan „watet" Thomas mit seiner Videokamera durch die Sanddünen der „Wüste". Wenn man sich in der Gegend umschaut, könnte man es tatsächlich glauben, in der Sahara zu sein. Sand, nichts als Sand, dazwischen einige Baumleichen und verrottete Wurzel und Sträucher.

Mit dem Wohnmobil geht es weiter in Richtung Süden. Der Indian Summer, die Zeit der tiefstehenden Sonne und des sich bunt färbenden Laubes steht unmittelbar vor der Tür. Dies signalisieren die ersten gelben Blattspitzen und die noch zögerlich durchkommenden Rottöne der Tundraflächen. An der Kreuzung mit dem Yukon Highway No. 8, der nach Tagish führt, verlassen wir vorerst den Klondike Highway. Die Tagish Road verbindet den Klondike Highway mit dem Alaska Highway bei Jake`s Corner. Die Straße ist bis Tagish asphaltiert und in einem guten Zustand. Für Angler verleiht die Tagish Marina Motorboote im gleichnamigen See und hält auch die notwendigen Fischerei-lizenzen bereit. Am Tagish Campground machen wir kurz Rast. Ein frisch gebrühter Kaffee und eine ordentliche Brotzeit sollen in uns neue Lebensgeister wecken. Ein neugieriges Erdhörnchen spürt eine willkommene Abwechslung in seinem sonst so einseitigen Speiseplan. Sein Betteln, in Form von quiekenden Lauten und „Männchen" machen, macht uns „harte Kerle" weich und schließ-lich fallen ein paar Brotkrümmel dem sich merklich freuenden Tier zu.

Klondike Highway II: Carcross Desert, die kleinste Wüste der Welt

Thomas hat natürlich in der Zwischenzeit seine Videokamera geholt und hält das lustige Treiben des kleinen Erdbewohners für den Reisefilm fest. Mit seiner ungebremsten Arbeit als hochmotivierter Kameramann steckt er auch Karlheinz an. Von nun an wird der kleine Höhlenbewohner in „Stereo-Qualität" gefilmt. Als „Filmstar" fühlt sich das Tier recht wohl. Es scheint die Aufmerksamkeit, die es auf uns macht, regelrecht zu genießen. Ein bisschen Wehmut ist schon dabei, aber es muss weiter gehen. Das Gedeck mit Kaffeekanne, Teller und Besteck ist wieder schnell im Innenfond des Motorhomes untergebracht. Zügig schwingen wir unsere Bodies ins Fahrzeug und ich starte den mächtigen V-8-Motor unseres fast 300 PS starken „Ferienhauses auf vier Rädern".

AUF DER ATLIN ROAD ZU DER NORDWESTLICHSTEN STADT DER PROVINZ BRITISCH KOLUMBIENS

War die Straße bis hierher sehr gut zu befahren, so wird sie nun bedeutend schlechter. Unser Ziel für diesen Tag heißt Atlin, die nordwestlichste Stadt der Provinz Britisch Kolumbien. Die einzige Straßenverbindung führt über das

81

„Reif für die Kekswerbung"

Yukon Territorium, entweder von Jake`s Corner am Alaska Highway oder von Carcross am Klondike Highway kommend. Die Atlin Road ist gute 100 Kilometer lang, wovon immerhin 40 Kilometer geteert sind. Der Rest ist mit Schotter übersät, jedoch im Vergleich zu manch anderen Schotterpisten gut zu befahren. Dennoch sorgen einige Schlaglöcher für ein ordentliches Durchrütteln von Mannschaft und Fahrzeug.

Eine wunderschöne Landschaft mit hervorragenden Möglichkeiten, Elche, Karibus, Bären und Bergziegen entlang der Straße beobachten zu können, entschädigt dafür allemal. Eine „schussbereite" Kamera sollte immer im Wagenfond bereitliegen.

Die Meinung eines anderen Buchautors kann ich nicht teilen, der die doppelt zu befahrende Strecke nach Atlin als völlig überflüssig abstempelt. Jedoch ist bei schlechtem Wetter äußerste Vorsicht auf dem dann teilweise schmierigen Fahrbahnuntergrund geboten. Unser Nachtlager, der Pine Creek Campingplatz, liegt etwa drei Kilometer außerhalb Atlins an der Warm Bay Road. Schon traditionell ist der zweite Urlaubsabend ein Besonderer, der sich meistens bis in die frühen Morgenstunden dahinzieht. Es ist wahrscheinlich die Vorfreude, einen erlebnisreichen und abenteuerlichen Urlaub noch in vollen Zügen vor sich zu haben. Schnell knistert das wärmende Lagerfeuer auf unserem Stellplatz. Zum Abendessen gibt es herzhafte Schweinesteaks und frischen Paprika- und Tomatensalat, sowie als weitere Beilage das gute deutsche Brot aus Whitehorse. Es wird ein langer Abend am Lagerfeuer, dabei hatten Thomas und Karlheinz das weitaus größere Stehvermögen. Es scheint so, dass sich mit der merklich abnehmenden „Bacardi-Flasche" der Gesprächsstoff zwischen den beiden immer mehr vergrößert. Ich ziehe es vor, mich dezent aus der Runde auszuklinken. Schließlich bin ich in wenigen Stunden mit dem Fahren des großen Motorhomes „dran".

Die starken und wärmenden Sonnenstrahlen wecken uns am nächsten Morgen aus unserem Tiefschlaf. „Den einen früher, den anderen später!" Es ist ein Bilderbuchtag. Nur ganz vereinzelt ist am Himmel ein Wölkchen zu erkennen. In prächtigster Stimmung befahren wir nach einem ausgiebigen Frühstück die knapp 25 Kilometer lange Warm Bay Road. Diese Straße verleiht herrliche Ausblicke auf den riesigen Atlin Lake. Der See zeigt sich uns, durch das Super-Wetter begünstigt, in tiefblauen Farben.

Aus südöstlicher Richtung grüßt uns nach zehn gefahrenen Kilometer der gewaltige Llewellyn Gletscher. Hier haben sich das deutsche Ehepaar Peter und Edith Sidler ein wunderschönes Domizil aufgebaut. Geführte Kanu- und Motorradtouren werden angeboten. Wer ein bisschen Zeit mitbringt, kann sich auch ein Holzcabin mit Gletscherblick für ein oder mehrere Tage mieten. Kurz vor Ende der Strecke befinden sich auf der linken Seite warme Quellen. Es handelt sich zwar nur um kleine und seichte Quellen, aber um seinen von den schlechten Straßenverhältnissen durchgerüttelten Körper wieder in Schwung zu bringen, reichen sie allemal aus. Außerdem besteht durch eine große Rasenfläche beste Möglichkeiten zum Campen, und das ohne Gebühr!

Nun geht es aber zur Stadt Atlin selbst. Atlin erhielt durch seine wunderschöne Lage am größten See der Provinz Britisch Kolumbiens und den einkreisenden Bergen, bei denen selbst im Sommer noch schneebedeckte Gipfel auszumachen sind, den Beinamen „Kleine Schweiz des Nordens". Atlins Leben begann wie für viele Orte des Nordens üblich mit dem legendären Goldrausch im Jahre 1898. Noch heute suchen einige Verwegene nach dem gelben Metall in den Bachläufen rund um die Stadt. Besonders eingefleischte Kajak- und Kanufahrer, sowie Outdoor-Freaks, welche sich mit ihren Wanderschuhen oder auf dem Mountain-Bike auf den alten Bergbauwegen ins Hinterland trauen, gehören zu den typischen Besuchern der Stadt. Aber auch Angler und Jäger, sowie Ski- und Snowmobilfahrer in der Wintersaison lassen etwas Leben in der sonst so beschaulichen und ruhigen Stadt am Rande der vollkommenen und einsamen Wildnis aufkommen. Der stillgelegte Raddampfer M.V. Tarahne lädt außerdem Touristen zum Dinner in einem eleganten Ambiente ein. Für alle, welche die englische Sprache sehr gut beherrschen, lohnt sich auch die Aufführung des Kriminalstückes anzuschauen, bei dem ein mysteriöser Mordfall aufgedeckt werden muss.

Auf unserer Rückfahrt von Atlin in Richtung Tagish kommt es an der Grenze zwischen dem Yukon und der Provinz Columbias plötzlich auf der Straße zum „Stau".

Eine Herde Bergziegen scheint dem Straßenbelag irgend etwas Positives abzugewinnen. Jedenfalls „lecken" die Tiere intensiv am glatten Straßenbelag. Erst als sich ein Auto mit langsamer Fahrweise der Herde bis auf wenige Meter nähert, verziehen sich die Ziegen zurück ins Gebüsch. Was für ein Tag, Petrus meint es wirklich gut mit uns, da macht es einfach doppelten Spaß, aus den großen Fenstern des Wohnmobils die traumhafte Landschaft entlang der Atlin Road genießen zu dürfen.

Im Nu haben wir die 100 Kilometer Schotterpiste hinter uns gelassen.

An der Tagish Road lesen wir das Hinweisschild des Tagish Lake Adventure Resorts. Dieses ist mir aus mehreren Werbeanzeigen in verschiedenen Reisekatalogen bekannt. Ein dreizehn Kilometer lange Waldweg führt zu dieser Anlage am Tagish See. Die „Straße" ist recht gut befahrbar, doch man kann nur hoffen, dass einem kein anderes Fahrzeug entgegenkommt, denn der Weg ist schmal und die Ausweichmöglichkeiten in Form von Verbreiterungen sind sehr rar gesät. Aber nach guten zwanzig Fahrminuten können wir schon aus der Ferne das Haupthaus der Anlage erkennen. Die traumhaft schöne Anlage wird von einem Schweizer Ehepaar betrieben, es gibt also keinerlei Verständigungsprobleme. Für Wohnmobilreisende, wie wir es sind, steht ein kleiner Campingplatz mit Feuerstellen zur Verfügung. Die meisten Gäste verbringen jedoch ihre Wildnisnächte in komfortablen Blockhütten mit Aussicht auf die

Unterwegs auf der Atlin Road zum best gehütesten Geheimnis der Provinz British Columbia

malerische Seenkulisse. Kulinarisch werden sie exzellent mit herzhaften, landestypischen Kochkünsten verwöhnt. An der Theke der urgemütlichen Hausbar können die Tageserlebnisse nochmals bei einem Drink in Erinnerung zurückgeholt werden. Die Inhaber bieten außerdem verschiedene Wildnis-aktivitäten an, so u.a. geführte Kanu- und Bootstouren auf dem weit verzweigten Tagish Lake, oder sie laden zu ausgedehnten Wanderungen ein, hinein in die aussichtsreichen Lime und Nares Mountains.

In den Wintermonaten kann man das Leben eines richtigen Trappers führen und sich von einem Hundeschlittengespann in die einsame und abgeschiedene Yukon Wildnis entführen lassen. Am Campingplatz lernen wir Uli und seine Ehefrau Christa aus Zwickau kennen. Sie wählen eine Reisevariante, die immer beliebter wird. Von Whitehorse bringen sie den gemieteten Camper zurück nach Vancouver, dem Hauptsitz ihres Wohnmobilvermieters. Viele Vermietstationen bieten in der Nachsaison zu sehr günstigen Konditionen solche „Rückreisen" an. Kein Wunder, ihr Fahrzeug gelangt rechtzeitig vor dem kalten Yukonwinter zurück in wärmere Gefilde, ohne dass die Firma auch noch einen eigenen Fahrer für den Rücktransfer bezahlen muss. Heute morgen geht es etwas früher aus den warmen Schlafsäcken heraus. Schließlich haben wir uns ein Motorboot für eine Angeltour auf dem Tagish Lake gemietet. Trotz größter Bemühungen sollte uns aber ein Erfolgserlebnis verwehrt bleiben und wir als Schneider zurückkehren. Die Seeforellen und Saiblinge stehen immer noch in den tieferen Abschnitten des Sees. Trotz der teilweise sehr heftigen Bleibeschwerung unserer Angelköder können wir keinen einzigen Fisch zum Anbiss verführen. Der aufkommende Wind vermiest uns durch den nun recht hohen Wellengang des weiteren die Lust zum Fischen.

Das kleine Boot ist nur eine bessere Nussschale und uns überkommt ein ungutes Gefühl, als wir die heranbrechenden Wellen schon aus größerer Entfernung ausmachen können. Naja, es sollte halt nicht sein. Dann müssen die Schuppenträger in ihrem feuchten Element weiterhin verweilen. Nach Abgabe des Bootes nutzen wir noch die Möglichkeit zur ausgiebigen Körperreinigung in dem großen und sehr sauberen Duschhaus der Lodgeanlage, bevor es durch die Naturstraße zurück auf die Tagish Road geht.

Die kleine Siedlung Carcross am Klondike Highway ist unser nächstes Ziel. Im alten Bahnhofsgebäude der White-Paß-Linie ist ein kleines Informationsbüro untergebracht, in dem man gute Landkarten und Tipps über die Fischerei erhalten kann.

Die meisten Holzgebäude sehen so aus, als wäre an ihnen die letzten einhundert Jahre nicht spurlos vorüber gegangen. Nicht ein neues Brett ist angebracht worden. Vor allem das einstige Hotelgebäude von Carcross gleicht einer Holzruine, teilweise fehlen sogar schon die Fenster an den Holzfassaden des Gebäudes.

Wir werden Zeugen einer indianischen Hochzeit. Mit einem lauten Hupkonzert fahren die Indianer in einer riesigen Autokarawane durch den kleinen Ort. Die Whiskyflasche halten dabei aber die meisten noch überraschend sicher in ihren Händen. Mit indianischen Ritualen hat dies leider nicht mehr viel zu tun. Der Alkohol ist für viele Indianer leider zum letzten Rückhalt

Wie vor 100 Jahren: Der General Store von Carcross hat sich nicht verändert

ihres Lebens geworden. Mit den Lebensgewohnheiten der weißen Männer werden nur die wenigsten von ihnen richtig fertig. Leider ein trauriges Kapitel in der Geschichte des Landes, jedoch ist es im Südwesten Amerikas noch viel schlimmer zu beobachten.

Einen gehörigen Schreck bekomme ich, als ich eine Nebentüre in den sogenannten „Carcross Barracks" öffne. Ein pfeiferauchender Uropa sitzt auf dem Klo und hat dabei seine langen Unterhosen bis in die Kniekehlen fallen lassen. Völlig verdutzt schlage ich die Türe hastig zu. Es sind die netten Überraschungen, die ich auf den Reisen so liebe. Wahrlich lebensecht wirkt die Puppe auf mich. Die „Carcross Barracks", zwei aneinander gebaute kleine Blockhütten ziehen jeden Besucher des Städtchen Carcross magisch an. Alleine die Außendekoration mit der pinkfarbenen Cowboy-Unterwäsche an der Leine und die im „Silberfummel" und Federhut grüßende Balldame weckt die Neugier bei allen. Ein Blick in das Innere vom urigsten Andenkenladen weit und breit wird dann zum „Muss".

Von Carcross ist es nur ein kleiner Spaziergang zu einem ausgezeichneten Aussichtspunkt über den Lake Bennett. Von hier aus schipperten viele Gold-sucher mit selbstgebauten Flöße stromabwärts den Yukon River entlang bis nach Dawson City, dem Zentrum des Goldrausches von 1898. Viele „Goldträume" ersoffen dabei frühzeitig in den berüchtigten Stromschnellen des Flusses.

Von Carcross aus geht es langsam in höheres „Gefilde" über. Nach guten 70 Kilometer Fahrtstrecke erreichen wir den 1 003 Meter hoch liegenden White Pass, den höchsten Punkt des Highways und gleichzeitig die Grenze zu Alaska. Weil es unser erster Aufenthalt in den Vereinigten Staaten während unserer Reise ist, müssen wir an der Grenzstation noch die notwendigen Einreisedokumente ausfüllen. Der Grenzbeamte ist uns dabei aber sehr behilflich und die Formulare sind auch teilweise in deutscher Sprache beschrieben. Nach dem Grenzübergang geht es rasant taleinwärts. Um die Bremsen etwas zu schonen lege ich die Zweitgangstellung im Automatikgetriebe unseres Wohnmobils ein. Auf der linken Straßenseite tosen die Pitchfork Wasserfälle die steilen Berghänge hinab.

Klondike Highway II, eine Landschaft wie aus den Karl May Spielfilmen mit Winnetou und Old Shatterhand

DER LEGENDÄRE UND BERÜCHTIGTE CHIKOOT TRAIL, EIN ALPTRAUM DER GOLDSUCHER

Kurz vor der Goldgräberstadt Skagway biegen wir rechts in die Dyea Road ein. Die kurvenreiche und schmale Straße entlang des Meeresarmes ist mit großen Wohnmobilen nur mit äußerster Vorsicht und angemessener Geschwindigkeit zu befahren. Sie führt nach etwas mehr als zehn Kilometern zum Dyea Campingplatz. Dieser Platz ist heute Ausgangspunkt für abenteuerlustige Wanderer, welche sich auf den Spuren der Goldgräber bewegen möchten und die erlittenen Strapazen und Qualen der einstigen, vom Goldfieber besessenen Stampeder am eigenen Leib nachempfinden möchten.

Etwa einen Kilometer vom Campingplatz entfernt, kurz vor dem Taiya River beginnt der über 50 Kilometer lange Weg. Zunächst geht es dabei durch dichten Regenwald und Buschwerk entlang des Flusses. Nach 25 Kilometern erreicht man die berühmten „goldenen Treppen", die letzten Meter hinauf zum Pass, die auch heute noch jeden Cilkoot-Trail-Trekker in steter Erinnerung bleiben werden. Es ist schwer vorstellbar, dass sich trotz eisiger Kälte und Schneestürmen, vollbeladen wie die reinsten Packesel, Tausende von Menschen bis zu dreißigmal den gewaltigen Steigungen mit bis zu 30 Prozent regelrecht hinaufschleppten und dabei unmenschliche Qualen und Strapazen zu erleiden, nur um die in weiser Voraussicht von der kanadischen Regierung verlangte Tonne an Ausrüstung und Lebensmitteln den Grenzbeamten an der Passhöhe vorweisen zu können, und somit seine Goldreise zum Klondike fortsetzten zu können.

Aber zurück auf den Dyea Campingplatz. Es wird merklich früher Nacht als noch im Yukon. Die 300 Kilometer, die wir in südlicher Richtung gefahren sind, machen sich deutlich bemerkbar. Aus dem Dunklen hören wir plötzlich eine weibliche Stimme: „Excuse me, can I have a cigarette?"

Mit diesen Worten lernen wir die attraktive Ann Bollinger aus St. Louis kennen. Sie schläft schon seit Wochen in ihrem kleinen Zelt auf diesem Campingplatz. Der Grund ist einfach, in ihren Semesterferien verdient sich die Studentin als Touristenbusfahrerin in Skagway einige Dollars in ihrer Geldbörse hinzu.

Ann`s Augen leuchten in den hellen Feuerfäden unseres Lagerfeuers, wenn sie über ihre persönlichen Erlebnisse aus Alaska erzählt. Sie liebt die grandiose Natur dieses Landes. Angst vor Bären, die sich ihr Zelt als mögliche Übernachtungsmöglichkeit aussuchen, kennt die sportliche junge Frau nicht. Auch in den Wintermonaten ist sie als begeisterte Snowboard- und Skifahrerin viel lieber draußen in der Natur unterwegs als in ihrer derzeitigen kleinen Studentenwohnung in Denver, Colorado.

Ann ist nicht nur eine willkommene Gesprächspartnerin, sie versorgt uns obendrein noch mit guten mexikanischen Bier. Viel zu schnell vergeht die Zeit und wir beenden um zwei Uhr morgens unseren gemütlichen Plausch am wärmenden Lagerfeuer. Ann hat es nicht so schön wie wir, sie muss um zehn Uhr in Skagway wieder interessierte Touristen in einer Art Doppelfunktion als Busfahrerin und Reiseführerin hundertprozentig zur Verfügung stehen. Aber auch wir müssen spätestens um die Mittagszeit Skagway erreichen, schließlich wollen wir noch einen gemütlichen Bummel durch die Stadt machen, bevor es um vier Uhr nachmittags mit der Fähre Richtung Juneau geht.

Der Morgen bricht viel zu früh herein, dennoch heißt aus es, rasch aus den Schlafsäcken zu steigen. Schnell wird der Kaffee aufgesetzt und der Tisch für das Frühstück gedeckt. Thomas zeigt auf riesige Steinpilze. Diese werden in den nächsten Tagen unser Nahrungsangebot bereichern.

Auf der Fahrt nach Skagway entlang der Dyea Road halten wir kurz am sogenannten Goldgräberfriedhof an. Hier hat der böse Bube „Soapy Smith" seine letzte Ruhestätte gefunden. Einst hatte er als skurriler Geschäftemacher die goldhungrigen Abenteurer durch überteuerte Preise regelrecht ausgebeutet. Viele Goldsucher verloren bereits in Skagway ihre sämtlichen Ersparnisse und mussten die „Goldreise" frühzeitig abbrechen. Seine gerechte Strafe erhielt er in einem Revolverduell mit Frank Reid, einem Mitorganisator der Bürgerwehr, welche die kriminellen Machenschaften des „Mister Smith" nicht mehr länger dulden wollten. Aber auch Frank Reid erlag wenige Tage später der Schussverletzung, die er sich bei diesem Duell zugezogen hatte.

SKAGWAY, DAS TOR ZUM KLONDIKE

Die Stadt Skagway gleicht an vielen Stellen einem riesigen Freilichtmuseum. Viele Holzhäuser erinnern noch heute an die wilden Goldrauschzeiten vor mittlerweile 100 Jahren. An jener Zeit, in der die einst kleine Siedlung am Lynn Canal, einem Fjord des Pazifiks, über Nacht aus ihrem „Schneewittchen-Dasein" wachgerüttelt wurde. Als innerhalb von vier Monaten sich mehr als zwanzigtausend Menschen hier einfanden und Geschäfte, Banken, Saloons und Bordelle wie Pilze aus dem Boden schossen. Grund war die Nachricht von sagenhaften Goldfunden am Klondike, welche die Stadt San Francisco durch den mit dem „gelben Metall" beladenen Raddampfer „Excelsior" im Juli 1897 erfuhr. Wie eine ansteckende Krankheit fiel die „goldige Nachricht" über das Land herein. Mit dem Anlegen des Schiffes „Portland" im Hafen von Seattle machte das „Gelbfieber" selbst vor dem Bürgermeister nicht Halt. Wie weitere zigtausende Menschen raffte er so schnell es nur ging seine Habseligkeiten zusammen und machte sich mit großer Hoffnung auf den Weg zu den Goldfeldern des Klondike Country. Die Träumereien vom schnellen Reichtum sollten

„Berühmt und berüchtigt": die einarmigen Banditen in Skagway

dort zur Wirklichkeit werden. Doch nur für die wenigsten Glücksritter erfüllte sich dieser Traum.

Die meisten Goldsucher und Abenteurer kamen mit Schiffen der kanadischen Westküste entlang bis nach Skagway. Inzwischen stand aber hier der strenge alaskanische Winter vor der Tür und veranlasste die Neuankömmlinge zum Bau von Holzhäusern. Viele Menschen, wie Soapy Smith, witterten aber nicht beim Suchen nach dem gelben Metall ihre große Chance, sondern beim flotten Entleeren der „neueingetroffenen Geldtaschen" durch den Aufbau von Stores, Saloons und Bordellen. Schließlich waren die langen Wintermonate kalt und dunkel und ein bisschen Vergnügen könne auf gar keinen Fall schaden. Der „große Goldcoup" stand ja regelrecht vor der Türe. So dachten sehr viele der „neuen" Stadtbewohner. Völlig pleite, den letzten Penny am Spieltisch verzockt, war für viele Glücksritter, wie bereits erwähnt, in Skagway das Abenteuer „Gold" vorbei.

Andere mussten ihre Schulden als Arbeiter beim Bau der White Pass Bahnlinie tilgen. Mit Entstehung der Eisenbahnlinie hatte sich das Leben in Skagway sehr schnell eingependelt. Zwei Jahre später verfügte die Stadt über ein florierendes Güter- und Menschentransportsystem zum Lake Bennett und Lake Lindemann am Oberlauf des Yukon Rivers.

Mit dem Abflauen des Goldrausches verschwand auch das Interesse an Skagway deutlich. Nur die Rolle als Warenumschlagsplatz zwischen der Eisenbahn und Alaskas Wasserstraße, der Inside Passage, hielt die Stadt noch am „Leben".

Erst in den „Wirren" des zweiten Weltkrieges lebte die Stadt durch die Stationierung von Truppen wieder regelrecht auf. Mit der Fertigstellung des Klondike Highways 2, der einzigen Straßenverbindung in den Norden Kanadas wurde ein weiterer Aufschwung in der Geschichte der Stadt eingeläutet.

In der heutigen Zeit ist das Geschäft mit den Touristen zur wichtigsten Einnahmequelle Skagways geworden. Durch die Erhaltung der wichtigsten Gebäude lebt die Stadt in ihrer Geschichte immer noch weiter. In gelben und roten Oldtimern werden die Touristen unter fachmännischer Führung zu allen Sehenswürdigkeiten des einstigen Landehafens und Anlaufpunktes der Goldschürfer gefahren.

Unser Weg führt uns aber zum Hafenbüro der Alaska Marine Highway. Hier holen wir uns am Schalter die vorreservierten Tickets für unsere Fahrt mit der Fähre „MV Malaspina" ab. Eine rechtzeitige Reservierung ist dringend zu empfehlen, vor allem wenn man wie wir das große Wohnmobil mit auf das „blaue Kanu", wie Alaskas Fährschiffe gerne genannt werden, mitnehmen möchte.

INSIDE PASSAGE – MIT DEM „BLAUEN KANU" DURCH ALASKAS STURMGESCHÜTZTE WASSERSTRASSE

Pünktlich um 16 Uhr nachmittags lichtet die Fähre ihren Anker im Hafen von Skagway. Es erwartet uns eine sechsstündige Überfahrt bis nach Juneau, Alaskas Hauptstadt.

Wir haben ein schönes Plätzchen auf dem Sonnendeck gefunden. Der Kapitän hat trotz der relativ milden Temperaturen die wärmenden Heizstrahler der Höhensonne eingeschaltet. Schnell hat Karlheinz seinen Westernroman aus der Tasche geholt und genießt auf seine Art das langsame Schippern durch den Lynn Canal, dem tiefsten und längsten Fjord auf der ganzen Welt.

Es geht vorbei an schroffe Felshänge bis die Fähre schon nach nicht einmal halbstündiger Fahrt einen großen Bogen einschlägt. Über den Lautsprecher wird die Stadt Haines angekündigt. Nach einem kurzen Stopp, bei dem Fahrzeuge aus- bzw. eingeladen werden und Passagiere von- bzw. an Bord gehen, geht es weiter durch Alaskas sturmgeschützte Wasserstraße bis nach Juneau.

JUNEAU, ALASKAS CAPITOL IM TROPISCHEN REGENWALD

Es ist 22 Uhr, als wir am Fähr Terminal in der Auk Bay anlegen. Gute 22 Kilometer entfernt von der Stadt selbst, verlassen wir mit unserem Wohnmobil den Frachtraum der Fähre und fahren wieder auf trockenem und sicherem Boden. Einen geeigneten Standort für unseren Camper zu finden erweist sich als äußerst schwierig. Der einzige Campingplatz entlang des Glacier Highways ist bis auf den letzten Stellplatz gefüllt. Uns bleibt nichts anderes übrig, als in einer kleinen Seitenstraße das Wohnmobil abzustellen und uns langsam auf die Nachtruhe vorzubereiten. Eine kleine Brotzeit mit Wurst, Käse und saure Gurken lässt das Knurren in unserer Magengegend für die Nacht verstummen.

Am nächsten Morgen, wir hatten es schon befürchtet, regnet es aus vollen Zügen. Pünktlich zu unserer Ankunft zeigt sich das typische Klima Südostalaskas. Der häufige Regen prägt das Landschaftsbild rund um den Tongass National Forest. Hier fühlt man sich fast wie im tropischen Regenwald des Amazonas. Trotz des regelrechten „Sauwetters" sind wir beim Frühstücken recht gut gelaunt. Eine große hölzerne Unterstellhalle mit Feuerstelle direkt am Küstenstrand der Auk Bay gewährt uns Schutz vor Petrus „flüssigen Sonnenschein", wie die Einheimischen den häufigen Regen hier nennen.

Die Auke Bay ist ein beliebtes Ausflugsziel für ausgedehnte Strandwanderungen oder zum Fischen auf Lachse und anderen Meeresfische. An einem kleinen Bach stoppen wir unsere Fahrt. An der Peterson Creek Brücke können wir laichende Rotlachse beobachten. Das Angeln ist hier selbstverständlich verboten. Mit ein bisschen Glück lässt sich auch einmal ein Schwarzbär blicken, der einen wohlschmeckenden Lachs mit seinen Tatzen aus dem seichten Wasser des Bachlaufes ohne größere Mühe herausholen möchte. Eine der meist fotografierten Landschaftsaufnahmen Alaskas entsteht auf dem Glacier Highway.

Wir sehen den Mendenhall Gletscher, dessen gewaltige Eiszunge bis an den Stadtrand von Alaskas Hauptstadt heranreicht. Neben den Ehren als Capitol Alaskas ist dies ein weiterer Superlativ für die Stadt. Der Regen ist eher noch stärker geworden. Die Hoffnung auf besseres Wetter schwindet merklich bei uns allen Dreien, als unser Blick nach oben den Anmarsch von noch dunkleren Wolken verrät. Am Besucherzentrum des Gletschers kann man Rotlachse bei ihrem Laichgeschäft in einem Glasfenster durch installierte Unterwasserkameras „live" bewundern. Es ist schon ein erstaunliches Naturphänomen, dass die Lachse nach jahrelangem Aufenthalt im Salzwasser wieder den Weg zu ihrer Geburtsstätte finden. Bis zum heutigen Tage ist es nicht hundertprozentig geklärt, wie sie den richtigen Weg zurück finden. Juneau lebt hauptsächlich von den Regierungsgeschäften Alaskas, dafür gibt der prachtvolle Gouveneurspalast ein erstklassiges Zeugnis ab. Jeder zweite Arbeitnehmer Juneau`s arbeitet für das Wohle des Landes als Bundes-, Staats,- oder Ortsbeauftragter. Auf dem privaten Sektor ist natürlich der Fremdenverkehr der größte Arbeitgeber. Des Weiteren bilden der kommerzielle Fischfang und der Erzabbau weitere wichtige Einnahmequellen von Alaskas Capitol.

Die Einwohnerzahl ist inzwischen auf stolze 30 000 angewachsen, davon sind alleine über 2 000 Studenten. Die Stadt wurde im Jahre 1880 nach der Entdeckung von gewaltigen Goldfeldern durch die beiden Goldsucher Richard T. Harris und Joseph Juneau gegründet. Es dauerte nur wenige Wochen, bis die ersten Goldgräber mit Booten die neugegründete Stadt am Gastineau-Kanal erreichten und bevölkerten. Noch recht hübsch ist auch heute noch die Altstadt Juneaus anzuschauen. Die Einwohner haben ihre schmucken Holzhäuser wie Bienenwaben regelrecht in die umliegenden Berghänge „eingegraben" und die Straßenverhältnisse erinnern durch ihre enormen Gefälle und Steigungen an Kaliforniens Metropole San Francisco. Ein ganz krasses architektonisches Gegenteil ist im Stadtzentrum an der Ecke der 3. Avenue und Main Street zu bewundern. Eingebettet von neuzeitlichen, schmucklosen und grauen Betonklötzen hat die Davis Blockhütte als Besucherzentrum im Jahre 1980 ihren Standort erhalten. Zu Ehren des 100jährigen Bestehens der Stadt wurde die Nachbildung von Juneau`s erster öffentlicher Schule errichtet. Nicht weit entfernt vom Besucherzentrum, in dem man übrigens eine deutschsprachige „Stadtwanderkarte" erhalten kann, ist mit der „St. Nicholas Russian Orthodox

Juneau, Alaskas Hauptstadt

Church" die älteste originalgetreu erhaltene orthodoxe Kirche Südostalaskas zu finden. Ihre achteckige Bauform symbolisiert die sieben Wochentage und den „achten Tag", den Tag der Ruhe.

Das „State Office Building" (Regierungsgebäude) und das Stadtmuseum, sowie der einst berüchtigte Red Dog Saloon sind weitere lohnende Ziele während unserer „Stadtwanderung".

Als neue Top-Attraktion wartet die Stadt mit der erst kürzlich fertig gestellten Tram-Way auf. Die Seilbahnfahrt hinauf zum Mount Roberts mit herrlichem Blick auf den Gastineau Kanal und der Stadt selbst (vorausgesetzt es herrscht schönes Wetter), sowie die Möglichkeiten, von der Seilbahnstation aus ausgiebige Wanderungen zu unternehmen, lassen einen unvergesslichen Ausflugstag vor der Türe Juneaus stehen.

Juneau ist der Ausgangspunkt für Unternehmungen und Ausflüge in den weltbekannten Glacier National Park und den hervorragenden Braunbären-beobachtungsmöglichkeiten am Pack Creek auf Admiralty Island. Tägliche Ausflüge zur Walbeobachtung am Point Adolphus oder in das spektakuläre Tracy Arm Fjord, für viele übrigens eine der schönsten Gegenden Alaskas überhaupt, sowie geführte Kajak- und Wildwassertouren lassen auch bei einem mehrtägigen Aufenthalt in Juneau zu keiner Zeit Langeweile aufkommen.

In der Nähe des Mendenhall Gletschers schlagen wir für diese Nacht unser Lager auf. Für kurze Zeit hat „Petrus" seine Schleusen geschlossen. Karlheinz zankt über das „feuchte" Wetter an der Südostküste Alaskas. Morgen hätten wir schönes Wetter gebraucht. Eine der Höhepunkte unserer Reise steht dann nämlich an. Der ausgegebene Wetterbericht, den wir im Fernsehen im Red Dog Saloon verfolgen konnten, verheißt jedenfalls nichts Gutes.

MIT DEM KATAMARAN „AUK NU" ZU DEN WALEN

Und die Meteorologen sollten sich dieses Mal leider nicht täuschen. Auch an diesem Morgen ist das südostalaskanische Regenwetter in vollen Zügen zu genießen. Dieses Wetter verdankt nicht nur Juneau seine farbenprächtige Landschaft und einmalige Vegetation. Es ist typisch für den ganzen „Pan Handle" Alaskas.

Wir sind mit unserem stattlichen Wohncamper zurück in die Auk Bay gekehrt. Trotz des „Sauwetters" beschließen wir, eine Walbeobachtungstour zu unternehmen. Stundenlang geht bereits die reinste Regenflut über uns herunter. Bereits Anfang September ist hier Nachsaison, besser gesagt die Touren werden nur noch an wenigen Tage angeboten. Der Grund ist einfach, die gewaltigen Meeressäuger verlassen die Südküste Alaskas und kehren in die Gewässerabschnitte vor den Küsten Mexikos und Hawaiis zurück. Wir gehen keinerlei Risiko ein, schließlich bekommen wir unser Geld auf Heller und Pfennig zurück, falls keine Buckelwale mehr in der Glacier Bay anzutreffen sind. Aufgrund des schlechten Wetters erhalten wir obendrein einen ordentlichen Preisnachlass gewährt. Mit dem Katamaran „Auk Nu" geht es zuerst in flottem Tempo nach Gustavus, der einzigen Ortschaft im National Park und zentraler Ausgangspunkt für die verschiedenen Ausflugs-möglichkeiten im Park. Leider bleibt die tolle Landschaftskulisse durch das schlechte Wetter für uns weiterhin ein Geheimnis, das es noch zu entdecken gibt. Das trübe und nebelige Wetter, verbunden mit starkem Regen lädt wirklich nicht zu Unternehmungen im Freien ein. Wir genießen die Fahrt im mollig warmen Innenfond des Katamarans. Die Crew sorgt dabei mit einem leckeren Bohneneintopf und frisch gebrühtem Kaffee für unser leibliches Wohl.

Wir erreichen Gustavus. Am lang ins Wasser gezogenen Holzsteg dockt der Katamaran an. Das Anlegemanöver gelingt ohne größere Probleme beim ersten Versuch. Ein Mini-Van der Glacier Bay Lodge holt die um dieser Zeit nur noch spärlich anreisenden Gäste ab. Die „Auk Nu" unternimmt nicht nur Walbeobachtungstouren in der Glacier Bay, sondern ist gleichzeitig gern gesehenes Transportsystem zwischen Juneau und Gustavus.

Nun brechen wir aber auf. Ein Naturbiologe erklärt an Bord die Lebensweise der tonnenschweren und plump wirkenden Meeressäuger. Der beste Punkt innerhalb der Icy Strait Passage ist der sogenannte Point Adolphus. Hier versammeln sich die „Giganten der Meere", um in Gruppen auf Jagd nach Heringsschwärmen und sogenannten „Grill" (Fischplankton und kleinen Krabbentierchen) zu gehen.

Es dauert nicht lange, in der Nähe von Lemesurier Island entdeckt der Kapitän mit seinem riesigen Fernglas eine Walmutter mit ihrem Zögling. Das Boot bleibt relativ weit von den Walen entfernt. Das Fotografieren und Filmen unter diesen auch noch sehr ungünstigen Witterungsverhältnissen lohnt sich noch nicht. Bei den „Whale Watching" Touren, die nur noch in begrenztem Maße zum Schutze der Tiere durchgeführt werden, sind die Besatzungen angehalten, die Tiere so wenig wie möglich in ihrer natürlichen Lebensraum zu stören und falls nötig, den gewissen Abstand zu den Tieren zu halten. Jedes Jahr ist es für die Parkranger des Glacier Bay National Parkes ein banges Hoffen, ob die Meeressäuger auch wieder vor der Südküste Alaskas eintreffen. Doch in den letzten Jahren ist der Bestand relativ konstant geblieben. Dies hat auch mit der deutlichen Verringerung der Walbeobachtungstouren zu tun, erklärt uns der Naturbiologe Neil an Bord der Auk Nu.

Am Point Adolphus treffen wir sie dann, eine achtköpfige Gruppe der einzigartige Tiere. Auch ein Kreuzer hat die jagende Gruppe von Walen entdeckt und steuert auf unseren dagegen schmächtig wirkenden Katamaran und den Walen zu. Die Buckelwale tauchen immer wieder ab, aber wir bekommen sie auch noch wenige Meter vom Schiff aus zu sehen. Es ist schon ein faszinierendes Naturschauspiel, das „Singen" der Meeressäuger zu vernehmen. Neugierig schwimmen die friedlich und verspielt wirkenden „Humpback Whales" vorbei am treibenden Schiff. Manchmal scheint es, sie wollten uns mit ihren Brustflossen, die sie tosend und elanvoll ins Wasser schlagen, herzlich willkommen heißen. Es ist vollkommen unvorstellbar, dass diese einzigartigen, friedlichen Geschöpfe auch heute noch von Ländern wie Japan oder auch Norwegen bejagt und getötet werden, obwohl ihr Bestand deutlich zurückgegangen und ein Überleben der größten Säugetiere unserer Erde in Frage gestellt ist.

Wehmütig verlassen wir die Wale und kehren über Gustavus zurück nach Juneau. Langsam heißt es für uns Abschied von Alaskas verregneter Hauptstadt zu nehmen.

ALASKAS PFANNENSTIEL MIT DEN FISCHERSTÄDTEN PETERSBURG, WRANGELL UND KETCHIKAN

Es ist 22 Uhr, es wird Zeit auf dem Glacier Highway in Richtung Fährterminal zu fahren. Unsere Fähre, die MV „Taku" sticht um 23.30 Uhr in See. Dieses ist das älteste Schiff der „blauen Flotte". Wie die MV „Malaspina" wurde sie bereits in den sechziger Jahren gebaut. Wir reihen uns mit dem Wohnmobil in den Wartereihen ein. Bevor es mit dem Fahrzeug auf die Fähre geht, werden aus dem Kühlschrank Schinken, Wurst, Käse und Butter geholt und ein ordentliches Spätabendessen verzehrt. Die Überfahrt bis nach Prince Rupert an Kanadas Westküste dauert über 30 Stunden. Über das deutsche Reisebüro haben wir uns aber zum Glück eine Vier-Bett-Außenkabine vorreservieren lassen. Nach dem Abstellen unseres Fahrzeuges im großräumigen „Ladekeller" der Fähre begeben wir uns mit unserem Handgepäck, gefüllt mit Reisebüchern und Romanen sowie Utensilien für die tägliche „Körperpflege" hinauf zu den Schlafkabinen. Wir sind relativ positiv überrascht von der Geräumigkeit der Kabine. Hier lässt es sich schon ohne Probleme zwei Nächte lang aushalten. Pünktlich um 23.30 Uhr ertönt aus der Lautsprecheranlage das Signal zum Aufbruch durch Alaskas Inselwelt. Am Himmel hängt ein bleierner Wolkendeckel, es ist nicht ein einziges Sternenbild zu erkennen. Aus der Ferne sehen wir zum letzten Mal die vielen bunten Lichter von Alaskas Hauptstadt hinter uns herziehen.

Dann schließen wir den Vorhang am Fenster unserer Kabine und besteigen unsere Etagenbetten. Man fühlt sich hier fast in „Bundeswehrzeiten" zurückversetzt. Jedenfalls erinnern einen die Betten wahrlich an die schon für mich lang zurückliegende Zeit, als ich mich mit fünf „Kameraden" einen nur gut doppelt so großen Raum für über ein Jahr teilen musste. Um 8 Uhr morgens geht es langsam aus den Federn. Nach der morgendlichen „Grundreinigung" begebe ich mich zur Schiffskantine und hole mir einen belebenden amerikanischen Kaffee. Möwen kreischen in gewaltiger Stärke entlang unseres Fährschiffes, und als wir unsere Kabine Richtung Sonnendeck verlassen, schlägt uns ein intensiver Fischgeruch entgegen.

Es sind die Vorboten der Stadt Petersburg. Bunte Häuschen auf hölzernen „Stelzen" sind entlang des Ufers auszumachen. Unzählige Fischerboote und Kähne liegen im Hafenbecken der wohl berühmtesten Fischerstadt Alaskas. In Konservenfabriken verarbeiten die Arbeiter, welche übrigens viele norwegischer Abstammung sind, tonnenweise Seelachs, Heringe, Krabben, Muscheln und Shrimps zu herzhaften Fischspezialitäten.

Zum Ein- und Ausladen nimmt die Fähre eine gut neunzigminütige „Auszeit".

Es folgt nun einer der interessantesten Teilabschnitte von Alaskas berühmter Wasserstraße. Das riesige Fährschiff bahnt sich wie ein „Go-Kart" auf der Rennbahn seinen Weg durch den engen und recht kurvenreichen Schifffahrtskanal. Vorbei an unzähligen Inseln, welche bis auf wenige Meter an die „Außenhaut" der Fähre heranreichen, geht es zu einen der ältesten Städte des Pfannenstiels, nach Wrangell.

Auch der Hafen von Wrangell empfängt uns mit Fischgeruch. Die Fischer müssen wahrlich zur Zeit fette Beute mit ihren Treibnetzen machen.

Das kleine Fischerstädtchen mit seinen nicht einmal 3 000 Einwohnern liegt gut geschützt von den umliegenden Berghängen in einer malerischen Küstenbucht. Das Wetter hat sich deutlich gebessert. Der graue Wolkengürtel musste der Kraft der Sonne weichen und ein blauer, nur von leichten Schleierwölkchen umgebener Himmel hat vorläufig die „Regie" übernommen. Das Wetter lädt zu einem kleinen Bummel durch die Stadt ein. Am Ufer warten junge Burschen auf uns. Sie bieten uns glitzernde Steine zum Kauf an. Wir zeigen dafür im Gegensatz zu anderen Touristen nur wenig Interesse. Die Zeit ist knapp und wir möchten die Stadt etwas kennenlernen. Vor dem Postbüro ragt ein schöner Totenpfahl in den Himmel. Mit ihrem hellgrünen Dach und der weiß leuchtenden Außenfassade ist die Kirche auch ein Anziehungspunkt in dem sonst so einheitlichen Aussehen amerikanischer Kleinstädte. Mit ihrer günstigen Lage im Bereich der Mündung des Stikine Rivers war die Stadt ein wichtiger Versorgungspunkt für Pelzjäger und den Goldsuchern. Auch heute noch zählt das Stikine River Delta zu den populärsten Jagdgebieten Nordamerikas. Wrangell hat seinen Besuchern allerhand zu bieten. Empfehlenswert ist ein Spaziergang entlang der Strandpromenade zu den Totenpfählen auf Skakes Island und seinen reich an indianischen Kulturen gesegnetem Tribal House.

Holzschnitzkünste und typische Wolldecken der Chilkat-Indianer können hier bewundert werden. Mit dem Boot oder Wasserflugzeug geht es in die unerforschte Wildnis des Stikine River Deltas, wo Adler, Bären, Elche und eine

Mit dem Fährschiff M.V. Taku durch die engen Kanäle der Inside Passage

große Anzahl von Wasservögel leben. Am Anan River, der etwa 50 Kilometer südöstlich von Wrangell liegt und einfach mit dem Boot zu erreichen ist, bestehen im Juli und August die allerbesten Chancen, Schwarzbären beim Fang von Hundslachsen aus kürzester Entfernung beobachten zu können. Auch ein Flug über den herrlichen LeConte Gletscher ist ein lohnenswertes Ausflugsziel bei einem mehrtägigen Aufenthalt in der sympathischen Stadt Wrangell.

Für uns wird es Zeit, zur Fähre zurückzukehren. Inzwischen sind auch schon wieder jede Menge dunkle Wolken aufgezogen. Wir erreichen jedoch rechtzeitig die schützende Fähre, als ein heftiger Regenguss die Stadt Wrangell heimsucht.

Nach wenigen Kilometer meint man, die Fähre ist auf offener See. Von wegen, das Schiff muss sich in einem flussbreiten Kanal seinen Weg durch die Meeresarme bahnen. Aus der Ferne lässt sich ein riesiges Kreuzfahrtschiff ausmachen. Ein Foto mit dem 400 mm Teleobjektiv lässt den großen Kreuzer in Reichweite erscheinen. Die Strecke ist nun recht langweilig. Das schlechte

Die Stadt Wrangell wurde im Jahre 1834 von russischen Pelzjägern gegründet

Wetter lässt in seinem nebeligen Abendkleid über dem Wasser eine größere Aussicht auf die umliegenden Landschaften nicht zu. Es ist 23 Uhr, als wir mit der Stadt Ketchikan den letzten Anlaufpunkt von Alaskas Pfannenstiel erreichen. Mit über 15 000 Einwohnern ist die Stadt nach Anchorage, Juneau und Fairbanks die viertgrößte „Metropole" des riesigen Landes. Ein dreistündiger Aufenthalt veranlasst uns zu diesem spätabendlichen Spaziergang durch die Stadt. Es hat zum Glück zu regnen aufgehört. Dem Regen scheint wirklich einmal für kurze Zeit die Luft ausgegangen zu sein. Ketchikan ist eine der wenigen Städte entlang der Inside Passage, welche die „blauen Kanus" in Nähe des Stadtzentrums „anlaufen" dürfen bzw. können. Das alte Stadtviertel mit den vielen bunten Holzhäuschen auf hohen hölzernen Pfählen ist das markanteste Erscheinungsbild der Stadt. Rund um die sogenannte Creek Street sind heute Souveniergeschäfte zu finden. Einst war dies das berüchtigte und bei den Goldsuchern, Abenteurern und Fischern so beliebte „Rotlichtviertel". Besonders in den zwanziger und dreißiger Jahren wurden im „Dolly`s-House", das bekannteste und luxuriöste Bordell der Stadt, die einsamen Männer, die oft monatelang ein wahres Einsiedlerleben führten, von den „leichten Frauen" bestens verwöhnt. Nach dem zweiten Weltkrieg wurde das Viertel von der

Stadtregierung "dicht gemacht" und nur Dolly`s House vermittelt heute in der Funktion eines Museums an die vielen „Schandtaten" der früheren Zeiten.

Die weltgrößte Ansammlung indianischer Totenpfähle ist im Totem Heritage Center zu bewundern. Unter den Fischern ist die Stadt auch als „Salmon Capitol of the World" bekannt. Vor mehr als hundert Jahren wurden in Ketchikan die ersten Fischkonservenfabriken des Landes ins Leben gerufen. Für all diese Sehenswürdigkeiten blieb uns während des nächtlichen Landganges natürlich keine Zeit. Es war nur eine Stippvisite durch die relativ große Stadt.

An Bord zurück beginnt unsere zweite und zugleich letzte Nacht in unserer Kabine der MV „Taku". Das im Jahre 1963 gebaute Schiff hat eine Länge von knapp hundert Metern und befördert bis zu 450 Personen und 70 Fahrzeuge auf der Strecke von Prince Rupert bis Juneau.

PRINCE RUPERT AN KANADAS WESTKÜSTE

Um sechs Uhr morgens weckt uns die Bordsprecherin über die Lautsprecheranlage aus unseren „Seefahrerträumen". In Kürze erreichen wir Prince Rupert, das Ziel unserer „Schiffsreise". Von hier aus steigen auch viele Touristen in die B.C. Fährschiffe um, welche sie bis nach Vancouver, dem Ende der Inside Passage, bringen. Diese Überfahrt dauert nochmals gute 35 Stunden und ist ebenfalls rechtzeitig bei den Urlaubsplänen in Form einer Vorausreservierung zu beachten.

„Ruck-Zuck" geht es vom Laderaum raus auf kanadischen Boden. Nach einem kurzen Blick auf unsere Pässe winkt uns der Grenzbeamte durch. An einer Tankstelle betanken wir unseren Camper nicht nur mit Benzin, sondern ergänzen auch gleichzeitig noch unseren Propanvorrat. Nach einen weiteren kurzen Einkaufsstopp, wo Thomas eine passende Batterie für sein Video-Ladegerät findet und einem Abstecher zum Liquor-Store, wo wir unser „Flüssigkeitsdepot" stark auffüllen, geht es auf dem Yellowhead Highway wieder zuerst Richtung Osten.

Bereits kurz hinter dem Stadtrand von Prince Rupert sind die Bremsen unseres Wohnmobils gefragt. Vier Rehe bringen für kurze Zeit den Verkehr zum Erliegen. Aber nach der tönenden Hupe eines Trucks beschließt die „Familie" ihr Frühstück am sicheren Straßenrand fortzusetzen. Der Highway 16, auch Yellowhead Highways genannt, zieht sich von Prince Rupert auf einer Länge von 1 458 Kilometern bis nach Edmonton. In einer kleinen Nebenstraße sehen wir ein Fahrzeug der „Canadian Police". Sie führen eine Radarkontrolle durch. Für so manchen Trucker wird dies für eine nicht so angenehme Begleiterscheinung sorgen. Aber viele kennen wirklich nur den „Bleifuß-Fahrstil" und heizen mit ihren mehreren hundert PS starken Zugmaschinen ohne jegliche Rücksichtnahme auf andere Verkehrsteilnehmer auf den Straßen umher. Der Skeena River, einer der bekanntesten Lachsflüsse der Welt, schlängelt sich mit Urgewalt seinen Weg durch die Täler der mächtigen Coast Mountains. Dieses Gebiet im Nordwesten der Provinz Britisch Kolumbiens ist ein bevorzugtes Reiseziel für Sportfischer, die sich den schier unerschöpflichen Aufstieg an Lachsen nicht entgehen lassen wollen. Lachse in enormen Stückzahlen und –gewichten werden jedes Jahr in diesem Fluss erbeutet. Zahlreiche Lodges laden zu einem längeren Angelurlaub in diesem herrlichen Gebiet Kanadas südlich der alaskanischen Grenze ein.

Plötzlich ein Aufschrei von Karlheinz. Ja, tatsächlich ein Schwarzbär bummelt lustlos scheinend über die Eisenbahnbrücke. Nach Überschreiten dieser herzlich willkommenen Wegerleichterung setzt der „schwarze Kerl" seine „Flussbegehung" auf der anderen Straßenseite weiter fort. Man kann schon die lustigsten Tierbeobachtungen auf den Reisen erleben. So zum Beispiel, wenn das freche Eichhörnchen einen das Frühstückshörnchen vom Camping-platztisch „klaut", der Weißkopfseeadler das Wohnmobildach als „Jagdsitz" verwendet oder sich Meister „Petz" direkt vor der Eingangstür des Wohnmobils zum Nachmittagsschläfchen niederlässt.

Terrace ist die nächste größere Stadt, die wir auf dem Highway erreichen. Nach dem trüben und sehr regnerischen Wetter entlang der Küstenregion genießen wir die wärmenden Sonnenstrahlen, die uns um die Mittagszeit der aufreißende Himmel herunterschickt. Auch das muss einmal sein. Einfach einmal sämtliche Glieder strecken. Der Rücken könnte ein paar „Minütchen" Pause vertragen. Jedoch sind die relativ langen Fahrstrecken bei weitem nicht so anstrengend und nervenaufreibend wie etwa auf Deutschlands Auto-bahnen. Schließlich haben wir jetzt wieder jede Menge Zeit und sind nicht mehr so „eng angebunden" wie auf unserer Fährtour entlang der Küste Alaskas.

CASSIAR HIGHWAY, DIE STRASSE DER WILDNIS LEBT NOCH HEUTE

„North to Alaska" steht am Beginn des legendären Cassiar Highways, den wir an der Kreuzung der kleinen Indianersiedlung Kitwanga erreichen und nun folgen werden.

Der 740 Kilometer lange Highway ist zwischenzeitlich an den meisten Stellen geteert und hat deshalb in seinem „Flair", als Straße der Wildnis bezeichnet zu werden, etwas eingebüßt, aber die landschaftlichen Höhepunkte und das sehr hohe Wildvorkommen, speziell an Schwarzbären, sorgen für unvergessliche Natur- und Abenteuererlebnisse in Nordkanadas und Alaskas Weite.

An der Kreuzung befindet sich eine Tankstelle. Hier machen wir den Tank unseres Motorhomes restlos voll. Dies ist auch zu raten, denn die Versorgung entlang des Highways in Form von Tankstellen und Raststätten ist sehr rar gesät.

Es ist der 15. September, die lästigen Stechmücken haben sich durch die Nachtfröste nun endgültig verkrochen. Dafür zeigt sich der Indian Summer inzwischen in seinen schönsten Farben. In einem bunterkunten Farbenkostüm aus gelben, roten, braunen und dunkelgrünen Farbtönen leuchtet uns der grenzenlos scheinende Wald entlang des Highways entgegen. Er bietet uns ein famoses und kontrastreiches Farbenspiel zum weißblauen Himmel. Nach wenigen Fahrkilometern führt eine Seitenstraße, welche in einem zivilisierten Land wie Deutschland nur als besserer Feldweg bezeichnet werden würde, zu einer kleinen Indianersiedlung.

Das Indianerdorf Kitwancool beheimatet schöne Totenpfähle und zeigt aber anhand der teilweise verfallenen Holzhäuser-Ruinen den mangelnden Lebensmut von Kanadas Urbevölkerung. Die kleinen Indianerkinder haben jedenfalls noch keine Sorgen, zu sehr scheinen sie schon mit den „weißen" Lebensgewohnheiten konfrontiert. Dies dokumentieren zum einen die riesigen Satellitenschüsseln auf den wackligen Dächern der Häuser und zum anderen die motorisierten „Four-Wheelers", mit denen die älteren Kinder durch die Gegend „blasen". Sie winken uns mit einem herzlichen Lächeln zu und haben im Gegensatz zu ihren Opas und Omas die schlechte Seite des „weißen" Mannes", als dieser ihr Land beraubte, ihr Volk fast ausrottete und die wenigen Überlebenden versklavte, um sich anschließend an den vorhandenen Bodenschätze zu bereichern, noch nicht kennengelernt. Speziell im Yukon Territory sind wieder viele Teile der indianischen Urbevölkerung zugesprochen worden, welche sie auch selbständig verwalten und Unterstützung durch indianische Abgeordnete innerhalb der kanadischen Regierung finden. Aber Alkohol und der pünktliche Eingang des „Wohlfahrtschecks" treibt nur wenige Indianer zu ihrer gewohnten Lebensweise zurück, wo sie noch vom Fallenstellen und vom Lachsfang das Überleben der Familien und des ganzen Volkes sicherstellen mussten.

Wir überfahren die Brücke zum Hanna Creek. Im Bach sehen wir laichende Rotlachse. Frische Bärenspuren verraten, dass auch Meister Petz sein Jagdrevier hier hat. Thomas und Karlheinz filmen das Naturphänomen. Eingebettet in ein herrliches Landschaftsbild liegt der Meziadin Lake Pronvicial Park mit Campingplatz. Überall weisen Schilder auf Bären hin. Ein „Gefängniswagen" für lästige Bären, die sich wiederholt auf den Campingplätzen den Menschen zeigen und ihnen dabei oftmals einen ungewollten Schrecken einjagen, steht neben den Müllcontainern parat. In diesen werden die zu neugierigen Petze, die zuvor von den Rangern der Parkverwaltung mit „Narkose-Patronen" betäubt wurden, in für Menschen unzugänglichere Landschaftsabschnitte transportiert.

Die meisten Touristen hat der kurz bevorstehende Winter aus diesen nördlichen Teil Kanadas bereits vertrieben. Nur noch ein Camperfreund hat

sich mit seinem Allrad-Jeep und Zelt in einiger Entfernung von uns niedergelassen.

Der Tag ist schon wieder fast zu Ende, dies zeigt die immer tiefer fallende
Sonne im Südwesten. Es wird Zeit für uns, Holz für ein wärmendes Lagerfeuer
zu besorgen und das Abendessen vorzubereiten. Nach einem wohlschmeckenden Nudelgericht sorgt noch eine heiße Tasse Kaffee am knisternden
Feuer für „innere Wärme".

In dieser schon recht späten Jahreszeit fällt das Thermometer deutlich unter
den Gefrierpunkt. Wir sind froh, als wir uns nach dem lästigen Abwasch in
unsere dicken Schlafsäcke verkriechen können.

Auch am nächsten Tag sendet uns „Petrus" ein „Bilderbuchwetter". Wir
folgen an der Meziadin Kreuzung links der Straße nach Stewart und Hyder in
Alaska. Nach wenigen Fahrkilometern sehen wir wieder einen dieser
„schwarzen Kerle". Es sollten noch viele entlang des Cassiar Highways folgen.
Ein Schwarzbär lässt sich das frische Gras unmittelbar am Straßenrand mit
lautem Schmatzen wohlwollend schmecken. Bis auf fünfzehn Meter
„Sicherheitsabstand" nähern wir uns dem Tier. Was sind das für Drei? Dies
mag sich der Bär beim Anblick der mit Fotoapparaten und Videogeräten aus-
gerüsteten neugierigen Wesen wohl denken.

Jedenfalls findet „Meister Petz" das Beobachten seiner „Fressens-
Charakterien" nicht so schön und lässt sich kurzerhand ins schützende Dickicht
zu einem Schläfchen nieder. Wir setzen unsere Fahrt fort und kommen schon
nach wenigen Kilometern zum nächsten Höhepunkt. Die mächtige eisblaue
Eiszunge des Bärengletschers reicht beinahe bis zur Straße heran. Es ist schon
immer ein besonderes Erlebnis, die gigantischen „Eisschränke" Alaskas zu
bewundern. Nach weiteren schnell vorübergehenden 35 Kilometern erreichen
wir die Stadt Stewart am Pazifik. Die Stadt interessiert uns eigentlich wenig.
Wir haben für heute ein anderes Ziel vor Augen und fahren daher ohne
Unterbrechung zur kanadisch/alaskanischen Grenzstation. Diese ist gar nicht
besetzt und nur wenige Meter weiter beginnt der Ortseingang von Hyder, der
wohl urigsten Geisterstadt Alaskas.

Manchmal wohnen hier bis zu 75 Personen, aber das ist sehr unterschiedlich.
Mit drei Saloons kann die Stadt, die eigentlich nur aus einer Straße besteht,
aufwarten. Diesen Umstand nutzen gerne die kanadischen Bürger von Stewart
für einen kurzen Grenzübergang, um im etwas „alkoholfreundlicheren" Alaska
gerne mal einen über die sogenannte Schippe zu trinken. Die berühmteste
Kneipe ist dabei das Glacier Inn. In dieser Gaststätte kann man einen Dollar-
schein mit seiner Anschrift versehen und an den schon zig vorhandenen
Scheinen mit einem Tacker an die Wand befestigen. Um immer „flüssig" zu
sein, hatten früher die Minenarbeiter diesen etwas ungewöhnlichen Brauchtum
in der Kneipe eingeführt, mit dem Hintergedanken, sich auch in schlechteren
Zeiten einen Drink genehmigen zu können.

Der Wirt der Kneipe schenkt außerdem einen hochprozentigen „klaren Schnaps" aus, der bei merklich gutem Bekommen ein „Überlebungs"-Zertifikat einbringt. Leider ist es für uns noch etwas zu früh am Tag zum kräftigen Umtrunk und wir verzichten deshalb gerne auf das Zertifikat. Wie sich nur wenigen Minuten später als höchst vernünftig herausstellen sollte. Etwa 150 Meter nach dem Glacier Inn führt rechts eine Straße zu zwei absoluten Höhepunkten einer Reise nach Kanada und Alaska.

Hyder, einer der urigsten Geisterstädte Alaskas

GRIZZLYS AM FISH CREEK UND DIE MÄCHTIGE EISZUNGE DES SALMON GLETSCHERS

Nach guten fünf Kilometern Fahrt auf der recht „löchrigen" Staubstraße erreichen wir den Fish Creek. Ab Ende Juli bis Ende September laichen hier unzählige Hunds- und Buckellachse. Kurz hinter der Brücke bestehen auf der linken Seite Parkmöglichkeiten für Fahrzeuge. Besonders mit Beginn der Däm-merung bestehen hier optimale Chancen, Schwarzbären, vereinzelt sogar gewaltige Grizzly-Bären, beim Lachsfang aus aller kürzester Entfernung beobachten zu können.

Es ist in den frühen Nachmittagsstunden, als wir den Fish Creek erreichen. Nach einem halbstündigen erfolglosen Warten auf die Bären beschließen wir, die steile Bergtour hinauf zum Salmon Gletscher zu unternehmen. Es ist eine recht waghalsige Strecke und besonders für größere Fahrzeuge nur bedingt geeignet. Bei schlechtem Wetter, wenn die sehr kurvenreiche und schmale Berg-straße auch noch glitschig und schmierig ist, sollte man auf eine Fahrt besser verzichten. Die Ausblicke während der Strecke hinauf zu einer der mächtigsten Gletscher Alaskas sind überwältigend. Aber auch die Gewissheit, mit dem nur kleinsten Fahrfehler in mehrere hundert Meter Tiefe abzustürzen und dann, falls man es tatsächlich überleben sollte, tage- oder wochenlang auf Hilfe warten zu müssen, lässt bei mir schon einige Tropfen Angstschweiß auf der Stirn erscheinen und das Gefühl vom vollkommenen Glück in weite Ferne rücken.

Immer wieder sehen und hören wir mit einem donnernden Rauschen die schmelzenden Gletscherwasser an den steilen Berghängen in wunderschönen Wasserfällen ins Tal hinunterschießen. Auch einige Bachläufe haben sich in zig Jahren den Weg ins Tal regelrecht freigespült. Durch den fast wolkenlosen Himmel haben wir Glück und können fast die komplette, über siebzig Kilometer lange Eiszunge des Gletschers, in vollen Zügen bewundern.

Ein einmaliges und unvergessliches Naturerlebnis. Wie schnell sich das Wetter hier im Norden ändern kann, merken wir Drei wieder einmal in diesem Moment. Urplötzlich hat sich ringsherum eine dichte Nebelbank aufgebaut. „Los, es wird Zeit für uns!" Die Worte zur Umkehr folgen von mir prompt. Mit einem leicht mulmigen Gefühl treten wir die Rückreise mit unserem Wohnmobil an. Vor allem Thomas auf der Beifahrerseite möchte beim Anblick des tiefen Abgrundes am liebsten zu mir auf den Schoß flüchten und sich somit von einem eventuellen Sturz in die Gletscherschlucht schützen.

Zum Glück habe ich den guten „Klaren" im Glacier Inn abgelehnt. Die „Fahrerei" ist wirklich nicht zum Spaßen und obendrein durch die dichte „Nebelsuppe" muss ich wirklich eine höchst konzentrierte Fahrweise an den Tag legen.

Aber glücklicherweise haben unsere Bremsen nicht versagt und wir sind ohne größere Probleme zum Fish Creek zurückgekehrt.

„Die Bären kommen meistens erst in der Dämmerung", dies erklärt uns Parkrangerin Jodie, welche zusammen mit zwei Kollegen die Überwachung der Bären und deren Interessenten in Form von begeisterten Naturfilmern- und fotografen oder Touristen durchführt.

Mit geballter Spannung, es könnte ja zu jeder Zeit einer dieser mächtigen braunen oder schwarzen Kerle aus den Gebüschen hervortreten, harren wir geduldig am Fluss aus. Es bewegt sich lange Zeit nichts. Aber dann sprintet ein mächtiger Grizzly im guten Tempo in der Mitte des Bachlaufes direkt in Richtung Brücke zu.

Es ist ein schwarzer Grizzly, nichts ungewöhnliches, wie wir aus Gesprächen erfahren sollten. Wenige Minuten später tritt ein etwas kleinerer brauner Grizzly in den Bach, um auf Lachsfang zu gehen. In den merklich dunkler werdenden Abendstunden trauen sich auch noch zwei jüngere Schwarzbären an den kleinen Fluss. Das Beobachten der mächtigen Bären, der Herrscher der kanadischen und alaskanischen Wildnis, ist immer ein besonderes Erlebnis, dass man in seinem ganzen Leben nicht vergessen wird. Wenn sie auch manchmal etwas tolpatschig wirken, sind ihre ungeheuren Kräfte und messerscharfen Pranken in der gesamten Tierwelt gefürchtet und machen sie daher ohne Einschränkung zu den „Königen des Nordens".

Wir fahren nun die wenigen Kilometer zurück bis Hyder, um dort auf den privaten R&V Campground ein geeignetes Nachtlager zu finden. Mit vielen tollen Urlaubserlebnissen, die nochmals lebhaft an der wärmenden Feuerstelle diskutiert werden und die Vorfreude auf den nächsten Morgen, an dem wir selbstverständlich nochmals bei den Bären vorbeischauen, neigt sich auch dieser wunderschöne Tag langsam seinem Ende.

In dieser Nacht finde ich nur zu einem unruhigen Halbschlaf. Zu aufgewühlt bin ich von den vielen abenteuerlichen Erlebnissen vom abgelaufenen Tag. „Bären, immer wieder Bären!" Beim Verlassen des Campers in Richtung Toilettenhäuschen mache ich mir meine Gedanken. Nur mit einer Taschenlampe „bewaffnet" traue ich mich in die Dunkelheit.

„Halt, was ist da?" Tatsächlich, ein Bär hat nur wenige Schritte von unserem Camper entfernt einen ordentlichen „Haufen" abgesetzt.

Schnell lege ich den Rückwärtsgang ein und benutze in dieser Nacht ausnahmsweise die Toilette im Wohnmobil. Froh und erleichtert bin ich, als ich die Wagentüre des Campers hinter mir schließe. Auf eine unliebsame Begegnung mit einem Bärenriesen kann ich getrost verzichten. Die durchwühlten Abfalltonnen sollten am nächsten Tag den Beweis für den Bärenbesuch liefern.

Der neue Tag beginnt windstill und sonnig. Wie bereits ausgemacht, geht es gegen 10 Uhr vormittags, gestärkt mit einem ausgiebigen Frühstück, nochmals auf der staubigen Schotterpiste zu den Bären am Fish Creek. Und wir haben nochmals Glück. Wir bekommen um die Mittagszeit einen kapitalen Schwarzbären und wenige später einen gut 700 Pfund schweren Grizzly maßgerecht vor die Auslöser unserer Film- und Fotoapparate.

„Es ist schon echt Klasse, da fährt man einige Minuten mit dem Fahrzeug und ist dann quasi von Bären umringt!" Meine beiden Reisekollegen geben mir mit einem Nicken die Bestätigung meiner Äußerung. Auch in Alaska, dem Land der Bären, gibt es nur wenige Plätze, wo man die großen Landraubtiere wie auf Bestellung termingemäß vor die Nase präsentiert bekommt.

„Wie wäre es mit einem Telefonanruf nach Hause?" Thomas hat Recht. Sein Schwager feiert heute Geburtstag. Ein guter Grund, mit unseren Lieben zu Hause zum erstenmal seit Reisebeginn in Kontakt zu treten.

In der Nähe des Post Offices von Stewart finden wir eine Telefonzelle, wo wir nacheinander in längeren Gesprächen unsere Glückwünsche übermitteln und zusätzlich über unsere bisherigen Reiseerlebnisse berichten.

Bei einer Fahrt auf dem Cassiar Highway ist ein Abstecher nach Hyder, auch wenn sich einmal keine Bären am Fish Creek blicken lassen sollten, unbedingt empfehlenswert. Nun man hat nicht nur optimale Chancen, Bären in ihrem natürlichem Lebensraum beobachten zu können. Nein, die herrliche Landschaft mit ihren schneebedeckten Berggipfeln, glasklaren Flüssen und wundervollen Gletschern wird jeden Besucher dieser Region bestimmt überzeugen.

Es geht wieder in Richtung Norden. „North to the Future", im Norden ist die Zukunft, hieß noch ein richtungsweisender Spruch vor wenigen Jahren. Gemeint waren die Ölfunde, das „braune" Gold des 21. Jahrhunderts. Unser heutiges Etappenziel ist der Kinaskan Lake Campingplatz. Am Hodder Lake machen wir eine kurze Zigarettenpause. Auf der gut 100 Kilometer langen Fahrtstrecke von der Meziadin Kreuzung bis hierher haben wir bereits vier Schwarzbären entlang des Highways zu Gesicht bekommen.

Dabei einem wunderschönen Kerl an der Spruce Creek Brücke. Ein „Meister Petz" wie aus dem Bilderbuch, mit herrlich glänzendem schwarzen Fell und drolligen, leuchtenden, kleinen Augen.

Kein Lüftchen regt sich, wunderbar spiegeln sich die umliegenden Berghänge naturgetreu und gestochen scharf in der glatten, bläulichen Wasseroberfläche des Sees. Ein schönes Foto als Urlaubserinnerung ist gewiss. Immer wieder verraten die Luftringe an der Oberfläche die kleinen, nach Mücken jagenden Regenbogenforellen. Thomas versucht sich erfolglos beim Fischen auf die Forellen.

Wir setzen unsere Fahrt fort. Nur wenige hundert Meter später spaziert eine Schwarzbärfamilie über den Highway. Wir können sie noch einige Minuten am Straßenrand beobachten, bevor sie ein vorbeirauschendes Auto ins dichte, mannshohe Waldgestrüpp vertreibt.

Typische deutsche Hausmannskost mit Bratwürste und Sauerkraut steht für den heutigen Abend auf dem Speiseplan. Jetzt, Mitte September merkt man es gewaltig, es wird mit jedem Tag merklich früher dunkler. Die Sonne versinkt schnell am Himmel. Mit ihr verschwinden auch die vielen bunten herbstlichen Farben, die wir noch von unserem Stellplatz aus vor wenigen Minuten rings-herum bewundern konnten.

Am Lagerfeuer nehmen wir nach unserem deftigen Abendessen das Geräusch einer Glocke in der Dunkelheit wahr. Eine Gruppe Pferde kommt in flotten Galopp an unserem Stellplatz vorbei. Unglaublich aber wahr. Einen Menschen, der die Tiere führt, haben wir nicht wahrgenommen. Anscheinend wissen aber die Pferde, wo ihr Zuhause ist. Die markanten Glockentöne des Leitpferdes sind jedenfalls noch lange wahrzunehmen, ehe sie im dunklen Nichts verstummen.

Heute haben wir bisher unsere längste Etappe zurückgelegt. Über 400 Kilometer Fahrtstrecke haben wir hinter uns gelassen. Der schönste und bisher wärmste Urlaubstag steht uns am nächsten Tag bevor.

Für Wanderer ist der Mount Edziza Park und der Spatsizi Plateau Wilderness Park wie geschaffen. Beide Parks sind von der Straße aus nicht zugänglich, erklärt uns Parkrangerin Susanne, die wir in den Morgenstunden auf dem Campingplatz antreffen. Verständigungsprobleme gibt es überhaupt keine. Susanne ist Österreicherin, ebenso ihr Mann, mit dem sie zusammen für den Kinaskan Lake Pronvincial Park mit Campingplatz verantwortlich ist. Dazu gehört auch das Überwachen der Campingfreunde, dass diese auch die Gebühren bezahlen, sowie das Säubern der Toilettenhäuschen und die Fürsorge, dass für die Camper genügend trockenes Holz für ein wärmendes Lagerfeuer zur Verfügung steht. Heute lassen wir es deutlich ruhiger angehen. Der Tag ist viel zu schön, als ihm im Wohnmobil zu verbringen. Am Mighty Moe's Place am Dease Lake möchten wir uns ein Kanu mieten um bei diesem herrlichen Wetter einfach ein bisschen zu relaxen und vielleicht auch etwas zu fischen. Für die 150 zu fahrenden Kilometer benötigen wir nicht einmal zwei Stunden. Es herrscht wunderbares Herbstwetter. Das wärmende Hemd ist schon längst ausgezogen. Ein kurzärmeliges Shirt reicht bei diesen milden Temperaturen auf alle Fälle aus. Schon gegen 12 Uhr mittags treffen wir auf dem Campingplatz ein. Wir können uns in aller Ruhe den schönsten Stellplatz direkt am Seeufer aussuchen. Traumhaft schön ist es hier. Der bärtige und „gut genährte" Tom ist eigentlich nur Gast, trotzdem stellt er uns sein eigenes Kanu zur Verfügung, weil die Inhaberin der Anlage unterwegs ist und erst in den frühen Abendstunden zurückkehren wird.

Wir haben keinerlei Erfahrung im Kanufahren. Karlheinz möchte sich auf seiner Art etwas entspannen und das heißt, seinen neu angefangenen Western-roman weiterzulesen und auf den Augenblick zuwarten, bis die Augenlider zum Nachmittagsschläfchen schlapp machen.

Ohne jegliche Paddelerfahrungen setzen sich Thomas und ich in das wackelige Boot. Aber für das erste Mal klappt es schon gut mit uns Zweien im Kanu.

Karlheinz hat uns vom Ufer aus gefilmt. Wahrscheinlich hatte er sich auf actionreiche Aufnahmen gefreut, wie zwei deutsche Urlauber luftringend nach dem Kentern ihres Kanus nach Hilfe und Rettung rufen. Hierbei mussten wir ihn allerdings schwer enttäuschen. Bei diesen Temperaturen kommen wir sehr schnell ins Schwitzen. Das vorgelegte Tempo halten wir aber bis zum etwa einen Kilometer entfernten Bacheinlauf durch.

Wir folgen dem kleinen Fluss und fangen mit unseren Spinnern (Kunstköder) einige arktische Äschen, die aber für die Bratpfanne viel zu klein sind. Ein für Menschen sehr seltenes Naturschauspiel ist uns an diesem Tage noch sicher. Biber, schwer beschäftigt beim „Hausbau", ziehen vollbeladen mit riesigen Ästen nur zwei, drei Meter an unser ruhig treibendes Kanu vorbei. So ein Ärgernis, Foto und Video sind natürlich im Wohnmobil. Zu wenig haben wir uns dieses Mal selber zugetraut. Die Angst vom Kentern des Kanus und damit den Verlust der teuren Geräte hielt uns davon ab.

Was für tolle Aufnahmen hätte das wohl gegeben!! Zurück von unserer kleinen Kanutour lernen wir Erwin kennen. Erwin lebt schon seit über 25 Jahren auf Vancouver Island. Er ist zusammen mit seinem Sohn Mike, Tochter Anne und seinem frisch aus Deutschland eingeflogenen Bruder Gerhard auf Elchjagd. In den frühen Morgenstunden wollen sie dabei mit ihren Booten den Dease River hinunterfahren.

Erwin erzählt uns bei einem Gläschen Whisky, dass es Mighty Moe`s Place eigentlich gar nicht mehr gibt. Der Besitzer (Mighty) wurde nach einem handfesten Streit mit führenden Politikern ins Irrenhaus eingeliefert, wo er wenig später starb. Er wollte einem neuen Straßenbebauungsplan nicht zustimmen und fuhr kurzerhand die über 2 000 Kilometer bis zum Regierungsgebäude in die Stadt Victoria auf Vancouver Island, um sich mächtig bei den führendsten Persönlichkeiten des Landes „auf seine Art" zu beschweren.

Dies bekam ihm nicht so gut und deshalb ereignete ihm dieses Schicksal. Laut Erwin sei Mighty ein gutmütiger Kerl gewesen, jedoch hatte er schon seine „Aussetzer". Heute erinnern nur noch die alten Holzcabins an ihn. Mighty war nicht viel größer als einen Meter fünfzig. Bei der Bauweise der Cabins beachtete er nicht, dass es auch noch deutlich größere Menschen als ihn auf dieser Welt gibt. Nur mit gebückter Haltung kann ich eines der Holzcabins von innen inspizieren.

Auch das Sammeln von Radkappen, die er zu Hunderten an das Office-Gebäude zimmerte, war eine einmalige Charaktere von Mighty.

An diesem Abend wird es bitterkalt. Am lodernden Lagerfeuer schmausen wir unsere Steaks. Das gegrillte Fleisch ist wunderbar zart und köstlich. Durch die sinkenden Temperaturen brauchen wir ein großes und wärmendes Feuer, um den sternenklaren Himmel zu bewundern. Das Sammeln von trockenem Feuerholz stellt kein Problem dar.

Anscheinend wurde erst kürzlich eine alte Holzbarracke auf dem Campingplatz in Kleinholz verwandelt. Jedenfalls liegen die hölzernen Überreste auf einem großen Haufen zusammen. Zum Glück können wir uns zur Nachtruhe in unserem Motorhome zurückziehen. Die verführerischen Düfte der gebrutzelten Steaks dürften jeden Bären aus einem Umkreis von zwanzig Meilen anziehen.

Erinnerungen an Mighty

In der herrlich warmen Morgensonne ist wieder einmal eine gründliche Körperreinigung angesagt. Die Benutzung der Dusche mussten wir extra bezahlen. Kein Wunder, warmes Wasser wird durch ein schnurrendes Benzinaggregat aus einem Wasserdepot gewonnen. Die bekannten Wohlgerüche der Zivilisation mit Deorollern- und Sprays, Rasierwasser und Haarshampoo werden an diesen Tag, nach mehreren Tagen des Verzichts, von uns allen Dreien wieder einmal gerne wahrgenommen.

Die letzten Kilometer des Cassiar Highways liegen im Anschluss an. Mit einem Abstecher zum wunderschön gelegenen Boya Lake Provincial Park mit Campingplatz und dem Beobachten von weißen Bergziegen an der Grenze Britisch Kolumbiens zum Yukon Territorium erreichen wir die Kreuzung zum Alaska Highway. Wir setzen unsere Reise in westliche Richtung nach Watson Lake fort. Watson Lake ist die erste kleine Siedlung, welche der berühmte Alaska Highway auf seinen „Marsch" in den hohen Norden erreicht.

Cassiar Highway, 750 Kilometer durch fast menschenleere Wildnis

ALASKA HIGHWAY, DIE LEBENSWICHTIGE VERKEHRSADER FÜR DIE MENSCHEN IM HOHEN NORDEN

Es dauert nur eine gute halbe Stunde, bis wir von der Kreuzung des Alaska Highways die Kleinstadt Watson Lake erreichen.

Der Begriff „Stadt" ist deutlich überzogen. Es handelt sich viel mehr um eine langgezogene Straße, an denen alle Versorgungseinrichtungen wie Tankstellen, Lebensmittelmärkte, sowie Polizei, Feuerwehr und Krankenhaus in unmittelbare Nähe an den Highway kreuzen. In Kanada nennen sie diese Art „Strip Town", weil alles an einem Streifen am Highway angeboten wird.

In einem enormen Tempo wurde im Jahre 1942 der legendäre Alaska Highway sprichwörtlich aus dem Boden gestampft. Fast 2 500 Kilometer erstreckt sich die auch heute noch wichtigste Verbindung des Nordens von Dawson Creek in Britisch Kolumbien bis nach Fairbanks im Herzen Alaskas. Mit Bulldozern arbeiteten sich mehr als 30 000 kanadische und amerikanische Soldaten durch praktisch unberührte Wildnis vorwärts.

Der Grund war nach dem Angriff der Japaner auf Pearl Harbor eine drohende Invasion japanischer Streitkräfte in Alaska zu begegnen. Die Straße wurde in Kanada und Amerika während des zweiten Weltkrieges als Meisterwerk der Technik deklariert. Bis zum Jahre 1948 war der Highway nur für Militärfahrzeuge freigegeben.

Seither ist die „Alcan" eine lebenswichtige Verkehrsader für die Menschen im hohen Norden Kanadas und Alaskas. Heute ist die Straße an den meisten Stellen asphaltiert und hat durch das viel höhere Verkehrsaufkommen viel vom früheren Abenteuercharakter eingebüßt.

Eine Top-Attraktion von Watson Lake ist sein berühmter „Sign Forest Park". Einst hatte hier ein heimwehgeplagter Soldat beim Bau des legendären Highways das Schild seines Heimatdorfes an einem Holzbalken gezimmert. Tausende machten es ihm nach. So auch wir.

Thomas hatte bereits lange vor Reiseantritt die Idee. Von einem guten Bekannten ließ er sich zwei große Metallschilder anfertigen. Diese sind mit dem Namen unseres Heimatdorfes, Landkreises und Bundeslandes „Bayern" beschriftet. Thomas hat einfach an alles gedacht. Sogar die passenden Nägel hat er bereits zu Hause in seine Reisetasche gepackt. Mit der Axt ist es für uns kein Problem, die Schilder rasch zu befestigen. Ein paar Schnappschüsse fürs Reisealbum und wir haben ebenfalls unsere „Spuren" im Schilderwald von Watson Lake hinterlassen. Übrigens hängen heute mehr als 45 000 Schilder aus allen Herren Länder im Sign Forest Park von Watson Lake.

Sign Forest Park in Watson Lake, Alaska Highway

ROBERT CAMPBELL HIGHWAY, IM ZAUBER DER TANZENDEN POLAR-LICHTER

Die Fahrt auf dem einsamen Robert Campbell Highway ist immer noch ein Abenteuer für sich. Diese zumeist ungeteerte Schotterpiste verbindet Watson Lake mit dem Klondike Highway wenige Kilometer nördlich von Carmacks. Der Highway ist fast 600 Kilometer lang und führt durch menschenleere Wildnis, aber besonders viele landschaftliche Reize hat der Highway im Gegensatz zum Cassiar Highway nicht zu bieten.

Sehr spät am Abend finden wir am Hoole River einen geeigneten Standplatz für unser Wohnmobil. Sternenklar präsentiert sich der Himmel in dieser Nacht. Mit rasanter Geschwindigkeit spannt sich ein hell beleuchteter Bogen über uns. Dieser setzt sich mit herrlich grünleuchtender Farbe in Bewegung. Es scheint, es würden Unmengen von grünen Leuchtraketen „abgefeuert".

Wir erleben den „Zauber" unseres ersten Nordlichtes, ein einzigartiges und unvergleichliches Naturschauspiel, dass jedes noch so schöne und teure Feuerwerk in den Schatten stellt.

Fast andächtig schweigend folgen unsere Augenpaare wortlos dem bunten Treiben am jetzt hell beleuchteten Himmel.

Aus naturwissenschaftlicher Sicht wird die Erscheinung des Nord- oder Polarlichtes mit der durch die Sonne ausgehenden Strömung von elektrisch aufgeladenen Teilchen, die beim Auftreffen auf das Magnetfeld der Erde in Richtung Nord- und Südpol abgelenkt werden, erklärt.

Zumeist ist dieses Naturphänomen, die Aurora Borealis, in gelblichgrünen Farben am Himmel zu bewundern. Aber auch violette und rötliche Farbtöne kennzeichnen dieses einmalige Schauspiel des Nordens.

„Das ist wirklich toll!" Thomas geht es genauso wie mir. Wir sind regelrecht geblendet von diesem Naturschauspiel. Was hatten wir nicht alles schon auf unseren Reisen durch den hohen Norden erlebt. Aber der jetzige Moment stellte alles in den Schatten. Trotz der bitteren Kälte harren wir noch mehrere Stunden am Lagerfeuer aus und beobachten das „Treiben" der Nordlichter am sternenklaren Himmel.

Am darauf folgenden Tag um die Mittagszeit erreichen wir das Indianerdorf Ross River. Es kommt uns vor, als liege das Dorf am A.... der Welt. Das verrottete Autowrack neben dem „Orts- und Begrüßungsschild" charakterisiert unsere Einstellung zu der Gegend vollends. Kein Mensch ist auf den Straßen des kleinen Ortes zu sehen. Es scheint so, als hätten sie Angst vor den Neuankömmlingen. Erst am Ufer des Pelly Rivers sehen wir mit dem Fährmann ein erstes menschliches Wesen. Mit der Fähre kann man sich übrigens kostenlos auf die andere Uferseite des Flusses chauffieren lassen und seine Fahrt auf der North Canol Road, welche in die Nordwest Territoriums führt, fortsetzen.

Auf dem Rückweg vom Fluss machen wir in eine Seitenstraße eine Tankstelle aus. Dies ist wichtig. Der Zeiger der Tankuhr steht nur noch knapp über die letzte Drittelmarkierung. Seit Watson Lake, also auf einer Strecke von mehr als 450 Kilometern, ist hier die erste Versorgungsmöglichkeit.

Die Benzinpreise überraschen uns, sie sind nur geringfügig teurer als beispielsweise in Whitehorse. Größere Attraktionen hat die „Stadt" nicht zu bieten, jedenfalls finden wir keine, über die es sich zu berichten lohne. Wir verlassen die kleine Siedlung im „Nirgendwo".

Kurz hinter Ross River versperrt uns ein großer Radlader den Weg. Arbeiter sind mit der Verbreiterung des Schotterbelages beschäftigt. Als sie jedoch unseren großen Camper sehen, machen sie höflich Platz. Nur zwanzig Minuten später erreichen wir die Abzweigung zur South Canol Road.

„Water-Taxi" am Jackfish Lake, Robert Campbell Highway

SOUTH CANOL ROAD - 235 KILOMETER DURCH MENSCHENLEERE WILDNIS

Spektakulär beginnt die South Canol Road. Nicht nur landschaftlich, sondern auch von Seiten der Straße. „Kriminell" steil nach unten führt die enge und sehr kurvenreiche „Road" in niedere Regionen.

„Das muss ich festhalten!" Thomas packt seine Videokamera aus der Tasche. Das Automatikgetriebe habe ich fest auf den ersten Gang eingestellt. Nur im besseren Schritt-Tempo „rollt" unser schweres Gefährt den schmalen Bergweg hinunter.

„Wie lange ist die Strecke", fragt Karlheinz vorwurfsvoll nach vorne. „235 Kilometer", antworte ich ihm kurz und schmerzlos. „Das kann ja heiter werden", fügt Karlheinz auf meine prompte Antwort hinzu.

Wir können nur hoffen, dass auf der schmalen Straße nur ein geringer Gegenverkehr zu verzeichnen ist. 235 Kilometer durch die absolute Einsamkeit. Landschaftlich hat die Strecke deutlich mehr zu bieten als der etwas „langweilige" Robert Campbell Highway.

Der Indian Summer hat die Landschaft inzwischen „fest in der Hand". Vor uns liegt ein „gelbes Meer". Die unzähligen Bäume haben ein herrlich buntes Festgewand übergezogen. Einige Kilometer später wechselt die Landschaft. Der Wald lichtet sich, es erscheinen Tundraflächen in braunen und rötlichen

Farbtönen. Wie lange würde es noch dauern, bis die Landschaft von einer meterhohen Schneedecke überzogen wird? Die Temperaturen von den letzten Nächten geben den Anschein, dass es sich nur noch um wenige Tage handeln kann.

Groß war die Hoffnung bei uns allen Dreien, einen Elch, Karibu oder Bären während der Fahrt durch die Einsamkeit zu sehen. Aber nichts da, kein Anzeichen von „Tierleben" ist auf der ganzen Strecke wahrzunehmen. Bis auf ein verlassenes Jäger-Camp und zwei Straßenarbeitern, die uns in ihren Jeep entgegenkommen, ist auch keine „Menschenseele" im wahrsten Sinne des Wortes zu sehen.

„Was für Dimensionen!" In den letzten zwei Tagen sind wir fast achthundert Kilometer mit dem Camper gefahren. Keine zehn Autos sind uns dabei entgegengekommen. Diese Tatsache muss man sich einmal vor Augen halten. Auf einer Strecke fast so weit wie von München nach Hamburg. Zu Hause hätte ich schon bis zum Verlassen des Hofes eine größere Anzahl an Fahrzeugen zu Gesicht bekommen als hier im hohen Norden Kanadas auf dieser langen Strecke.

Auf einer leichten Anhebung, über der sich uns die arktische Tundralandschaft von allen Seiten in einem bunten, rötlichen Festkleid zeigt, stehen zwei ausgediente amerikanische Schulbusse.

Ein Anziehungspunkt sind die Busse wahrlich nicht, nein im Gegenteil, die Innenräume sind mit alten Zeitungen und Müll bis auf den letzten Zentimeter vollgestopft. Der Umgang mit Müll und die Vorsorgepflicht mit unserer Umwelt ist bei Amerikanern und Kanadiern bei weitem nicht so ausgeprägt wie bei uns im „engen" Deutschland.

Die einzigartige Natur und das weite endlos scheinende Land lässt sich durch ein paar verrostete „Autoleichen" und Zivilisationsmüll nicht so schnell vernichten. Diese Meinung teilen immer noch zu viele Einwohner dieser Länder.

Sie können den landschaftlichen Reichtum, den ihnen Gott in großem Maße „geschenkt" hat, nicht wirklich schätzen. Umwelt- und Naturschutz sind für diese Personengruppen leider noch Fremdwörter.

Mit der Ankunft am Alaska Highway bei Johnson Crossing ist das Durchrütteln unserer Glieder auf dem nun wieder gut ausgebauten und geteerten Highway bis zu unserer Ankunft in Whitehorse überstanden.

Nach unserer Campübernachtung auf dem „Trail of 98 Campground" in der Downtown von Whitehorse folgen wir in östlicher Richtung weiter dem Alaska Highway. Die Folgen eines riesigen Waldbrandes werden auf dieser Strecke sichtbar. Tausende Hektar Wald fielen vor Jahren einem großen Buschfeuer zum Opfer. Teilweise leuchten die verkohlten und schwarzen „Baumleichen" aus dem gelben, grünen und rötlich schimmernden Farbenkleid der neu

Nur ein „besserer" Feldweg, aber mit enormen landschaftlichen Reizen, die South Canol Road

entstandenen arktischen Tundraflächen heraus. An manchen Stellen hat die verheerende Feuerwalze alles kahl rasiert.

Die meisten Waldbrände werden durch Blitzschläge ausgelöst und sind ein ständiger Kreislauf der Natur, denn manche Pflanzen, Sträucher und Bäume des Nordens benötigen sogar die Macht des „Feuerteufels", um keimen zu können.

Wie der „verrückte" Einsiedler Mighty am Cassiar Highway scheint auch ein Bewohner in der kleinen historischen Siedlung „Champagne" das Sammeln von Radkappen als sein Hobby anzusehen. Jedenfalls umlagern Hunderte dieser silbergrauen Fahrzeugutensilien den gesamten Holzschuppen.

Dem Namen verdankt die Siedlung Jack Dalton, der hier für die Goldsucher auf dem Weg nach Dawson City eine Raststelle gründete. Nach einem erfolgreichen „Viehgeschäft" feierte er hier mit Französischem Champagner seinen Erfolg.

KLUANE NATIONAL PARK, EIN ERBE FÜR DIE MENSCHHEIT

Wir erreichen Haines Junction, das sogenannte Tor zum Kluane National Park, dem größten Naturreservat Kanadas. Dieser Park ist in einer der schönsten und abwechslungsreichsten Gegenden Kanadas und bietet Superlative. Die größten nichtpolaren Eisfelder der Welt mit Kanadas höchstem Berg, dem 6 095 Meter hohen Mount Logan, hinterlassen einen unvergesslichen Eindruck von der Weite und Größe des Landes. Nicht umsonst erklärte die UNESCO das Naturreservat mit seiner vergletscherten Bergwelt, welche an den Himalaja erinnert, zum World Heritage Site, zum Erbe der Menschheit.

Neben seinen Bergriesen, in dem der Winter ewig Einkehr hält, gehören Wald-, Seen- und Flusslandschaften ebenso zum kontrastreichen Landschaftsbild des National Parks. Auch begeisterte Tierfreunde kommen mit der vielseitigen und intakten Tierwelt und Kanadas größter Grizzly-Bären Konzentration bestimmt auf ihre Kosten.

Mit den Worten „Yukon, the Magic and the Mystery" wirbt der Yukon Travel Guide (Reiseführer) für abenteuerlustige Touristen. Schon viele Urlauber wurden „verzaubert" von der unglaublichen Schönheit des wilden und rauhen Landes.

So auch das Schweizer Ehepaar Eva und Beat Glanzmann, dass mit einem Blockhaus am Rande des Kluane Parks, 35 Kilometer südlich von Haines Junction an der Haines Road, eine neue Heimat fand. Mit ihren 25 Huskies führen die beiden lizenzierten Wildnisführer seit mehr als zehn Jahren ein verträumtes Buschleben in einer der schönsten Gegenden Kanadas.

Als Resultat ihres Lebensstils haben sie sich als Landschafts- Natur- und Tierfotografen etabliert und arbeiten für führende Bildagenturen.

Für Wohnmobil- und Individuellreisende, welche Abwechslung und ein einmaliges Naturerlebnis suchen, bieten die Glanzmanns geführte Wildnisaktivitäten an. Egal ob Jung oder Älter, Genießer oder anspruchsvoller Abenteurer, die beiden Kanada-Schweizer richten sich bei den Touren nach den Wünschen und Ansprüchen ihrer Gäste. Als Wildnisführer wollen sie bei Kanu-, Berg- und Bikingtouren, sowie Tierbeobachtungen und „Spurenlesen", dem Besucher die Schönheiten der „wahren" nordischen Wildnis zeigen.

„Bei uns gibt es alles zu kaufen was das Herz begehrt". Mit diesem Slogan wirbt der General-Store in Haines Junction. Tatsächlich scheint der Besitzer des roten Einkaufshauses von der Stricknadel über Gasflaschen bis zum Rennkajak dem Kunden alles anbieten zu können.

Von Haines Junction bis zu den Glanzmanns ist es nur noch ein „Katzensprung", wenn man die zurückgelegten Kilometer der vergangenen Tage als Maßstab nimmt.

In vier Sprachen lädt ein Husky auf dem hölzernen Werbeschild an der Haines Road zur Besichtigung seiner großen Familie ein.

Nur zweihundert Meter von der Haines Road entfernt erreichen wir das Blockhaus der Glanzmanns. Als wir mit unserem großen Motorhome vorfahren, öffnet sich die Eingangstür. Es ist Beat, ich hatte ihn mir eigentlich viel älter vorgestellt.

„Gruezi!" Per festen Handschlag begrüßen wir uns. Beat lädt uns zu einer Tasse Kaffee in sein Blockhaus ein. Auch die Huskies empfangen uns Neuankömmlinge mit einem lauten „Bell-Konzert".

Ein scharfer Blick und ein kurzer Aufschrei von Beat genügen, um die Meute zu besänftigen und wieder Stille einkehren zu lassen.

Wie uns der Schweizer „Auswanderer" im schönen, mollig warmen Blockhaus am Küchentisch mitteilt, ist seine Ehefrau Eva in Haines Junction zum Einkaufen. Neugierig fragt er uns über unseren bisherigen Reiseerlebnissen auf dieser Tour. Beat schlägt sein Album auf. Als Profifotograf zeigt er uns einige seiner schönsten Bilder. Besonders Stolz ist er auf sein Titelfoto für eine der größten amerikanischen Sportzeitschriften. Die keuchenden Huskies am Hundegespann machen Werbung für das Inditarod Rennen, eines der gefürchtetsten und härtesten Hundeschlittenrennen der Welt.

Nach dem netten Pläuschen verabschieden wir uns. Für die nächsten Tage wollen wir uns ein schönes Plätzchen am Kathleen Lake Campground suchen. Auch wollen wir nach Tagen des Verzichtes wieder einmal unsere Angeln auswerfen und es im Kathleen River auf arktische Äschen und Seeforellen probieren.

Der Campingplatz ist zwar im Gegensatz zu vielen anderen noch offiziell geöffnet, aber außer uns Dreien ist kein Mensch weit und breit zu sehen. Kein Wunder, es ist Ende September. Die Reisesaison ist fast vorbei. Die meisten Camperfreunde, falls sie überhaupt noch „on Tour" sind, sind seit Tagen in Richtung Süden unterwegs.

Es ist auch wieder einmal ein schönes Gefühl, die Angelrute in der Hand zu halten. Nach einigen erfolglosen Auswürfen mit einem kleinen Spinner kommt der Biss. Der Drill des Fisches in der recht starken Strömung des Flusses ist nicht ganz einfach. Aber schon nach kurzer Zeit sehe ich die stattliche „Fahne", die übergroße Rückenflosse einer arktischen Äsche. Im Yukon ist es an vielen Gewässern nur erlaubt, mit Angelhaken ohne Widerhaken zu fischen. So auch im Kathleen River. Trotzdem ist es für mich kein Problem, den wunderschön gezeichneten Fisch sicher zu landen. Fast 55 Zentimeter misst die Äsche, ein wahrlich kapitales Exemplar, was man auch im Yukon nicht alltäglich fängt. Thomas geht leer aus. Was sind das für neue Zustände, denke ich mir. Schließlich hatte er doch sonst immer das Glück auf seiner Seite in Sachen Fischerei regelrecht gepachtet.

„Ich bin ja gespannt auf Morgen!" Mit Beat haben wir für den morgigen Tag eine Kanutour auf den Kathleen Lake ausgemacht.

„Hoffentlich spielt auch das Wetter mit!" Die letzten Tage waren recht stürmisch. Oft fegte ein kalter Wind aus nordöstlicher Richtung über das Land. Aber solange es nicht regnet oder schneit sind wir schon zufrieden.

Der nächste Tag beginnt für die Jahreszeit recht freundlich und windstill. Ich freue mich schon riesig auf die Tour mit Beat. Gut gelaunt wird der Kaffee aufgesetzt und der Frühstückstisch vorbereitet. Auch wenn auf dieser Reise unser guter Geist „Chefkoch Hermann" fehlt, Hunger müssen wir nie leiden. Ich denke auch, dass sich Thomas und Karlheinz über meine Kochkünste nicht zu beschweren brauchten.

Pünktlich um 9 Uhr biegen wir von der Haines Road in die Zufahrtsstraße zu den Glanzmanns ein. Gespannt bin ich auch auf Eva, wurden wir doch in den vergangenen Wochen nicht gerade von gut aussehenden und wohl geformten Frauen „umzingelt".

Der erste Eindruck täuscht nicht. Eva ist eine lebensfrohe, temperamentvolle junge Frau. Dies ist auch nötig, um ein Leben im Busch und Wildnis auf längere Zeit zu bewältigen. Sie wünscht uns für den heutigen Tag viel Spaß und „Petri Heil", denn die Angelruten kommen mit ins Kanu. Mit Michael, einem Österreicher in unserem Alter bekommt unsere Gruppe Zuwachs. Er ist schon seit einigen Tagen bei den Glanzmanns und übernachtet im Gäste-Blockhaus. Wie er uns erzählt, war er im letzten Winter im Yukon. Die Hundeschlitten-touren durch die verschneite, weiße Winterlandschaft waren unvergessliche Erlebnisse. Nun ist er zurückgekehrt und macht, so wie wir, zum Abschluss seiner Reise einige Tage Aufenthalt bei den Glanzmanns.

Wir sind am Ufer des Kathleen Lakes angekommen. Zuvor haben wir uns die benötigten Lizenzen für das Fischen im National Park in der Kathleen Lake Lodge besorgt. Jeweils zu zweit heben wir die Kanus von der geräumigen Ladefläche des Pick-Up-Campers herunter. Auf unseren Schultern tragen wir die relativ leichten „Indianerboote" zum Ufer. In drei weiteren kurzen Trans-portgängen schaffen wir die gesamte Ausrüstung in Form von Paddeln, Schwimmwesten, Angelruten und Zubehör, sowie die Rucksäcke, welche in wasserdichten Säcke verpackt sind, zu unseren Ausgangspunkt der Tour.

Diese Kanutour sollte zu den abenteuerlichsten und waghalsigsten Unternehmungen auf all meine Reisen durch den hohen Norden werden. Mit mehreren „Trockenübungen" zeigt uns Beat, ein absoluter Profi im Kanufahren, wie sich später heraus stellen sollte, seine Art der perfekten Rudertechnik und Steuerung der Kanus. Bevor ich meine Fotokamera in dem wasserdichten Schwimmsack verstaue, schieße ich noch einige tolle Erinnerungsfotos von der wunderschönen umliegenden Landschaftskulisse.

Der See selbst mit seinem kristallklaren Wasser ist ein landschaftliches Juwel. Im Wasser tummeln sich Seeforellen und Kokanees, ein scheuer und nur schwer zu überlistender Süßwasserlachs. Unser Ziel ist der Goal River, der fast am anderen Ende des riesigen Bergsees seinen Zulauf hat. Beat meint, dort sei eine gute Stelle zum Fang von Lake Trouts (Seeforellen). Zu Beginn der Tour meint es der Wind noch recht gut mit uns „Kanuprofis". Aber mein Blick nach oben verrät es mir. Ein dichter, mit dunklen Wolken versehener Gürtel steuert auf uns zu. Von Minute zu Minute wird es böiger. Mit den Kanus bleiben wir sicherheitshalber nur wenige Meter vom Seeufer entfernt.

Unsere Muskulatur im Arm- und Brustbereich wird dabei ganz schön gefordert. Bei Beat sieht das viel einfacher und effektiver aus. Thomas, Karlheinz und ich sind wirklich sehr mit der Bändigung des Kanus beschäftigt. Wir versuchen mit harten Ruderschlägen das „Gefährt" immer auf den richtigen Kurs zu halten. Karlheinz bläst bereits ganz schön. Auf meine Frage: „Alles noch okay mit dir?", nickt er kurz mit angespannter Miene, ohne aber auch noch ein einziges Wort aus seinem Mund los zu werden. Nach fast zweistündigem Paddeln, immer im „Krieg" mit den entgegenkommenden Wellen, machen wir an einer ruhigeren Landzunge eine kurze Pause. Thomas probiert sich schon einmal beim Angeln. Für seinen knallroten Blinker scheinen die Seeforellen aber nicht das geringste Interesse zu zeigen. Nach einer Viertelstunde gibt Beat das Signal zum Aufbruch. Schnell nimmt Karlheinz noch den letzten Zug von seiner Zigarette, bevor er als letzter ins Boot steigt. „Nach der nächsten Biegung wird es ein bisschen problematischer. Hier hat der Wind noch eine größere Angriffsfläche auf den See!" Mit diesen Worten stimmt uns Beat „behutsam" auf das Fortsetzen unserer Kanutour ein. Unser Gefühl im Magenbereich wird immer flauer, als wir die weißen , hoch brechenden Wellen auf uns zukommen sehen. „Und da sollen wir mit diesen Nussschalen durch?" Karlheinz spricht geradewegs meine Gedanken heraus. Naja, wir wollten ja ein bisschen Abenteuerfeeling erleben. Mit immer kräftigeren Ruderschlägen versuchen wir gegen die Wellen anzukämpfen. Trotz größter Anstrengungen werden wir dabei einmal regelrecht gegen das Ufer geschleudert. Zum Glück können wir uns an einem ins Wasser ragenden dicken Ast abstützen und somit einen unnötigen und nicht eingeplanten „Landgang" vermeiden. Endlich, nach der nächsten Biegung scheint es so, als hätten wir den Einlauf des Goal Rivers in den See erreicht.

Beat bestätigt auch kurz darauf meine Vermutung, als er mit energischen Handbewegungen die Steuerung der „Indianerboote" auf das Ufer signalisiert. Am Ufer angekommen, werden unsere beiden Kanus in voller Länge ans Land gezogen. Um vom stürmischen Wind nicht davon geblasen zu werden, binden wir die keilförmig aufgestellten Boote mit einer Leine an eine benachbarte „Baumleiche".

Der Wind macht die Anglerei fast unerträglich. Nur mit größter Mühe gelingt es mir, mit dem „Sturmfeuerzeug" eine Zigarette anzubrennen. Anscheinend ist es auch für die Fische im Wasser zu stürmisch. Nur Thomas hat Glück und fängt eine herrlich gezeichnete, gut vierpfündige Seeforelle. „Macht nichts", denke ich mir. Schließlich hatte ich ja schon am gestrigen Tag mit dem Fang

Am Goal River im Kluane National Park

der wunderschönen arktischen Äschen im Kathleen River kräftiges „Petri Heil" gehabt.

Das Wetter wird immer schlechter. Selbst Wildnisführer Beat ist bei diesen extremen Windverhältnissen nicht ganz wohl zumute. Die Wellen im See nehmen inzwischen Formen an, wie ich sie bisher nur bei Ausfahrten mit Fischkuttern zum Hochseefischen auf der Ostsee erlebt hatte.

„Es ist besser, wir kehren schleunigst zurück", meint unser Führer.

Mit einem befreienden Nicken geben wir alle unser Einverständnis für den plötzlichen Aufbruch. Hatten wir bei unserer Hinfahrt noch gegen die starken und böigen Wind anzukämpfen, so ist er auf den ersten Teil der Strecke nun eine willkommene Rückenstärkung. Im flotten Tempo geht es auf die „Heimreise". Nicht das kräftige Rudern mit den Paddeln wird jetzt zur treibenden Kraft, sondern die sturmartigen Wellen. Nur selten werfen wir einen Blick auf die steilen Berghänge entlang des Ufers.

Wie uns Beat versichert, kann man hier mit etwas Glück schon einmal einen Grizzly zu Gesicht bekommen. Jetzt um diese Zeit lassen sich die Petze gerne die reifen Beeren schmecken. Das letzte Stück bis zur Stelle, wo wir unsere Fahrzeuge abgestellt haben, wird nochmals sehr kriminell. Die folgende Stunde

124

gehörte zu den schlimmsten und abenteuerlichsten Erlebnissen, die ich bisher auf meine Reisen erlebte. Der Wind verändert plötzlich seine Richtung. Er kommt nun aus Osten. Das heißt für uns, dass die Wellen jetzt nicht mehr von vorne oder von hinten auf uns zustürmen, nein sie brechen seitlich mit Urgewalt auf die Kanus zu. Das ist das Schlimmste, was beim Boot- und Kanufahren passieren kann. Lautstark gibt Beat vom anderen Kanu aus die Kommandos. Nur wenige Augenblicke später sind die beiden Boote mehr als hundert Meter auseinander.

Geballte Anspannung und Angst steht uns allen Dreien ins Gesicht geschrieben. Eine korrekte Steuerung, um das Kanu auf den richtigen Kurs zu halten, scheint nicht mehr möglich. Ein Wellenbrecher nach dem anderen erfasst unser Boot. Wir sind inzwischen alle tropfnass, doch für diese nebensächliche Begleiterscheinung bleibt uns keine Zeit, groß nachzudenken. Wenn wir tatsächlich kentern sollten, heißt es schleunigst mit allen Mitteln das Ufer zu erreichen, denn das eiskalte Wasser des Bergsees würde schon nach wenigen Minuten zu einem tödlichen Unterfangen werden.

Mehrmals befindet sich die „wacklige Nussschale" in gefährlicher Schräglage. Bedrohlich steht obendrein bereits das Wasser im Boot. Eigentlich sind wir alle Drei schon mit unseren Kräften am Ende.

„Ich bin fix und fertig", Karlheinz scheint zum falschen Zeitpunkt schlapp zu machen. War es ein Hilferuf, den der liebe Gott am Himmel erhörte? Jedenfalls dreht der Wind plötzlich. Er ist nun wieder ein willkommener Antriebsmotor für uns müden Krieger. Schnell meistern wir mit kräftigen und tiefen Ruderschlägen mehrere hundert Meter Strecke.

Nun endlich können wir aus der Ferne unsere Fahrzeuge am Ufer erkennen. „Los jetzt, die paar Meter packen wir auch noch!" Mit diesen Worten feure ich meine zwei „Bootskameraden" zum Weiterpaddeln an. Gegenseitig sprechen wir uns nun Mut zu, denn der Wind hat wieder zur bedrohlichen Seite gewechselt. Nun befinden wir uns in allerhöchster Gefahr, eine haushohe heranbrechende Welle hat einen „Volltreffer" gelandet.

Die letzten Meter zum sicheren und trockenen Ufer werden nochmals zu aufregenden Minuten des Bangens und Hoffens.

Wieder trifft eine Welle ins Volle.

„Noch so eine Breitseite, und wir sinken", ahnt Thomas schlimmes.

Mit scheinbar wütenden Attacken wirft der Wind die meterhohen Wellen im See auf die Uferböschung zu. Doch die Geschichte sollte ein Happy-End nehmen. Mit viel Glück und den Kräften vollkommen am Ende erreichen wir das Ufer. Uns ist einfach allen danach, uns gegenseitig zu umarmen. Wir haben es geschafft. Für uns wird es aber nun Zeit, nachdem wir die beiden Kanus auf den Pick-Up „windsicher" befestigt haben, unsere nassen Klamotten loszuwerden.

„Eine Tasse heißer Tee mit Rum täte jetzt nicht schlecht", meint Karlheinz.

Zum Glück dauert die Fahrt zum Blockhaus der Glanzmanns nicht also lange. Zwanzig Minuten später haben wir uns alle von den feuchten Sachen befreit.

Eva hat bereits den Kaffeetisch gedeckt. Genussvoll schlürfen wir den heißen und frisch gebrühten Kaffee in uns hinein.

Mit unserem Camper geht es wieder zurück zum Campingplatz. Eine zwischen den Bäumen befestigte Angelleine hat nun als Wäscheleine eine ganz neue Funktion eingenommen. Die nassen Hosen, Socken, Pullover und sogar unsere Caps werden mustergültig aufgehängt.

„Der starke Wind wird die Sachen in kurzer Zeit trocknen!" Karlheinz sollte mit dieser Behauptung recht behalten.

„Ich spüre ganz schöne Muskelschmerzen im Arm- und Brustbereich!" Mit den Worten: „Morgen wird bei der Bergwanderung ja nur der untere Körperteil beansprucht", t r ö s t e ich Karlheinz auf meine Weise.

„Ja, das gibt eine komplette Ganzkörper-Massage!" Thomas hat die Sachlage gut erkannt. Heute sind wir nochmals knapp am „Ersaufen" vorbeigekommen, morgen werden wir dann mit Steigeisen und Sicherungsseil den „Mount McKinley" besteigen.

Wir sind ziemlich schlapp, als wir am nächsten Morgen zu den Glanzmanns zurückkehren. Natürlich lassen wir uns dies in keinster Weise anmerken.

Wir sind ja hart gesottene Kerle, die das eine oder andere schon vertragen.

Mit Bergführerin Eva möchten wir den Gipfel des 2 450 Meter hohen Mount Decolais erklimmen. Wir haben „über Nacht" nochmals Zuwachs zu unserer Gruppe bekommen. Patrik, Ingenieur aus der Schweiz , begleitet uns neben „Össi" Michael bei der Bergtour.

Der Ausgangspunkt unserer Wanderung liegt etwa 20 Kilometer nördlich von Haines Junction am Alaska Highway. Ausgerüstet mit Bärenspray und Glöckchen führt die Wanderung zunächst durch arktische Tundralandschaft mit mannshohen und dichtem Buschwerk, welches sich durch den mittlerweile auf dem Höhepunkt befindlichen Indian Summer in einem besonders farbenfrohem Flair zeigt. Kein ausgetretener Wanderpfad ist hier zu finden, sondern die steinigen Geröllmassen eines Bachlaufes zeigen uns den Weg zum Berg.

Mit lauten „Hey Bär"- Rufen sorgt Eva für Lärm, um bloß nicht „Meister Petz" bei seinem Beerenschmaus im dichten Waldgestrüpp zu überraschen.

Wir müssen den Lauf des kleinen Baches öfters mit großen Schritten und manchmal auch mit kleinen Sprüngen überqueren. Bei den schmierigen, nassen Steinen heißt es aufgepasst, dass sich keiner den Fuß verknackst, was ein frühzeitiges Ende unserer Bergtour bedeuten würde. Nach einer kurzen Frühstückspause wird die Wanderung anstrengender. Es geht langsam steil nach oben. Der Charakter einer Bergwanderung wird nun in seinen vollen Zügen sichtbar. Der Gesprächsstoff scheint ausgegangen zu sein oder benötigt jeder nur die Luft zum Wandern? Jedenfalls ist seit einigen Minuten eine beklemmende Ruhe in unserer sechsköpfigen Gruppe eingekehrt.

Das Ziel unserer Bergwanderung: der 2 450 Meter hohe Mount Decolai

„Össi" Michael hängt schon böse hinter der Gruppe her. Trotz der Anstrengungen verlassen immer noch „Rauchschwaden" seine Mundhöhlen. Raucher kennen halt keinen Pardon, wenn es um die Befriedigung der Sucht geht.

Unsere nächste Rast legen wir auf etwa 1 500 Meter Höhe ein. „Normalerweise sind hier immer Murmeltiere zu sehen, die einen mit einem lauten Quieken begrüßen", erzählt uns Eva.

Aber vielleicht sind die Tiere bloß viel schlauer als wir und ahnen schon, dass eine mächtige dunkle Wolkenfront in Anmarsch ist. Kurz vor Erreichen des Gipfels lernen wir „Greenhorns" die rauhen Naturgewalten des Nordens so richtig kennen.

Wenn ich es nicht selber am eigenen Leib verspürt hätte, hätte ich es wahrscheinlich nicht geglaubt. Eine orkanartige Windböe hat Thomas und mich voll erwischt. Aber auch Bergführerin Eva kommt nicht ungeschoren davon. Wir werden mehrere Meter regelrecht durch die Luft gewirbelt. Die Landung auf den großen und harten Gesteinsbrocken des Berges ist alles

127

andere als angenehm. Der orkanartige Wind und der nun gleichzeitig einsetzende Hagelsturm lässt uns minutenlang am Boden kauern.

Mit Nachlassen des Sturmes erklimmen wir schnell die letzten Höhenmeter zum Gipfel. Leider wird uns die mögliche „Rund um – Aussicht" auf die umliegenden Panoramen durch den dichten Wolkengürtel verwehrt.

Michael ist lebensmüde. Mit anderen Worten ist seine Vorführung nicht zu beschreiben. Aufrecht stehend bietet er kurz vor dem Erreichen des Gipfels dem immer noch recht stürmischen Wind eine optimale Angriffsfläche. Falls der Wind sich wieder plötzlich drehen sollte und ihn solch eine Böe, wie wir von wenigen Augenblicken „live" erlebten, treffen sollte, wäre es mit Michael geschehen. Er würde sicherlich in die todbringende, mehrere hundert Meter tiefe Felsschlucht geschleudert werden. Das bange Schreien von Eva nimmt er nicht wahr.

Kurz entschlossen begebe ich mich in gebügter Haltung, teils auf allen Vieren kriechend, zu dem „leichtsinnigen Vogel".

Recht verdutzt schaut mich unser Wanderkollege aus dem Nachbarland an, als ich ihm mit einem kräftigen Ziehen an seinem Rucksack vehement auf den sicheren Boden bringe. Er sollte erst einige Minuten später erfahren, nachdem wir einige Höhenmeter hinter uns gelassen haben, wie wichtig mein energischer Rettungsversuch für ihn war.

Die Sicht wird immer schlechter. Eva hat Angst, nicht mehr den richtigen Rückweg zu finden. Schnell hat sie den Höhenmesser aus ihrem Rucksack geholt und peilt die Lage an. Der heftige Sturm lässt noch immer nicht eine sichere Rückkehr zu.

„Jeder Meter in tiefere Regionen ist Gold wert!" Evas Worte bereiten uns auf einen Abstieg im schnellen und flotten Tempo vor.

„Wenn der Wind sich wieder dreht, gebe ich das Signal zum Aufbruch!" Nur zwei Minuten später kommt aus Evas Mund mit einem kräftigen „Auf geht`s Jungs" das Startkommando.

Schon fünf Minuten später haben wir die größte Gefahr hinter uns gelassen. Zwar peitscht der Wind immer noch mit rasanter Geschwindigkeit aus unterschiedlichen Richtungen auf uns zu, doch ein Abstürzen in die Felsschlucht scheint nicht mehr möglich zu sein.

Eine Stunde später fühlen sich wieder alle wohl in ihrer Haut. Mit Verlassen der steinigen Geröllmassen und dem Erreichen des nun weicheren Untergrundes des Berghanges auf etwa 1 500 Meter Höhe schnaufen wir alle erst einmal kräftig durch.

„So einen plötzlichen Sturm habe ich auch noch nie erlebt!" Evas Worte drücken den Ernst der Lage aus, in der sich jeder einzelne von uns in den letzten Stunden befand.

Nicht auszudenken, wenn sich einer von uns beim flotten Abstieg vom Berg verletzt hätte. Die Bergtour hätte wirklich fatal enden können. Der kleine

Rast während unserer Bergtour, noch konnten wir alle lachen

Bachlauf ist nun wieder in Sichtweite. Hier erlauben wir uns eine längere Rast. In diesen Moment erkläre ich Michael sein leichtsinniges und übermütiges Treiben am Berggipfel.

Karlheinz scheint ganz schön geschlaucht und müde zu sein. Mit einem weit aufgerissenen Mund scheint er uns beim Gähnen alle auffressen zu wollen. Zum Glück hat sein Knie gehalten. Karlheinz, alter Fußballer wie ich, hat schon die eine oder andere Knieoperation über sich ergehen lassen müssen.

„Meister Petz" scheint den gleichen Weg zu nehmen. Eva zeigt mit ihrem Wanderstock auf die mächtige Bärentatze, die sich im schlammigen Morast neben dem Bachlauf eingegraben hat. Das laute „Hey Bär" und das Benutzen der Trillerpfeife sind nun wieder ständige Wegbegleiter auf unserem weiteren Rückweg zu den Fahrzeugen.

In den Abendstunden, die Dämmerung hat bereits begonnen, erreichen wir die Fahrzeuge, die wir in der Nähe des Highways abgestellt hatten.

Müde sind wir alle, aber auch ein bisschen stolz, unseren ersten kanadischen Berg „gemeistert" zu haben.

Im mollig warmen Blockhaus der Glanzmanns können wir uns endlich aufwärmen und eine heiße Tasse Tee oder Kaffee schlürfen. Es tut so gut, auf der geräumigen und bequemen Eckbank im warmen Holzhaus dem wilden Treiben des Windes durch die kleinen Fensterchen zu beobachten. Nach der kleinen „Aufwärmphase" wird unsere Leistung gebührend gefeiert.

Der Camper bleibt (muss!) für heute Nacht auf dem Grundstück der Glanzmanns stehen. Patrik schläft wie Michael im Gäste-Cabin. Auch wir können heute mit dem Heulen und Jaulen der Huskies beim Einschlafen die so lang ersehnten „Trapperträume" in der Nacht aufleben lassen.

Am nächsten Morgen zeigt uns Beat voller Stolz seinen Husky-Nachwuchs. Dieser ist auch dringend notwendig. Nicht selten fallen die treuen Hunde jagenden Wolfsrudel in den Wintermonaten zum Opfer. Auch Bären besuchen die Glanzmanns vor allem in den Frühjahrsmonaten gerne. Jedoch sehen Grizzlys die Hunde nicht als Nahrung an. Aber dennoch ist es nach einem „Bärenbesuch" für längere Zeit mit der beschaulichen Ruhe vorbei, die sonst bei den Glanzmanns herrscht.

Eva und Beat freuen sich schon mächtig auf den bevorstehenden Winter. Dann nämlich, wenn es mit dem Hundeschlittengespann durch die tiefverschneiten Wälder des einsamen Nordens geht.

Die meisten Gäste der Glanzmanns kommen in der Wintersaison. Unter fachkundiger Anleitung lernen sie die eigenen Hundegespanne durch die weiße, endlos scheinende Wildnis in mehrtägigen Touren zu führen. Wer in den bitterkalten Nächten im selbstgebauten Iglu oder Blockhütte dem durchdringendem Heulen der Wölfe lauscht und das zauberhafte Nordlicht verfolgt, der wird die Faszination eines nordischen Winters mit nach Hause nehmen und die tiefen und vielseitigen Erlebnisse noch Jahre später in seinem Innersten neu aufleben lassen.

Mit dem gegenseitigen Versprechen, weiterhin den Kontakt aufrecht zu halten, verabschieden wir uns von den Glanzmanns. Nicht bevor ich Husky „Daisy", die mich mit einem treuen Blick anschaut, nochmals herzlich mit einem langen „Ohrenkratzen" Lebewohl sage.

AUF DER HAINES ROAD INS TAL DER ADLER

Langsam neigt sich die Reise seinem Ende zu. Die Fahrt in Richtung Süden auf der Haines Road zur gleichnamigen Stadt in Alaska ist eines unsere letzten Ziele während dieser Tour. Die landschaftlichen Eindrücke auf dieser gut ausgebauten und geteerten Straße gehören zu den absoluten Leckerbissen auf einer Wohnmobiltour durch das Yukon Territorium.

Husky „Nubik",
oder wenn Augen
„töten" könnten

Ziemlich verlassen ist das Indianerdorf Klukshu. Der Ort scheint nahezu verwaist. Nur noch wenige Indianer leben hier Ende September. Die Lachssaison ist vorbei. Die Fischfallen im Klukshu River, mit denen die Einwohner Königs-, Silber- und vor allem Rotlachse fangen, stehen wie wir sehen, still im Fluss.

„Im August hängen hier oft Hunderte von Lachsfilets an hölzernen Stangengerüsten zum Trocknen", dies erzählte uns Beat am Vorabend.

Auch ein kleines Museum, sowie ein indianischer Souvenierladen, sind in diesem kleinen Dorf vorhanden. Beides ist bereits geschlossen. Die Indianer haben anscheinend nicht mehr mit Besuch gerechnet. Dagegen werden wir wieder einmal Zeuge, wenn die Ureinwohner dieses Landes mit den weißen Kulturen beglückt werden: Waren es früher noch Hundegespanne, so brausen heute die Indianerkids mit motorisierten Fourwheelers durch die staubigen Straßen der kleinen Siedlung.

Unseren nächsten Zwischenstopp machen wir am Million Dollar Falls Campingplatz. Der quergelegte Balken vor der Campingplatzzufahrt macht wieder einmal deutlich, dass auch die Campersaison im Norden Kanadas eigentlich schon zu Ende ist. „The campground ist closed." Ohne größere Gedanken zu verlieren, hebt Patrik den nicht allzu schweren Balken aus seiner Verankerung. Patrik begleitet uns auf der heutigen Strecke bis nach Haines. Von dort wird er seine Reise durch den Norden mit dem Besteigen der Fähre, die ihn vorbei an Alaskas „Pan-Handle" und der legendären Inside Passage bis nach Vancouver bringt, in drei Tagen beenden und zurück in die Schweiz fliegen. Ein kurzer Waldtrail führt zu den spektakulären Wasserfällen. In rasender Geschwindigkeit schießen hier mit donnerndem Rauschen die Wassermassen des Takhanne Rivers in die Felsschluchten hinunter. Unterhalb der Falls soll laut Beats Auskunft eine gute Angelstelle für Äschen, Saiblinge und Regenbogenforellen, sowie im frühen Juli für Königslachse, sein. Jedoch sind das Haken eines kapitalen Fisches und Landen zwei verschiedene Sachen. Die Berghänge entlang des Highways reichen oftmals dicht bis an den Straßenrand heran und scheinen zum Greifen nahe zu sein. Am höchsten Punkt des Highways, am 1 065 Meter hohen Chilkat Pass, legen wir die nächste kurze Pause ein. Die Vegetation bereitet sich im dichten und kalten Nebelkleid merklich auf den kurz bevorstehenden Winter vor. Das noch vor wenigen Kilometern mannshohe Buschwerk direkt am Highway wird mit den zunehmenden Höhenmetern merklich karger. 30 Kilometer später erreichen wir die Grenze zu Alaska. Mit „Welcome to Alaska and the Valley of the Eagles" begrüßt uns ein großes Holzschild an der Grenzstation. Das Chilkat Bald Eagle Preserve zieht ab Mitte Oktober nicht nur mehr als 3 000 Weißkopfseeadler an den Fluss, sondern auch Natur- und Tierfotografen aus aller Welt. Die spät aufsteigenden Lachse sind der Grund dafür, dass sich hier Amerikas Wappentier zu Tausenden auf den Baumkronen am Flusslauf versammeln.

In kaum einer anderen Stadt Alaskas wird die indianische Kultur, der Tlingit und Chilkoot Indianer, so gepflegt wie in Haines.

Die Stadt Haines war früher ein wichtiger Transport- und Handelsposten für Alaskas Ureinwohner.

In Souvenierläden und Galerien kann man heute die Arbeit der indianischen Künstler hautnah erleben. Die handgeschnitzten Totenpfähle, mit ihren oftmals furchterregenden Motiven der heimischen Tierwelt, wie Raben, Wölfe und Adler, sind noch heute der größte Stolz der heimischen Indianer. Aber nirgendwo sonst wird diese uralte Tradition der Natives schöner und eindrucksvoller gepflegt als im Städtchen Haines. Die berühmten Chilkat Tänzer wecken in ihren farbenprächtigen Kostümen und traditionellen Zeremonie-tänzen im Chilkat Center for the Arts die Geister längst verstorbener großer Krieger wieder auf. Auch die Baustruktur von modernen Häusern zu den uralten „Totems" ist ein krasser Zeitunterschied, der im Fort William H. Seward so deutlich zu sehen ist wie nirgendwo sonst im Südosten Alaskas. Das historische Fort William H. Seward, einst Hauptquartier für die amerikanische Armee, ist heute ein ruhiges Wohnviertel von Veteranen. Das Bürogebäude des einstigen Befehlshaber ist heute das beste Hotel des Ortes. Auch andere Gebäude haben neben den Wohnhäusern als gepflegte Bed & Breakfast Unterkünfte für die zahlreicher Besucher von Haines eine neue und vernünftige Verwendung gefunden. Das Städtchen Haines zählt heute etwa 1 500 Ein-wohner. Es liegt geschützt, mit der Kulisse der mächtigen Chugach Mountains im Hintergrund, am Lynn Canal.

Haines, historisches Fort William H. Seward

Nach der kurzen Stadtbesichtigung führt uns der Weg über die Lutak Road, vorbei am Terminal der Alaska Marine Highway zum Chilkoot River. Der Fluss ist regelrecht „schwarz" mit Tausenden laichenden Rotlachsen. Man könnte meinen, den Fluss auf den Rücken der Fischkörper überqueren zu können, so dicht gedrängt stehen die Fische nebeneinander im Fluss. Möwen und Adler finden mit bereits toten oder vom Laichgeschäft völlig entkräfteten Fischen eine leichte Beute vor. Auch Meister „Petz" lässt sich hierbei nicht zweimal bitten. Zumeist in den Dämmerungsstunden kommen die mächtigen Grizzlys aus den umliegenden Wäldern, um sich hier ohne größere Probleme den nötigen Winterspeck anzufressen. Wir hatten für den morgigen Tag eigentlich eine Ausfahrt mit einem Fischerboot zum Heilbuttangeln vor. Die Witterungsverhältnisse mit den starken Regenfällen und dem böigen Wind sind jedoch zu schlecht für die kleinen Fischerkähne. Es regnet die ganze Nacht durch, besser gesagt es schüttet was das Zeug hält.

Wir verlassen am nächsten Morgen die Stadt wieder zurück in Richtung „Landesinnere". Wind und Regen waren leider unsere ständigen Begleiter an Alaskas Küstenregion. Der private Haines Hitch-Up Campingplatz war der gepflegteste und sauberste Campingplatz, den wir während unserer ganzen Reisen durch Alaska und dem Norden Kanadas bisher gesehen haben. Dieses besondere Lob möchte ich an dieser Stelle anführen, den die Anlage hat dies wirklich verdient. Nach dem letzten Grenzübergang von Alaska wieder zurück nach Kanada bessert sich das Wetter enorm. Endlich können wir wieder einmal die landschaftlichen Reize, die uns der Haines Highway vermittelt, in vollen Zügen genießen. In der Nähe von Haines Junction am Pine Lake Campground entzünden Thomas und Karlheinz unser letztes Lagerfeuer. Ich bin derweil mit einem würdigen Abendessen im Wohnmobil schwer beschäftigt. Saftiges Gulasch mit Nudeln, einer schmackhaften Soße und einer Salatmischung aus Tomaten, Gurken und Paprika wird genussvoll von uns allen Dreien verspeist. Mit bester Laune harren wir anschließend am offenen Feuer aus. „Lagerfeuerromantik pur", so wie wir es zumeist in den letzten Wochen erleben durften. Es ist kein anderer Mensch mehr außer uns Dreien auf dem Campingplatz auszumachen. Wen wundert es, ist es doch Ende September und der strenge und oft bitterkalte Yukonwinter steht unmittelbar vor der Türe.

Die letzten 150 Fahrkilometer mit unserem Wohnmobil sind angebrochen. Zum letzten Mal haben wir Gelegenheit, die atemberaubende Landschaft entlang des Alaska Highways mit unseren Augen „einzufangen". Am bekannten „Trail of 98" Campingplatz, im Industriegebiet von Whitehorse, werden wir unsere letzte Nacht auf kanadischen Boden verbringen. Um die Mittagszeit erreichen wir die Hauptstadt des Yukons. Unsere letzten Dollars opfern wir für Souveniers, Klamotten und Schuhe. Thomas ersteigert in einem Juweliergeschäft zwei schöne Goldnuggets zu fairen Preisen. Nuggets sind von

Ein Gesetz der Natur: sterbende Rotlachse im Chilkat River

der Natur geschaffene Unikate und lohnenswerte „Mitbringsel" für Freunde, Bekannte und Verwandte.

Am Abend lassen wir im Saloon des Capitol Hotels die Reise ausklingen. Es ist schon lustig, wie alternde Cowboys mit ihren langen grauen Bärten und einem „John Wayne"-Outfit mit weißen Lederhosen und silberglänzenden Gürtelschnallen die Tanzflächen der Western-Saloons als Showbühne nutzen. In der Ecke sitzt ein Einwanderer aus China, der genussvoll an seiner Tasse Tee schlürft und das Treiben genauso wie wir aufmerksam verfolgt. Zwei Indianer am Tresen haben sich wahrscheinlich einen „guten Tropfen" zu viel genehmigt, ihre „Heimreise" müssen sie teilweise auf allen „Vieren" antreten. Oder die freizügig bekleidete „Blondine", die sich gerne vom einsamen „Trapper" für ein paar Küsschen auf die Wange einen oder mehrere Drinks spendieren lässt.

Die Stimmung im Capitol Hotel nimmt von Minute zu Minute durch die gute Live-Musik und der zunehmenden Alkoholzufuhr der Gäste immer ausgelassenere Formen an. Den Besuch eines Saloons kann man nur empfehlen, wenn auch teilweise durch zu hohen Alkoholgenuss die Stimmung zum Negativen überlaufen kann. Aber es hat auch seinen Vorteil, man getraut sich schneller mit den Einheimischen in Kontakt zu treten und erfährt dabei so manch wertvollen Tip für die Reise. Dieses hat schon Erlebnisse eingebracht, die man sonst bestimmt in seiner Reiseroute übersehen hätte. Außerdem kann man durch das zusätzliche Wissen den einen oder anderen Dollar mit Sicherheit einsparen. Auch Campingplätze dienen dem allgemeinen Wissensaustausch und sind gern gesehene „Umschlagsplätze", um sich neueste Informationen über Straßenverhältnisse oder landschaftliche Reize der folgenden Strecke vom Camp-Nachbarn „einzuholen".

Das knisternde Lagerfeuer verleiht eine besondere Atmosphäre. Man tauscht gerne etwas von seiner Lebensgeschichte, seinen persönlichen Träumen, Zielen und Zukunftsplänen aus.

Zum Glück haben wir unser Gepäck am gestrigen Nachmittag in unsere Koffer und Taschen verstaut, denn es ist ziemlich spät geworden, besser gesagt es ist früh am Morgen, als wir den Saloon verlassen und uns mit dem Taxi zum Campingplatz zurückbringen lassen.

Als wir am nächsten Morgen gegen 10 Uhr das Bürogebäude unseres Wohnmobilvermieters betreten, sehen wir einen bedrückt dreinschauenden Oliver an seinem Arbeitsplatz sitzen. Schnell wird der Grund dafür in Erfahrung gebracht. Er hatte gestern Glück im Unglück. Mit einem nagelneuen Camper hatte er eine starke Kollision mit einem ausgewachsenen Elchbullen auf dem Klondike Highway II. Am Fahrzeug entstand Totalschaden, auch der gewaltige Bulle überlebte den Crash nicht. Oliver erzählt: „Es war ein wirklich schlimmes Erlebnis, überall Blut, Unmengen von Blut. Wie durch ein Wunder hat mich das Geweih des Elchbullen nicht verletzt. Es bohrte sich wie eine stählerne Lanze durch die Windschutzscheibe, die diesen Druck nicht gewachsen war und in mehrere tausend Stück zerbrach!"

„Zu Hause legte ich mich erst einmal zwei Stunden in die Badewanne um den üblen Geruch vom Elchblut los zu werden."

Wir können bestens mit ihm mitfühlen. Er hatte wirklich Glück. Eine Kollision mit einem Elch endet nicht selten tragischer, sowohl für den Menschen als auch für das Tier.

Der Camper war zum Glück gut versichert und Oliver entstehen, wie er uns versichert, keine finanziellen Aufwendungen durch den Unfall.

Mit einem kräftigen Händedruck wünschen wir ihm für die neue Saison im nächsten Jahr ein gutes Geschäft und das er den Unfall so schnell wie möglich vergessen könne.

„Bye bye." Mit diesen Worten verabschieden wir uns aber nicht nur von Oliver, sondern langsam auch vom Yukon Territorium. Nur zwei Stunden später erfolgt mit einer Boing 767 der Fluggesellschaft Condor über Anchorage der Rückflug nach Deutschland.

AUF DER FÄHRTE DER GOLDSUCHER

Whitehorse ist auch bei dieser Reise der Ausgangspunkt. Es ist der 3. Juni. Es hat leichten Schneefall und nur zwei Grad über dem Gefrierpunkt. Das Wetter präsentiert sich für unsere siebenköpfige Reisegruppe überhaupt nicht von seiner schönsten Seite. Wir lernen die extremen Klimabedingungen des Landes gleich wieder am ersten Reisetag kennen.

Parka, Pullover und wärmende Wollsocken werden nach der Ankunft im River View Hotel in Whitehorse aus unseren Koffern geholt. Beim Anblick der Einheimischen während unserer ersten Stippvisite durch die Innenstadt friert es uns verwöhnte Europäer noch deutlich mehr.

Nur mit T-Shirts und teilweise sogar mit kurzen Jeanshosen bekleidet, laufen sie an uns in der Main Street vorbei. Sie sind in den bitterkalten Wintermonaten noch ganz andere Temperaturen gewöhnt als an diesem Tag.

Am späten Nachmittag beruhigt sich das Wetter, die Temperaturen steigen deutlich an und manchmal dringt sogar die Sonne durch den grauen, dichten Wolkengürtel.

Auf dem Klondike Highway führt uns die Reise Richtung Norden. Mit einem Pick-Up-Camper und einem 24 feet großen Motorhome starten wir am nächsten Morgen von der Vermietstation am Alaska Highway aus.

Wir folgen auf dieser Reise den Weg der Goldsucher, jedoch nicht auf selbstgezimmerten Flößen dem Yukon River entlang, sondern in den recht komfortabel eingerichteten Fahrzeugen.

Gegen Abend erreichen wir den wunderschön gelegenen Campingplatz an den Twin Lakes. Im Vergleich zum Vortag ist das Wetter eine echte Wucht. Ein Mix aus Wolken und Sonnenschein mit relativ milden Temperaturen heizt die Vorfreude auf einen schönen und abenteuerlichen Urlaub deutlich innerhalb der recht großen Reisegruppe an.

„Hermanns Kochkünste" riechen bereits aus dem Fond des Wohnmobils. Steaks mit Bratkartoffeln läuten eine sehr lange Nacht ein. Es ist eine wunderbare, ausgelassene Stimmung am Lagerfeuer. Noch heute erinnere ich mich gerne an diesen wunderschönen Abend an den Twin Lakes.

Erst in den frühen Morgenstunden, begleitet von den markanten Schreien eines Loons (Polartaucher), ziehen sich die meisten von uns zu ihren „Schlafstätten" im Fahrzeug zurück.

Die einzig größere Siedlung zwischen Whitehorse und Dawson City ist Carmacks, eine Anhäufung von ein paar Holzhäusern, einer Busstation, einer Tankstelle und einem General-Store. Seinen Namen verdankt der kleine Ort George Carmack, einen der Entdecker der Goldfelder am Klondike. Zusammen mit Jim Mason und dem Indianer Dawson Chalie entdeckte er die ersten Goldklumpen am Rabbit Creek im August des Jahres 1896. In Erzählungen heißt es, Dawson Chalie habe beim Abwaschen des Kochgeschirrs das Glitzern des gelben Metalles im Bachlauf wahrgenommen. Sofort eilten die „Drei" zur Siedlung Fortymile und meldeten ihre Claims an. Das Geheimnis vom großen Fund lüftete sich nach dem „Verzehr" von einigen Flaschen Whisky, doch dauerte es fast ein ganzes Jahr bis die Nachricht vom „Gold" am Klondike die Außenwelt erreichte. Neben den gefürchteten Stromschnellen des Miles Canyon waren die Five Finger Rapids eine weitere Stelle, wo viele Goldsucher das Wagnis, mit selbstgebauten Flößen diese gefürchteten Stromschnellen des Yukon Rivers zu bezwingen, mit ihrem Leben bezahlten. In der Nähe von Carmacks machen wir Halt. Ein etwa ein Kilometer langer Trail führt uns zu der gefürchteten Stelle im Fluss.

Auf einer Holzplattform können wir das Naturspektakel aus der Nähe betrachten. Durch fünf Kanäle presst sich wild aufschäumend das Wasser durch die hohen Steintürme seinen weiteren Weg. Skizzen, Fotos und beschaulich beschriebene Texte auf Schautafeln erklären die waghalsigen Touren der Goldsucher auf dem Weg nach Dawson City.

Der Rückweg ist ganz schön anstrengend. Mehrere hundert Stufen müssen auf der hölzernen und steilen Treppe zurückgelegt werden, bis wir unsere Fahrzeuge am Highway wieder erreichen. Nach einer kurzen Verschnaufpause und einem kräftigen Schluck aus der Wasserflasche geht die Reise weiter.

An einem kleinen Bach machen wir unseren nächsten Stopp. „Wasser", als leidenschaftlicher Angler denke ich natürlich dabei sofort an Fische. Der Bach weist eine nur sehr geringe Wassertiefe auf und das verheißt nur bedingt Hoffnung auf ein großes „Petri Heil". Thomas und ich entledigen unsere Socken und waten durch das seichte Bachbett zur nächsten Biegung. Hier wird der Wasserstand deutlich höher. Aus meiner Gürteltasche hole ich einen in den Farben Silber/Rot kombinierten Spinner (Kunstköder) und knote diesen an meiner Angelleine an. Ein gekonnter Wurf führt den Köder gute fünfzehn Meter flussabwärts. Langsam kurbele ich mit meiner Angelrolle die Schnur wieder ein. Nach ein paar Drehungen spüre ich einen kräftigen Ruck in der Rutenspitze und schlage sofort an. Nach einem kurzen Drill kommt der schlanke Fischkörper aus dem tieferen Wasser zum Vorschein. Ein Northern Pike (Nordischer Hecht) konnte meinen Spinner nicht widerstehen.

Auch Thomas hat rasch Erfolg. Innerhalb von nur zwanzig Minuten ist das Mittagessen für den kommenden Tag gesichert. Fünf Hechte mit Gewichten von zweieinhalb bis fünf Pfund, sowie zwei herrlich gezeichnete arktische Äschen reichen allemal für uns sieben.

Nach fachmännischer Versorgung der Fänge und dem Schlürfen einer warmen Tasse Tee starten wir die V-Acht-Motoren unserer Fahrzeuge und es geht weiter Richtung Norden. Nach nur zwei Kilometern Fahrt führt der Weg eines Schwarzbären über den Highway. Doch für unsere Fotokameras ist der Bär viel zu schnell und er verliert sich im dichten Waldgestrüpp aus unseren Augen.

Neben einer Tankstelle wirbt ein Café mit hausgemachten Apfel- und Pfannkuchen. Wirklich deftige Hausmannskost bekommen wir in der Moose Creek Lodge serviert. Die liebevoll zubereiteten Pfannkuchen schmecken erstklassig in dem urig eingerichteten Gastraum der Lodgeanlage. Altertümlich, aber noch voll funktionsfähig sind auch die Benzinpumpen an der Tankstelle. Immer noch liegen 150 Kilometer Fahrstrecke bis nach Dawson vor uns.

DAWSON CITY, DER GEIST DES GOLDRAUSCHES SCHWEBT NOCH HEUTE ÜBER DER STADT

Erst um 22 Uhr erreichen wir die Stadt. Auf einem R&V Campingplatz stellen wir unsere Fahrzeuge ab und sammeln erste Eindrücke von der einstigen Goldgräbermetropole.

In kaum einer anderen Stadt des Nordens spürt man den Geist des Goldrausches noch heute so nah wie in Dawson City.

Keiner wusste das Land mit seinen majestätischen Gletschern, sagenhaften Goldfunden am Klondike, faszinierenden Tierwelt – mit dem unheimlichen Heulen der Wölfe in den bitterkalten und dunklen Wintermonaten besser zu beschreiben, als der weltberühmte Schriftsteller Jack London in seinen Romanen „Wolfsblut" und „Lockruf des Goldes".

Dawson City war zu den wilden Goldrauschzeiten die vorübergehende Heimat des Schriftstellers. Hier schrieb er diese Romanklassiker, durch denen er später seinen Weltruhm erlangte. Seine Legenden und Abenteuergeschichten werden bei einem Besuch im Jack London`s Cabin in Dawson wieder wahr. Die Stadt selbst mit ihren vielen bunten und schiefen Holzhäusern sowie klapprigen Holzgehsteigen erinnert noch heute an jene Zeit, als sich innerhalb kürzester Zeit 30 000 Menschen hier einfanden.

„Paris des Nordens" wurde die Stadt um die Jahrhundertwende genannt. Nach San Francisco war die Stadt die zweitgrößte Metropole des Nordens. Ein Hauch „Goldgräber-Romantik" vermittelt noch heute ein Besuch im Diamond Tooth Gerties Gambling Hall, Kanadas einziger legalen Spielhölle. „Honky-tonk"-Klavierspieler und die fliegenden Röcke der Cancan-Tänzerinnen versetzen die Touristen zurück in die Zeit der Jahrhundertwende. Wer das schnelle Glück sucht, sollte es an den langgezogenen Spieltischen beim Black Jack oder Roulett versuchen.

Auch die sogenannten „Slot Machines", bei uns als einarmige Banditen bekannt, laden zu einem kleinen „Stelldichein" ein. Die erwirtschafteten Gewinne aus dem Casino kommen übrigens der Stadt Dawson zur Erhaltung des nostalgischen Freilichtmuseums zu Gute.

Dawson City, die Goldgräbermetropole schlechthin

Auch das Dawson City Museum erinnert an die „wilden Zeiten", als sich hier Glücksritter, Digger, Barfrauen, Minenbesitzer, aber auch Spekulanten, Betrüger und Banditen zu Tausenden in der Stadt niederließen. In den vielen Banken wurden die schweren „Goldnuggets" gegen Dollars getauscht. Die wenigen Goldsucher, die Glück hatten, eine kleine Ader zu finden, „verzockten" oftmals in wenigen Minuten am Spieltisch ihre monatelange harte Arbeit im Claim. Das Geschäft in den Bordellen und Saloons boomte ebenfalls gewaltig auf Kosten der Goldsucher.

Statt Glanz und Glorie dokumentieren die historischen Abbildungen im Museum das ganze Not und Elend der Goldsucher.

Weitere Sehenswürdigkeiten in Dawson, die wir am nächsten Tag besuchen, sind der stillgelegte Schaufelraddampfer S.S. Keno, die Shows der Gaslight Follies und das Cabin des berühmten Yukon-Barden, Robert Service. Heute schlüpfen gerne Studenten in die Rolle des Barden, um ihre Geldbörse ein bisschen aufzubessern. Verkleidet als Barde, auf einen antiken Holzstuhl sitzend, tragen sie am Cabin den aufmerksamen Touristen Balladen und Gedichte vor, die hier einst von Robert Service geschrieben wurden.

HISTORISCHE GOLDFELDER AM BONANZA CREEK

Unser Ausflug führt uns etwas außerhalb der Stadt zu den legendären Goldfeldern am Bonanza Creek. Am Dredge No. 4 bewundern wir die weltgrößte Förderanlage und am Claim 33 versuchen wir es, wie einst George Carmack und seine Freunde, beim Goldwaschen, jedoch mit deutlich weniger zählbaren Erfolg.

Auch die spärlichen Überreste einer Goldmine werden von uns unter die Lupe genommen. Übrigens wird noch heute am Bonanza Creek mit Hilfe modernster Technik und Maschinen professionell nach Gold gesucht. Mit Goldgräber-Romantik hat dies zwar nicht mehr viel zu tun, doch die Erfolge und Gewinne der letzten Prospektoren können sich trotz des relativ hohen Aufwandes wirklich sehen lassen. Mehrere Tonnen Erdmasse werden täglich von riesigen Bulldozern bewegt. Durch die gigantischen Erdbewegungen gleicht das Klondike Tal an vielen Stellen einer Mondlandschaft. Die Steinwüste, übersät mit Kieshügeln, erinnert durch ihr Aussehen an Landschaftsaufnahmen aus „Science Fiction-Filmen".

Grob getrennt wird das goldhaltige Gestein in einer sogenannten „Sluice Box", einer Art Schleusenkammer. Die „feine" Reinigung übernimmt im Anschluss eine Zentrifuge, welche im Aussehen an eine überdimensionale Goldwaschpfanne erinnert.

Auch Thomas hat das „Goldfieber" gepackt. Einen zehn Liter großen Plastikeimer füllt er mit Erde des Klondike Country. Mit den Worten: „Diesen werde ich noch während des Urlaubes durchwaschen", steigt er wieder ins Wohnmobil ein. Einen wunderschönen Ausblick über die Stadt Dawson und das breite Fluss-Delta mit dem Yukon und Klondike River erhält man vom sogenannten Aussichtspunkt „Midnight Dome", den wir wenig später erreichen.

„HUSKY MARATHON" DURCH DIE ENDLOS SCHEINENDE EISWÜSTE

In den Wintermonaten, in denen das Thermometer nicht selten die Minus 40 Grad-Marke erreicht, verwaist der Ort Dawson nahezu. Das Rattern und Knarren der Auto-Motoren verrät ein Lebenszeichen in der Stadt. Nur wenn beim legendären Yukon Quest, dem härtesten und gefürchtesten Hundeschlittenrennen der Welt die jauchzenden und heulenden Huskies mit ihren Mushern (Hundeschlittenführern) durch den Ort hetzen, erlebt die Stadt eine kleine „Volksfeststimmung" und damit neues Leben.

Nur wer bereit ist, über seine eigene Willens- und Leistungskraft zu springen, und das gilt sowohl für Mensch und Tier, wird die 1 600 Kilometer lange Strecke zwischen Fairbanks im Herzen Alaskas und Whitehorse durch die endlos scheinenden Eiswüsten der nordischen Wildnis meistern. Der Yukon Quest wurde im Jahre 1984 ins Leben gerufen, um mit diesem Rennen das harte Leben der Einwohner und die rauhe und unbarmherzige Naturgewalten des Landes „Publik" zu machen.

„He is Risen" (Er ist auferstanden), ist in der Kirche von Dawson zu lesen, wahrlich schenkte der Tourismus der Goldgräbermetropole von einst ein neues Leben

Start- und Zielpunkt werden alljährlich getauscht. Die rauhen Wetterverhältnisse mit plötzlich auftretenden Schneestürmen und der eisigen Kälte sind die härtesten Gegner aller teilnehmenden Teams.

Zwei Wochen durch die absolute Stille, die totale Einsamkeit in der endlosen Weite am Polarhimmel, nur unterbrochen vom Heulen der Wölfe und dem Leuchten der einzigartigen und geheimnisvollen Nordlichter, machen den „Husky-Marathon" zu einem der letzten grandiosen Abenteuer der Menschheit.

In Dawson, also etwa auf halber Strecke, müssen die Hunde und ihre Führer seit ein paar Jahren eine 36stündige Zwangspause einlegen. Hier sollen nicht nur Mensch und Tier neue Kräfte für die weiteren bestehenden schweren

Aufgaben sammeln. Nein, der Hauptgrund ist, dass sich die Hunde einem ärztlichen „Gesundheitscheck" unterziehen. Erst mit einem erfolgreichen „Attest" geht es für die Hunde weiter durch die tiefverschneiten Wälder des Yukon und Alaska.

Schwimmbagger am Dredge No. 4 – Bonanza Creek

„TOP-OF-THE-WORLD-HIGHWAY", SPEKTAKULÄRE AUSBLICKE AUF DIE UNENDLICHKEIT DER NORDISCHEN WILDNIS

Für uns wird es Zeit, Abschied aus der Goldgräberstadt zu nehmen. In einem Juweliergeschäft finden Thomas und Herbert mit deutschsprachiger Beratung zwei schöne Goldnuggets für ihr Halskettchen. Voller Stolz tragen sie eines der begehrtesten Souveniers aus dem Yukon.

Wir finden uns an der kleinen Fährstation am Yukon River ein. Auf einer Länge von über 3 200 Kilometern schlängelt sich der mächtige Fluss in großen Schleifen vom nördlichen Britisch Kolumbien durch den Yukon quer durch Alaska bis zur Bering See.

Um die Jahrhundertwende war der Yukon River die Hoffnung für Tausende von Glücksrittern und Abenteurern. Nach Ankunft in Skagway und der Bewältigung des gefürchteten Chilkoot Trails waren am Lake Bennett und Lake Lindemann nun Axt und Säge unentbehrliche Werkzeuge, um mit selbstgebauten Flößen den Fluss stromabwärts zu fahren und so zu den Goldfeldern am Klondike zu gelangen.

Um die Neuankömmlinge in Dawson ordentlich zu versorgen, gewann der Fluss immer mehr als wichtige Wasserstraße an Bedeutung.

Er wurde für lange Zeit zur wichtigsten Lebensader für die Menschen im hohen Norden. Anfang des 20. Jahrhunderts gehörten die rauchenden Schlote der riesigen Schaufelraddampfer zum fast täglichen Erscheinungsbild auf dem Yukon River.

Unsere Überfahrt über den Fluss dauert nur fünfzehn Minuten und ist sowohl für Passagiere als auch Fahrzeuge kostenlos.

Einer der wunderbarsten Strecken durch die unberührte Einsamkeit der nordischen Wildnis liegt vor uns. Auf einer Länge von 130 Kilometern schlängelt sich die Passstraße, die nicht umsonst den Namen Top-of-the-World-Highway erhalten hat, ihren Weg durch eine der gebirgigsten und verlassensten Gegenden des Yukons bis zur Grenze nach Alaska.

Die „Piste" verleiht Ausblicke, die nur schwer zu beschreiben sind. Manchmal kann man mit seinen Augen den Straßenverlauf erkennen, der erst in dreißig bis vierzig Kilometer Entfernung auf einen wartet. Wie eine riesige, nicht zu Ende scheinende Schlange windet sich die Straße durch die menschenleere Wildnis.

Für uns wird die Fahrt zusätzlich durch ein heftig aufziehendes Gewitter „gespenstisch" und nicht ungefährlich. Die Straßenoberfläche wird durch den starken Regen sehr schnell schmierig und glatt.

„Über den Wolken muss die Freiheit wohl grenzenlos sein!" Diesen berühmten Liedertext erleben wir auf unserer Fahrt auf den Top of the World Highway „live" in vollsten Zügen.

Wir fahren mit unseren beiden Campern über die grauen Wolkendecke. Es bleibt Zeit für uns, mitten im Juni eine kleine Schneeballschlacht zu unternehmen. An manchen sonnengeschützten Stellen entlang des Highways liegt der Schnee noch mehrere Zentimeter dick auf dem kargen Felsboden. Der Permafrostboden in den höheren Gefilden des Landes erlaubt der Pflanzenwelt auf der recht dünnen Humusschicht nur noch ein geringes und zähes Wachstum.

Wir erreichen die Grenzstation zu Alaska. Merklich freut sich der Beamte, als wir ihn in seinem Office besuchen. Aus unseren Brustbeuteln entnehmen wir unsere Ausweise und legen sie auf dem Tresen vor.

Schnell sind die Einreiseformalitäten erledigt. Einen schönen Stempel mit einem Karibu-Motiv druckt der Grenzer in unsere Reisepässe. Mit einem lauten

„Welcome to Alaska" und einem kräftigen Händedruck werden wir Sieben im letzten Grenzstaat Amerikas herzlich begrüßt und willkommen geheißen.

Weitere zwanzig Kilometer weiter beginnt der Taylor Highway, der durch seinen schlechten Fahrbahnbelag die Aufmerksamkeit der beiden Fahrer Thomas und Herbert verlangt.

Wie auf einer Achterbahn fühlt man sich bei diesen Straßenverhältnissen. Es geht rauf und runter. Wir haben wieder einmal das Gefühl, alleine auf der Welt zu sein. Schon seit fast zweihundert Kilometer ist uns nur ein einziges Fahrzeug entgegengekommen.

CHICKEN, EINZIGE SIEDLUNG AUF HUNDERTEN VON KILOMETERN

„Wer Chicken nicht kennt, hat Alaska verpennt!" Mit diesen Worten begrüßt uns Jodie im Saloon von Chicken. Sicherlich etwas übertrieben, besteht der „Geisterort" mit seinen dreißig Einwohnern eigentlich nur aus einer Tankstelle, Café, Saloon und einem Souvenier-Shop.

Chicken (Hühnchen) ist schon ein lustiger Name für einen Ort. Eigentlich sollte der Ort ja auch „Ptarmigan" (Moorhuhn) heißen, aber alleine diesen Namen auszusprechen war für die früheren Goldsucher schon schwer genug, geschweige denn, diesen zu buchstabieren und zu schreiben. So wurde der Ort seinerzeit auf „Chicken" umgetauft.

Nach einer „frostigen" Nacht mit starken Minustemperaturen geht es am nächsten Tag auf dem kurvenreichen und hügeligen Highway bis nach Tetlin Junction weiter.

Hier folgen wir dem Alaska Highway in östlicher Richtung nach Tok. Das kleine Pionierstädtchen weist die extremsten Temperaturunterschiede des nordamerikanischen Kontinents auf. Die Skala reicht von + 35 Grad Celsius im Hochsommer bis – 65 Grad Celsius im tiefsten Winter.

Ein schwergewichtiger, graubärtiger Wildnistyp aus dem Bilderbuch verkauft neben der Tankstelle, wo wir unsere fast leer gefahrenen Tanks füllen, T-Shirts mit wunderschönen Husky-Motiven.

Er hat gemerkt, dass wir Deutsche sind und fragt mich nach unserem weiteren Weg. Ein geborener Geschäftsmann ist er anscheinend auch nicht. Er wechselt nicht das Thema und preist uns seine wirklich schönen T-Shirts nicht an.

Aber als Hermann ein passendes Geschenk für seine Enkel entdeckt hat, macht auch der sympathische Mann noch ein „paar Dollarchen".

In Glennallen steht die wohlverdiente Mittagspause auf dem Programm. Zum erstenmal wird unser mitgeführtes Grillrost eingeweiht. Kurt hatte die Idee. Es gibt Nürnberger Bratwürstchen mit gerösteten Brotscheiben.

Und nach nicht einmal einer Stunde Rast geht es weiter auf dem Richardson Highway.

Am Gulkana River können wir alaskanische Petrijünger beim Fischen auf Königslachse beobachten. Stolz hebt ein Angler seine gut 25 Pfund schwere Beute für ein Erinnerungsfoto in die Höhe.

Mit diesen Eindrücken hat auch für die meisten von uns das Interesse fürs Lachsfischen merklich zugenommen. Am Little Tonsina River am Richardson Highway folgen wir eine schmale Waldstraße.

Sie führt uns nach etwa zwei Kilometer Fahrt direkt zum Fluss. Ein schöner Platz zum Campen in der Wildnis. Während Hermann wieder für „volle" Kochtöpfe an seinem so beliebten Arbeitsplatz in der Küchenzeile des Wohnmobils sorgt, haben wir unser Angelgeschirr ausgepackt und begeben uns zum Ufer.

Bis der laute Ruf von Hermann ertönt, den wir schleunigst folgen, haben Herbert, Thomas und ich zwei schöne Dolly Varden- Saiblinge und vier arktische Äschen mit unseren Ködern überlisten können.

Beim Abwaschen nehmen wir Motorengeräusche eines Fahrzeuges wahr. Die Geräusche werden immer lauter.

Hat sich denn noch ein Wildnisfreund hierher verloren?

Tatsächlich, aus dem geländegängigen Truck-Camper steigen zwei Personen aus und laufen schnurgerade auf uns zu. Mit einem lauten „Hi" begrüßen uns die beiden an unserer Feuerstelle.

Schnell lernen wir Jerry und seine Eskimo-Frau Isuiak näher kennen. Jerry möchte es im Fluss auf Lachse probieren und deshalb hat er diesen Weg eingeschlagen. Jerry ist ein Lachsprofi, das sehen wir nicht nur an seiner riesigen Auswahl an Ködern und Gerätschaften, sondern deutlich bei seiner Art des Fischens am Fluss. Total begeistert von unserer deutschen Sprache ist Isuiak. Wie sie uns berichtetet, hört sie es sehr gerne, wenn wir uns untereinander in der gemeinsamen Heimatsprache unterhalten. Irgendwie erinnert sie das an ihre eigene Heimatsprache. Jerry gibt nach zwei Stunden erfolglos auf. Es sind noch zu wenige Fische im Fluss. Der Haupt-Run der Kings wird erst in wenigen Tagen sein. Jedoch möchte er es trotzdem in den frühen Morgenstunden nochmals versuchen.

Unser Plauderstündchen am Lagerfeuer könnte ruhig noch etwas länger dauern, aber der Zeiger auf der Uhr verrät uns, dass es Zeit für die Nachtruhe wird.

Am nächsten Morgen sagt die Miene von Jerry alles. Auch sein zweiter Versuch ist fehlgeschlagen. Ebenso wie wir verlässt Jerry mit seiner Frau Isuiak das beschauliche und idyllische Plätzchen am Fluss.

„Chefkoch" Hermann an seinem Lieblingsplatz

KUPFER UND ERZ, EINST DIE WICHTIGSTEN BODENSCHÄTZE ALASKAS

Der Edgerton Highway führt uns zur Geisterstadt Chitina. Bis zu 50 Menschen leben hier in einer der landschaftlich reizvollsten Gegenden Alaskas. Die Stadt wurde im Jahre 1908 als Haltestelle für die Copper River & Northwestern Eisenbahn gegründet, sowie als Versorgungspunkt für die Minenarbeiter der Kennicott Copper Mines.

Einst gehörte diese Region zu den kupferreichsten auf der ganzen Welt. Bis zum Jahre 1938 entstand um die Kennicott Mine mit Mc Garthy eine florierende Siedlung mit vielen öffentlichen Einrichtungen wie Postgebäude, Krankenhaus und Schule.

Laut Aussage einer Einheimischen handelte es sich hierbei um die erste öffentliche Schule Alaskas überhaupt.

Parallel zum Boom des Kupferabbaus in den Minen entstanden für die hart arbeitenden Männer Saloons, Bars, Spielhöllen und Bordelle. Über 600 Menschen lebten zur Zeit des ersten Weltkrieges und zwanziger Jahren in dem Ort.

Als die Kupferpreise drastisch sanken, wurde die Kennicott Mine kurz vor Beginn des zweiten Weltkrieges stillgelegt. Seitdem sind die hölzernen Gebäude der einstigen größten Kupfermine der Welt im Verfall.

Bis vor nicht allzu langer Zeit mussten sich Besucher mit einer Hand-Seilbahn über die reißende Strömung des Kennicott Rivers ihren Weg bahnen. Ein Shuttle-Bus-Service bringt von Mc Garthy aus die Besucher in die sieben Kilometer entfernte Geistermine. Der 25-Seelen-Ort Mc Garthy ist durch seine recht gut erhaltenen historischen Holzgebäude bestens als Bühne für Westernspielfilme geeignet. Die Bar der Mc Garthy Lodge ist ein beliebter Treffpunkt der wenigen Einheimischen und Touristen.

Der Ort selbst liegt wunderschön eingebettet in den naheliegenden Gletschern und Bergriesen des Wrangell Saint Elias National Parks.

Mit einer Größe von fünf Millionen Hektar ist dies der größte National Park der USA. In diesem Park wimmelt es sprichwörtlich nur so von Vier- und Fünftausendern. Man sieht Gletscher und schneebedeckte Berggipfel, soweit das Auge reicht.

Mit einem Mountain-Bike oder festen Wanderschuhen kann man sich von Mc Garthy aus ins fantastische Hinterland bewegen. Alternativ ist auch ein Flug über das „amerikanische Himalaja", wie der Park auch gerne bezeichnet wird, ein unvergessliches Naturabenteuer.

Noch eine kleine Randbemerkung zur Anfahrt nach Mc Garthy. Die fast 100 kilometerlange Mc Garthy Road ist für größere Wohnmobile meiner Meinung nach nur sehr bedingt geeignet.

Die „Straße" mit ihren zahlreichen tiefen Schlaglöchern hat schon für so manchen Reifen- oder sonstigen Schaden am teuren Motorhome gesorgt. Viele Vermietstationen verbieten sogar das Fahren auf dieser Straße. Sinnvoller und vielleicht auch weniger Nerven aufreibend ist es, sich von Chitina mit einem Buschflugzeug nach Mc Garthy einfliegen zu lassen.

Man möchte bitte bedenken, dass auch in Alaska die Zeit nicht stehen bleibt und die Straßenverhältnisse durch Sanierungsarbeiten im Laufe kurzer Zeit verändert und dadurch verbessert werden. Deshalb nötige aktuelle Informationen durch Einheimische oder dem Wohnmobilvermieter einholen.

LACHSNETZFISCHER AM COPPER RIVER

Eine große Attraktion für Fischer und Zuschauer ist das Lachsfischen mit langen Netzstangen im Copper River in Chitina. Diese Art des Fischens ist nur den Einheimischen gestattet.

Beim Zuschauen der Indianer pfeift ein eisiger und böiger Wind am Fluss. Dicht vermummt in unsere Parkas, so dass nur ein winziger Gesichtsteil herausleuchtet, beobachten wir mehrmals die erfolgreichen „Fischer", die mit ihren hüfthohen Wathosen aus Neopren (Taucherkleidung) geduldig im kalten Wasser des Gletscherflusses nach Lachse ausharren. Auch mit Booten kehren erfolgreiche Netzfischer zum Campingplatz, der direkt am Fluss liegt, zurück. Die Kisten sind voller Lachse. Herbert II lässt es sich nicht nehmen und nimmt deshalb einen gut vierzigpfündigen „Brocken" für ein kurzes „Foto-Shooting" in seine Hände.

Der Wind wird immer stärker. Der Ufersand wird ganz schön durcheinander gewirbelt. Das Aufsetzen der Sonnenbrille zum Schutz der Augen gegen den feinkörnigen Sand sieht zwar durch die dunklen Wolken am Himmel etwas ulkig aus, aber immer noch besser, als juckende und reibende Sandkörner im Auge.

Vom Copper River führt uns die Fahrt zurück zur Kreuzung mit dem Richardson Highway. Die heutige Fahrtstrecke auf dem Richardson Highway in Richtung Valdez verleiht wieder einmal wunderschöne und unvergessliche Natureindrücke.

Das Wetter hat sich beruhigt und ab und zu kommt sogar die Sonne zum Vorschein. Vorbei am Washington Gletscher, der fast mit seiner Zunge den Highway erreicht, und dem Thompson Pass, mit 845 Meter einer der höchsten Punkte entlang des gesamten Richardson Highways, tosen mit ohrenbetäubenden Lärm unvorstellbare Wassermengen aus mehreren hundert Metern Höhe die steilen und schroffen Berghänge herunter.

Die mächtigen Breidal Wasserfälle sind die Vorboten unseres nächsten Reisezieles, dem Fischerstädtchen Valdez am Prince William Sound.

VALDEZ, EISFREIES HAFENSTÄDTCHEN AM WUNDERSCHÖNEN PRINCE WILLIAM SOUND

Berühmt, leider allerdings im negativen Sinne wurde Valdez am 24. März des Jahres 1989. Als an diesem Tage der Riesentanker „Exxon Valdez" im Prince William Sound verunglückte, bildete sich durch das ausfließende Öl ein über 260 Quadratkilometer großer Ölteppich vor der Südküste Alaskas.

Für Tausende von Seevögeln, Ottern, Robben und Seelöwen bedeutete dies den schrecklichen Tod. Das Unglück mit dem Tankschiff, bei dem rund 40 Millionen Liter Rohöl in das Meer flossen, wurde zur schwersten Umweltkatastrophe des 20. Jahrhunderts.

Inzwischen scheint sich die Natur aber wieder weitgehend erholt zu haben. Mit einem riesigen technischen und finanziellen Aufwand von mehreren hundert Millionen Dollar wurde die Bucht gesäubert und es gibt heute kaum noch Anzeichen, die an diesen „schwarzen Tag" erinnern.

Der Besuch im Museum am Nachmittag vermittelt uns einen Einblick über diese verheerende Katastrophe, den Folgen und den aufwendigen Säuberungsarbeiten. Heute zählt Valdez längst wieder als „Mekka" für Fischer und Naturliebhaber. Der „Halibut", wie die Amerikaner den Heilbutt nennen, wird im Prince William Sound in großen Stückzahlen bzw. -gewichten gefangen.

Als weitere Attraktion ist der Ausflug zum riesigen Columbia Gletscher mit einem der zahlreichen Ausflugsschiffe zu nennen. Er gehört zweifellos zu den schönsten Gletschern in ganz Alaska.

Am Bear Paw R&V Park haben wir mit unseren Campern „Stellung bezogen". Wer hätte das gestern noch gedacht. Mit freiem Oberkörper genießen wir die wärmenden Sonnenstrahlen, die uns der heutige, bisher wärmste Tag des Urlaubes schenkt. In einem Gespräch mit dem Besitzer des Campingplatzes stellt sich sogar heraus, dass es mit Abstand der wärmste Tag des ganzen Jahres ist. Da die folgenden Tage aber noch schöner werden sollen, reservieren wir für den morgigen Tag Plätze auf dem Ausflugschiff „Glacier Spirit".

TRIP ZUM MÄCHTIGEN COLUMBIA GLETSCHER

Was für ein Tag, nicht ein einziges Wölkchen ist am strahlend blauen Himmel auszumachen, als uns der Shuttle-Van der Stan Stephens Cruises am Campingplatz-Office um halb neun Uhr abholt. Pünktlich um 9 Uhr sticht das Schiff vom Small Boat Harbor aus in See, um im dunkelblauen Wasser des schönen Prince William Sound so richtig in Fahrt zu kommen.

Auf dem Sonnendeck genießen wir diesen wunderschönen Ausflugstag in vollen Zügen. Kreischend zieht ein Gruppe Möwen über uns hinweg. In den Baumkronen des nahe liegenden Wäldchens sitzt ein Pärchen Weißkopfseeadler, das die Szenerie neugierig zu beobachten scheint.

Herbert II, Hermann und Kurt haben mit zwei älteren Ehepaaren aus Deutschland schnell die passenden Gesprächspartner an Bord gefunden. Recht eifrig sind sie dabei, die gegenseitigen Reiseerlebnisse auszutauschen. Nun müssen sie ihren Plausch für mehrere Minuten unterbrechen.

Der Kapitän macht einen jungen Buckelwal aus. Es ist nicht ganz einfach, den Standort des Meeressäugers immer wieder auszumachen. Schließlich geht der Wal bei seinen Tauchgängen bis in 200 Meter Tiefe und bleibt dabei mehrere Minuten unter der Wasseroberfläche, bevor sein intensives „Luftholen" einen großen Springbrunnen an der Wasseroberfläche erzeugt und er wieder neu ausfindig gemacht werden kann. Aber die Routine des Kapitän, der mit seinem grauweißlichen Vollbart die Vorstellungen eines Bilderbuchkapitäns sicher erfüllt, lässt uns nicht im Stich.

Nur wenige Meter vom Schiff entfernt taucht der schwarzweiße Körper des Buckelwales auf, um sich anschließend bei einem gewaltigen Sprung aus dem Wasser den applaudierenden und begeisternden Touristen in voller Länge und Schönheit zu zeigen. Ohne durch den Sucher der Fotokamera zu schauen,

Ein überdimensionaler Ureinwohner begrüßt die Schüler von Valdez

drücke ich den Auslöser. Es wurde ein wahres Glücksfoto, wie sich bei der Entwicklung des Filmes herausstellen sollte.

Ausgewachsene Buckelwale können ein Gewicht von über 30 Tonnen erreichen. Umso bemerkenswerter ist es, wie die Tiere durch mächtige Luftsprünge versuchen, lästige Hautparasiten los zu werden. Die gewaltigen Luftsprünge der „Giganten des Meeres" zählen überall vor der Südküste Alaskas zu den großen touristischen Attraktionen.

Obwohl das Wasser vor der südlichen Küstenregion Alaskas sehr kalt ist, ist es dennoch nährstoffreich und voller Leben. Im Wasser tummeln sich Unmengen von Garnelen, Krebsen und kleinen Fischchen.

Anfang Juli schwimmen riesige Heringsschwärme in die Buchten und Fjorde. Sie sind aus der Weite des Pazifiks hier hergekommen, um ihr Laichgeschäft durchzuführen. Mit den Heringen treffen auch alljährlich die Buckelwale vor der Südküste Alaskas ein. Durch das große Nahrungsvorkommen können sich die „Meeresriesen" nach langer Zeit des Fastens an dem von „Mutter Natur" nun so reichlich gedeckten Tisch richtig satt fressen.

Auf ihrer über 4 000 Kilometer langen Wanderung von den Küsten Hawaiis und Mexikos nehmen die Wale keinerlei Nahrung zu sich.

Ihre „Winterquartiere" und Geburtsstätten des Nachwuchses verlassen die Wale, weil sie dort nur wenig „Fressbares" vorfinden. Die Buckelwale begeben sich deshalb wie die Zugvögel alljährlich auf diese lange und strapaziöse Wanderung.

Wir nähern uns dem gewaltigen Columbia Gletscher. Schon aus mehreren hundert Meter Entfernung können wir die riesige Eiszunge des Gletschers mit einer Länge von über siebzig Kilometern richtig einschätzen.

In der Gletscherbucht zeigt der Columbia Glacier uns Betrachter ein faszinierendes Naturschauspiel. Zuerst können wir es nur hören. Im Innern der Eismassen kracht und bröckelt es. Der Gletscher lebt! Nun können wir das Kalben des Gletschers „live" sehen. Tonnenschwere Eismassen stürzen von der über achtzig Meter hohen Zunge des Gletschers mit lautem und krachendem Getöse herab ins Meer. Wie bei der Explosion eines Torpedos schießt das Wasser in alle Richtungen empor. Wieder einmal zeigt sich uns die Natur als perfekte Showbühne. Die Naturwunder im hohen Norden scheinen kein Ende zu nehmen.

Besonders in den Monaten Juli und August kann man das sogenannte „Kalben des Gletschers", wie Naturwissenschaftler dieses Schauspiel bezeichnen, täglich in der Bucht bewundern.

Durch das „Kalben" bilden sich in der Glacier Bay zahlreiche Eisschollen. Diese dienen den Robben als willkommene „Sonnenbank". Niedlich posieren die Tiere auf den im starken Sonnenlicht sich in eisblauen Farben zeigenden, treibenden Eisbänken.

Auch ihren Nachwuchs bringen die Robben gerne auf diesen Eisschollen zur Welt, obwohl bei starken „Kalben" schon manche Robbe durch die messerscharfen Kanten der sich im Wasser zu Tausenden bildeten Eisbrocken regelrecht aufgeschlitzt wurde und somit einen qualvollen Tod fand.

Das aufgewühlte Wasser bietet jedoch auch einen idealen Schutz vor ihre natürlichen Feinde. Das Navigationssystem der Orca-Wale (Killerwale) funktioniert in diesem trüben Wasser nicht. Um die Orientierung nicht zu

Der mächtige Columbia Gletscher

verlieren, gehen deshalb die Orcas nur selten in den Gletscherbuchten auf Jagdzüge.

Jedenfalls sind alle von uns restlos begeistert von dieser traumhaften Umgebung rund um den mächtigen Gletscher. Auch Seeadler und kreischende Möwen ziehen ihre Kreise über eines der vielleicht schönsten „Fleckchen" Alaskas.

Unser Ausflugschiff steuert die kleine Insel „Growler Island" an. Über einen lang ins Wasser sich ziehenden Holzsteg und einigen Treppenstufen am Uferrand erreichen wir das Hauptgebäude einer kleinen Lodgeanlage. Durch die riesigen Glasfenster im Innenfond des Gebäudes genießen wir bei einem herzhaften Mittagessen mit alaskanischen Spezialitäten den fantastischen Blick auf den majestätischen Columbia Gletscher.

Heilbutt-Steaks, frisch geräucherte Lachsstreifen werden u.a. am reichlich aufgetischten Buffet angeboten. Beim anschließenden „Verdauungs-spaziergang" entlang des Ufers der kleinen Insel zieht es Thomas vor, sich zu einem „Sonnenbad" und Mittagsschläfchen, mit der „eisigen Kulisse des Gletschers" im Hintergrund, hinzulegen. Bei unserer Rückfahrt auf dem insgesamt zehnstündigen Tagesausflug können wir eine riesige Kolonie von

Seelöwen betrachten und auf einer im Wasser treibenden Markierungsboje nochmals Robben aus wenigen Meter beobachten und fotografieren. An der Boje erinnern noch schwarze Flecken an die verheerende Ölkatastrophe vor wenigen Jahren. Den Tieren scheint die Nähe des Schiffes gar nicht zu schmecken. Zornig brüllen sie mit aller Gewalt ihren Ärger uns entgegen. Der Kapitän hat auch schnell ein Einsehen und verlässt, nachdem alle Touristen das Motiv mit ihren Video- und Fotoapparaten für das Reisealbum eingefangen haben, den Ort in Richtung Valdez.

Valdez, das an verregneten Tagen etwas trist erscheinen mag, hat noch ein weiteres großes Naturschauspiel in den Wintermonaten zu bieten. Weißkopf-seeadler, Amerikas Wappentier, suchen dann in den vom rauhen Wetter geschützten Buchten des Prince William Sound zu Hunderten eine „Winterbleibe". Für „Outdoor-Freaks" bieten sich um Valdez beste Möglich-keiten für Wildwasser –Rafting und Kajaktouren an.

Flightseeing Tours zeigen den wunderschönen Prince William Sound aus der Vogelperspektive. In den Sommermonaten werden außerdem täglich Touren zum Marine Terminal, dem Endpunkt der Trans-Alaska-Pipeline, durchgeführt.

ÜBER DEN GEBIRGIGEN UND EINSAMEN ALASKA HIGHWAY NACH KANADA

Heute steht eine relativ lange Reiseroute auf dem Programm. 600 Kilometer Fahrtstrecke liegen vor uns. Der Kathleen Lake Campingplatz am Rande des Kluane Nationalparks ist das heutige Etappenziel. Wir durchqueren nochmals auf dem Weg in Richtung Norden den Thompson Pass, der mit fast 25 Metern Schneefall im Winter des Jahres 1952/53 immer noch den beeindruckendsten Schneefallrekord Alaskas hält und das Copper River Basin bei Glennallen.

In Tok folgen wir den Alaska Highway und erreichen über Tetlin und Norway Junction die Grenze zu Kanada in der Nähe der kleinen Siedlung Beaver Creek.

Einsam und gebirgig zieht sich nun der Highway seinen Weg zu das Kluane Country vorbei an Burwash Landing zum größten See des gesamten Yukon Territoriums, dem fast 80 Kilometer langen Kluane Lake mit seinem tiefblauen Wasser.

Von den heimischen Indianern erhielt der See den Namen „Großer Fisch See". Der Kluane Lake gehört zu den wenigen Gewässer, welche die kanadische Regierung zu sogenannten Trophy-Seen auszeichnete. Er zählt zu den Paradiesen unter den Sportfischern, denn vor allem der Namaycush Saibling wächst zu Kapitalgrößen heran.

Aufgrund der Größe des Sees ist es natürlich nicht jedem Petri Jünger ver-gönnt, einen kapitalen „Burschen" von vierzig Pfund und mehr an den Haken

Prince William Sound: die Boje dient als willkommene „Raststätte" für Seelöwen

zu bekommen. Durch die plötzlichen Wetterwechsel im Yukon mit stürmischen Winden sollte das riesige Gewässer nicht unterschätzt werden. Durch die Größe des Sees können schnell meterhohe Wellen entstehen, die das Angeln im kleinen Motorboot zu einem lebensgefährlichen Unternehmen werden lassen. Nun wird der Highway deutlich besser. Die Fahrbahn ist geteert und lässt eine höhere Geschwindigkeit zu. Nachdem wir an eine Tankstelle unsere beiden Camper vollgetankt haben, erreichen wir nach einstündiger Fahrt den Kathleen Lake Campground.

Der Kluane Nationalpark stellt zusammen mit den angrenzendem Wrangell Saint Elias National Park das weltgrößte Naturreservat dar. Es ist bereits nach 21 Uhr, als wir mit den Campern in die Einfahrt des Campingplatzes fahren.

Einen großen Vorteil bringen die „langen" Tage im Yukon in den Monaten Juni, Juli und August. Über 20 Stunden Tageslicht lassen längere Etappen ohne Probleme zu.

Auf dem Campingplatz warnen aufgestellte Schilder vor unangemeldete „Bärenbesuche". Die Vorsichtsmaßnahmen im Umgang mit Bären sollten unbedingt beachtet werden, da bekanntlicherweise besonders viele Grizzly in den großen Naturschutzgebiet ihren Lebensraum haben.

Obwohl es schon spät ist, folgen wir den Trail zum Ufer des Sees. Eine stattliche Lake Trout (Seeforelle) möchten wir gerne überlisten. Wir wissen, dass die Fische in diesem klaren Wasser sehr tief stehen. Nach dem Einwerfen unserer schweren Blinker lassen wir diese bis auf den Grund absinken. Trotz intensiver Versuche ist uns heute kein „Petri Heil" gegönnt und wir kehren ohne Beute zurück zum Camper, wo Hermann bereits das „Mitternachtsessen" vorbereitet hat.

Am nächsten Morgen geht es im flotten Tempo über Haines Junction zurück nach Whitehorse, wo wir nach einer weiteren Zwischenübernachtung unsere Camper bei der Vermietstation abgeben und uns um 11.30 Uhr an der Busstation der Alaska Gray Line einfinden.

NATUR- UND ANGELABENTEUER IM YUKON PIONEER WILDERNESS CAMP

Mit der sechsstündigen Fahrt von Whitehorse nach Watson Lake beginnt der zweite Teil unserer Reise.

Pünktlich um 12 Uhr öffnen sich die Tore der Busgarage und der Fahrer startet den Motor.

„Welcome on Board!" Durch das Mikrofon begrüßt der Fahrer die Fahrgäste. Sprichwörtlich in letzter Sekunde steigt Hermann in den Bus. Ich wollte eigentlich ein leichtes Meckern in Richtung Hermann los werden, aber als ich sehe, wie er vier große Pizzakartons in seinen Händen trägt, verkneife ich mir eine dumme Randbemerkung.

Hermann hat wieder einmal an das leibliche Wohl der ganzen Gruppe gedacht. Im benachbarten Pizza-Hut hat er auf die Schnelle noch Pizzen gekauft. Hunger leiden unter Obhut von Hermann, es wäre wahrlich ein Unding. Zu gut und umsichtig versorgt uns die „Mutter der Kompanie".

Fünfzig Dollar kostet für jeden von uns die 460 Kilometer lange Fahrt nach Watson Lake. Sicherlich, ein Flug wäre die weitaus bequemere und schnellere Reisevariante als die doch etwas anstrengende und sich zäh hinausziehende Busfahrt durch das recht langweilige Teilstück des Alaska Highways.

Es ist aber alles eine Frage des Preises und da ist die Busfahrt bei weitem die billigere Variante.

Vor allem Studenten, Rucksacktouristen oder Einheimische, welche mal einen schnellen Verwandtenbesuch tätigen wollen, sind typische Fahrgäste der Gray Line.

Unterwegs werden auch schon einmal Kaffeepausen an Raststellen eingelegt. Neue Fahrgäste steigen hinzu oder verlassen bereits das Fahrzeug. In einer Doppelfunktion als „Driver" und Postbeamter gibt der Fahrer die tägliche Post an den Raststellen für die verstreuten kleinen Siedlungen entlang des Highways ab.

„Ohne Rücksicht auf Verluste" heizt der Busfahrer über den Highway. Die Schlaglöcher entlang der Strecke scheint er durch seine dunkelschwarze Sonnenbrille nicht auszumachen. An Kurts Miene merke ich, er ist ganz und gar nicht mit der gewählten Fahrweise des Fahrers einverstanden.

Auch ich würde gerne ein kleines Nachmittagsnickerchen machen, aber die recht waghalsige „Blockerei" macht dies unmöglich. Oftmals stehen mir die Haare zu Berge, wenn ich einen Blick aus dem Fenster werfe und sehe, dass sich das Fahrzeug nur wenige Zentimeter vom unbefestigten Seitenstreifen entfernt im höllischen Tempo vorwärts bewegt.

Das Abenteuer Alaska und Yukon fängt anscheinend schon mit einer Busfahrt durch die Weite des Landes an.

Eines muss man den Fahrer allerdings lassen. Trotz der großzügigen Pausen trifft der Bus pünktlich um 18 Uhr in Watson Lake ein. Unsere Fahrt endet am Watson Lake Hotel.

Otto, Inhaber eines Supermarktes und Campingplatzes in Watson Lake, ist bereits zur Stelle. Er spielt für uns mit seinem Pick-Up einen willkommenen Chauffeur. Sein Geschäft, wo wir unsere letzten Einkäufe für unseren zweiwöchigen Wildnisaufenthalt einkaufen können, ist unser Ziel. Otto verließ schon vor über dreißig Jahren sein Dorf in Oberösterreich und hat sich hier in Watson Lake, zusammen mit seiner Ehefrau Gerda, eine neue Existenz aufgebaut.

Obwohl wir eigentlich schon von Deutschland aus den größten Teil der notwendigen Lebensmittel geordert haben, findet Hermann beim Durchstöbern der Ladenregale immer noch das eine und andere „Brauchbare". Als er sich zum Bezahlen an die Kasse begibt, sind zwei Einkaufswägen randvoll gefüllt. Otto lädt uns zu einer Tasse Kaffee in sein Wohnzimmer ein. Auch seine Frau gesellt sich zu uns. Wie er uns wehmütig mitteilt, nimmt er in kurzer Zeit Abschied aus Watson Lake und dem Yukon. Seine beiden Söhne hätten keinerlei Interesse an dem Fortführen des von ihm und seiner Frau so mühevoll aufgebauten Geschäftes.

„Die langen, dunklen und bitterkalten Wintermonate sind Schuld!" Gerda löst das Rätsel für das Desinteresse ihrer beiden Söhne. „Für junge Menschen sei es hier schon ein Graus. Fast acht Monate in beklemmender Dunkelheit und Kälte auszuharren in dieser recht kleinen Siedlung ohne Abwechslung im Alltagstrott." Die beiden Eheleute haben auch ein bisschen Verständnis für ihre beiden Söhne, die es nach Vancouver und Seattle verschlagen hat.

Zum Glück haben sie einen kaufwilligen Interessenten gefunden. Der Kaufvertrag sei so gut wie beschlossene Sache. Mit ihren fast siebzig Lenzen führt sie die nahe Zukunft nach Vancouver zu ihrem Sohn Hans. Hier möchten die beiden ihren wohlverdienten Lebensabend verbringen.

Otto steigt auf und greift zum Telefonhörer. Beim Watson Lake Flying Service möchte er anfragen, ob ein Ausfliegen noch heute möglich ist oder wir die heutige Nacht in einem Gästechalet auf dem Campingplatz verbringen müssen.

„Es ist noch nicht zu spät. Die Sicht ist noch gut genug für ein Ausfliegen!"
Freudig registrieren wir die Mitteilung von Otto.

Der Watson Lake Flying Service hat seinen Firmensitz etwa drei Meilen außerhalb von Watson Lake am gleichnamigen See. Über den Robert Campbell Highway erreichen wir gute fünfzehn Minuten später den Firmensitz des kleinen Unternehmens, das schon seit mehr als dreißig Jahren Erfahrung in der Buschfliegerei besitzt.

MIT DEM WASSERFLUGZEUG IN DIE VOLLKOMMENE EINSAMKEIT DER NORDISCHEN WILDNIS

Kleinflugzeuge der Marke Cessna, Beaver und Otter stehen am Ufer des Sees. Bill, der Besitzer des Unternehmens, begrüßt uns per Handschlag. Für unsere Gruppe stehen bereits zwei vollgetankte Maschinen zum Abflug bereit. Um ein Überladen der kleinen Buschflugzeuge zu vermeiden, wiegen die beiden Buschpiloten Steve und Jim die gesamte Mannschaft und unser Reisegepäck, sowie die noch kürzlich eingekauften Lebensmittel und Getränke. Das Verstauen in den Laderäumen der beiden Maschinen geht recht flott. Im wagen Licht der bereits tief stehenden Sonne starten die Piloten die Motoren der Wasserflugzeuge.

Die Buschpiloten im Norden sind schon verwegene Haudegen, die den raschen und oftmals ohne jegliche Vorwarnung eintretenden Wetterwechsel bestens einschätzen müssen.

Bei aufziehenden Schlechtwetterfronten mit stürmischen Winden und dichten Nebelschwaden sind diese Kerle zumeist auf sich alleine gestellt und müssen auf abgeschiedenen Seen das „fluguntaugliche" Wetter für mehrere Stunden oder sogar Tage regelrecht „absitzen".

Nach einem 40minütigen atemberaubenden Flug über die unendlich scheinende nordische Wildnis des Yukon schimmert uns im Schein der rötlichen Abendsonne das türkisgrüne Wasser des Stewart Lakes entgegen. Christa und ihr Ehemann, der deutsche Arzt Dr. Günther Ermert erwarten uns am Landedeck des „Stewart Lake Airports", wie die Inhaber lustigerweise das Bootshaus mit Steganlage benannt haben.

Vor fast zwanzig Jahren suchten die Ermerts für einen „Teilausstieg" aus der deutschen Zivilisation ein Grundstück im Norden Kanadas. Obwohl ihnen viele Angebote unterbreitet wurden, konnten sie sich zu keinem Kauf entschließen. Bei einem Besichtigungsflug über den Stewart Lake „verliebten" sie sich sofort in die wunderschöne Lage des Sees und kauften das angebotene Camp auf der Stelle.

Seit diesem Zeitpunkt leben die Ermerts meistens fünf bis sechs Monate im Jahr hier. Außer einem einzigen Nachbarn sind sie die einzigen Anwohner des neun Kilometer langen und bis zu vier Kilometer breiten Sees.

Keine Straßen führen zum Stewart Lake, er ist nur per Buschflugzeug zu erreichen und liegt daher abgeschieden in unberührter und intakter Wildnis.

Bei unserer Begrüßung werden kräftig die Hände geschüttelt. Ein Teil unserer Gruppe war bereits schon vor zwei Jahren Gäste der Ermerts in dieser wirklich tollen Campanlage.

Mit einem ordentlichen Begrüßungstrunk, die Flasche Whisky „verdünnt" mit Cola wurde zur Hälfte an Ort und Stelle „geleert", wird das Wiedersehen „begossen".

Nach den ersten gemeinsamen „Plauderminütchen" wird es nun langsam Zeit, den riesigen Gepäckberg unserer siebenköpfigen Crew in die beiden Blockhäuser zu transportieren.

Neben dem großen Haupthaus mit zwei separaten Schlafzimmern, große Küche mit Gasherd, Kühlschrank, Spüle mit fließendem Wasser, sowie einem großen, schön eingerichteten Wohnraum mit fantastischem Panoramablick auf den Stewart Lake und dem „Hausberg", steht uns noch ein kleines, einräumiges Holz-Cabin mit zwei Etagenbetten, Küchenzeile mit Gasherd und Staumöglichkeiten für das Gepäck zur Verfügung. In beiden Blockhäusern sorgt ein typischer Yukon-Ofen für mollige Wärme an kälteren Urlaubstagen. Licht spenden Gas- und Petroleumlampen.

Unser kleines uriges Blockhaus liegt nur wenige Schritte vom „Stewart Lake Airport" entfernt. Schnell haben Karlheinz, Herbert, Thomas und ich unsere Reiseutensilien dorthin transportiert. Ohne Pause kehren wir schnell zurück und beladen den größten Teil des Gepäcks unserer „Old Webbels" Kurt, Herbert II und Hermann und die mitgebrachten Lebensmittel und Getränke in zwei Boote. Unsere „älteren" Begleiter sind bereits in einem dritten Boot zu ihrem neuen Domizil, dem großen Blockhaus, unterwegs.

Nach dreißig Minuten, alle Mann haben kräftig mit angepackt, hat das gesamte Gepäck und die Lebensmittelvorräte den richtigen Platz gefunden.

„Jetzt wird erst einmal eine Dose Bud geleert!" Karlheinz hat in diesem Moment wahrlich die richtige Idee. Auch Christa ist, besser gesagt „war auf Zack".

Im großen Blockhaus hat sie für die hungrige Meute ein Abendessen vorbereitet. Obwohl der Tag schon sehr lange und auch recht anstrengend war, wird noch allerhand zwischen Gastgeber und Gäste „gefachsimpelt" bzw. werden die tollsten und nicht immer glaubhaft wirkenden Geschichten ausgetauscht.

Günther hat sich dazu seine Pfeife angesteckt und inhaliert genussvoll den kanadischen Tabak. In der rechten Hand hält er ein Glas Whisky, das mit original Seewasser gefüllt ist. Er versichert uns, dass das Wasser des Stewart Lake absolute Trinkwasserqualität besitzt und wir dies ohne jegliche Bedenken genießen können. Das Wasser habe er schon zigmal untersuchen lassen und schließlich sei er noch kerngesund, und das nach mehr als fünfzehn Jahren des Genusses.

Christa plaziert ihre Gitarre auf ihren Schoß und los geht es mit dem Yukon Lied. Schnell legen wir unsere kleinen Hemmungen ab und singen lautstark den Refrain „Weit ist das Land, Yukon genannt" mit.

Erst in den frühen Morgenstunden machen sich Christa und Günther mit dem Motorboot auf den Weg zu ihrem Wohnhaus, das sich etwa 800 Meter vom Haupthaus entfernt auf der anderen Uferseite des Sees befindet, aber leicht und schnell mit den motorisierten Booten zu erreichen ist.

Gegen 10 Uhr am gleichen Morgen wecken uns die wärmenden Sonnenstrahlen, die den Innenraum des kleinen Blockhauses schnell auf angenehme Temperaturen bringen, aus unserem Tiefschlaf.

Zügig erledigen wir die morgendliche Körperpflege und laufen über einen Trampelpfad die dreihundert Meter zum großen Haupthaus, wo wir schon aus größerer Entfernung den Duft von frisch aufgesetzten Kaffe mit unseren Nasen riechen können.

Hermann hat wieder einmal perfekt für einen abwechslungsreichen Frühstückstisch gesorgt. Neben Erdbeer- und Johannisbeermarmelade stehen Honig, leckere Frühstückswurst, Orangensaft und verschiedene Brotarten zur Auswahl. Auch gekochte Eier bietet der „Chefkoch" seinen Gästen nach einer Nachfrage noch an. Hermann ist wirklich mit keinem Geld der Welt zu bezahlen. Aber es macht ihm auch sichtbar Spaß, wenn er die zufriedenen Gesichter am Frühstücks- oder Abendtisch ausmachen kann.

Nachdem wir in der recht großen Wildnisküche für Ordnung und beste Sauberkeit gesorgt haben, machen sich derweil Thomas und Karlheinz auf den Weg zum Bootshaus, um die Tanks der recht leistungsstarken Außenbordmotoren mit Benzingemisch zu füllen.

Um die Mittagszeit starten wir vom großen Haupthaus aus zu unserer ersten Angelexkursion auf den Stewart Lake. Über 1 300 Hektar Wasserfläche hat der

Das große Blockhaus am Stewart Lake

auf über 800 Meter Meereshöhe liegende Stewart Lake.Das halbe Jahr ist er von einer dicken Eisfläche überzogen. Erst Ende Mai/Anfang Juni schmilzt das Eis. Dann beginnt die Angelsaison. Der See ist weit verzweigt mit vielen kleinen Inselchen und Buchten und bietet somit einen natürlichen Windschutz, um auch an stürmischen Tagen seinem Hobby, dem Angeln nachgehen zu können. Wer einmal schon an den riesigen Yukon-Seen gefischt hat, wird diesen großen Vorteil in würdiger Weise zu schätzen wissen. Oft verlieren die Angler bei den aufbrausenden Wellen der großen Seen schnell die Lust zum Fischen weil die Angst vor ein Überbordgehen in den Gliedern der meisten „Landratten" doch tiefer sitzt, als man es zugibt. Der Stewart Lake hat neben den tieferen Stellen auch viele flache Uferzonen mit Krautbänken. Sie bieten den nordischen Hechten (Northern Pikes) ideale Lebensbedingungen. Diese sind große Nahrungsrivalen für die Seeforellen. Eigentlich handelt sich hierbei nicht um

Forellen, sondern um die größte Saiblingsart unserer Erde. Der Namaycush ist ein begehrter Speisefisch, der schon mit gewaltigen Gewichten von über 60 Pfund von Sportfischern im Norden Kanadas erbeutet wurde. Der Rekordfisch aus dem Stewart Lake wog immerhin stattliche 33 Pfund. Die beste Zeit zum Fischen auf den Namaycush ist nach dem Eisaufbruch. Die Fische zieht es dann nach der langen winterlichen Fastenzeit in die flacheren Stellen des Sees, um gierig auf Nahrungssuche zu gehen.

Unsere Angelruten werden mit großen Blinkern und Wobblern versehen, die wir etwa dreißig bis vierzig Meter hinter unserem langsam fahrenden Boot schleppen. Der erste Biss lässt nicht lange auf sich warten und nach einem kurzen Drill kommt der gehakte Fisch längsseits zum Boot. Es ist ein Namaycush, kein kapitaler Bursche, aber gute vier Pfund wird der Fisch schon auf die Waage bringen. Die Saiblinge wachsen in dem kalten Wasser der Gebirgsseen sehr langsam, im Durchschnitt nur etwa ein halbes Pfund pro Jahr, und es dauert deshalb schon fast ein halbes Menschenalter bis ein ganz kapitales Exemplar herangewachsen ist. Auch Herbert bekommt nach nur wenigen Minuten seinen ersten Saibling in den Kescher. Auch er hat einen „Durchschnittsbrocken" von guten vier Pfund erwischt.

Es macht höllisch Spaß, bei diesem Wetter zu fischen. Fast kein Lüftchen regt sich, wie denn auch, ist doch kaum eine Wolke am dunkelblauen Himmel auszumachen. In der sich glatt präsentierenden Wasseroberfläche spiegeln sich die umliegenden Bäume entlang des Seeufers wider.

„Da, was ist das?" Ich deute auf zwei schwarze Punkte, die wie schlanke Blumenvasen aus dem See ragen. „Keine Ahnung", erwidert Herbert. Sofort wird die „Reisegeschwindigkeit" mit dem Boot durch „Skipper" Herbert deutlich erhöht.

„Wups, die zwei schwarzen Säulen sind plötzlich spurlos verschwunden." „Schau da, Herbert!" Mit meinen Zeigefinger deute ich auf die etwa im Abstand von fünfzehn Metern zum Boot wieder auftauchenden schwarzen „Rohre".

Nun können wir sie erkennen. Ein Pärchen Seeotter schaut uns großäugig an. Die Tiere sehen wirklich putzig und niedlich aus. Bei uns in Deutschland vom Aussterben bedroht, haben sich die Tiere in der kanadischen Wildnis trotz ständiger Verfolgung durch den Menschen aufgrund ihres dicken Pelzes erfolgreich behauptet.

Das Seeotterpärchen scheint die Scheu und das Mißtrauen gegen uns „neue Seebewohner" von Minute zu Minute mehr abzulegen. Immer näher erscheinen sie nach ihren minutenlangen Tauchexkursionen am Bootsrumpf. Nun möchten wir aber wieder unsere Angelruten auswerfen. Um die Otter nicht zu erschrecken, rudern wir mit einigen kräftigen Schlägen erst einmal einige Meter von ihnen weg. Erst nach einen gehörigen Abstand zu den beiden possierlichen Tieren startet Herbert den Außenborder.

In einigen hundert Metern Entfernung sehe ich eine Krautbank. Auf diese steuern wir nun mit dem Boot zu.

Ein kräftiger Ruck fährt durch die Rutenspitze. Als erfahrener Angler merke ich es schnell. „Das muss was Größeres sein!" Auch Herbert sieht dies gleich und kurbelt schnell seine Angelleine ein, um eine Verhederung mit der meinigen zu vermeiden. Meine Vermutung auf einen größeren Fisch wird nur fünf Minuten später zur Realität. Der Fisch ist nun bereits in Sichtweite. Der erste Hecht hängt am Haken!

„Ein ganz schöner Brummer", kommt aus Herberts Mund. Die Länge des Fisches schätze ich auf fast einen Meter und gute zwölf Pfund würde dieser „Kerl" bestimmt auf die Waage bringen.

Für die Pfanne ist der Hecht zu groß. Der Haken, das erkenne ich sofort, sitzt problemlos an der Maulspitze des Raubfisches. Ohne den Fisch aus seinem feuchten Element entfernen zu müssen, befreit ihn Herbert, gekonnt mit der Zange vom lästigen Metallstück.

Mit einem kräftigen Schlag seiner Schwanzflosse verabschiedet sich der Hecht in tiefere Seeregionen.

Im Yukon herrschen sehr strenge Gesetze. Es ist nur ein Fischen mit Einfachhaken erlaubt. In manchen Gewässern müssen sogar die Widerhaken entfernt werden. Die Regularien sollen den fantastischen Fischreichtum der Provinz schützen und auch noch auf Jahre erhalten.

Nicht nur bei uns im Boot ging es während des ganzen Tages fast Schlag auf Schlag. Auch Hermann, Kurt und Thomas hatten jede Menge Fische an der Angel. Der Kapitale war aber auch von ihnen noch nicht zu überlisten.

Am nächsten Tag suchen wir auf der anderen Seeseite nach weiteren Angelrevieren. Es gibt hier viele Buchten, bei denen die Wassertiefe unter 50 Zentimetern liegt. In diesen flachen Zonen erleben wir eine absolute Weltklassefischerei, bei der fast jeder Wurf einen Hecht an die Angel bringt. Selbstverständlich werden nur große, widerhakenlose Einfachhaken von uns verwendet.

Dann geschieht es, auf Hermanns Blinker stürzt sich wie ein Torpedo ein kapitaler Esox von guten 25 Pfund. Hermann ist so überrascht bzw. erschrocken, dass er völlig vergisst, den Anhieb zu setzen und so kann der kapitale Bursche, nachdem er gute 30 Meter mit rasender Geschwindigkeit von der Angelrolle gezogen hatte, den lästigen Metallhaken aus seinem Maul abschütteln.

Gegen fünf Uhr nachmittags kehren wir zum Blockhaus zurück. An diesem Nachmittag sollte mir noch eines der lustigsten Erlebnisse auf all meinen Reisen durch den Norden Kanadas bevorstehen.

Ich spüre ein dringendes „großes menschliches" Bedürfnis und so führt mich der Weg schleunigst zum Outhouse. Erleichtert nehme ich Platz.

„Was ist das?" Aus dem dunklen Nichts des Plumpsklos werden mir aus den „unteren Regionen" zornige und knurrende Laute entgegengeworfen. Ich bin zuerst bis auf den Tod erschrocken, doch im Bruchteil einer Sekunde postiere ich meine Hand schützend vor den wichtigsten „männlichen Teilen".

Das zornige Knurren wird immer lauter und energischer.

Schnell hebe ich meinen Hintern hoch.

„Was kommt denn da zum Vorschein", denke ich mir.

Mit seinen großen, klappernden Zähnen knurrt das Tier und schaut mich gleichzeitig böswillig mit seinen großen Augen an.

Schnell ziehe ich meine Hose nach oben und verlasse mit einem mächtigen Satz das Klohäuschen.

„Das gibt es doch nicht!"

Ein großes Murmeltier kommt aus einem Loch neben dem hölzernen Kloaufbau hervorgekrochen. Das Tier hatte sich tatsächlich zu einem Nachmittagsnickerchen ins tiefe Loch des Plumpsklos zurückgezogen.

„Wahrscheinlich mit einem Schmunzeln auf der Lippe", denke ich mir.

Da unten wird es schön warm sein, schließlich haben auch die menschlichen „Abfallprodukte" eine angenehme Temperatur von fast 37 Grad.

„Und obendrein wird es dort unten weicher und bequemer sein, als auf dem harten Permafrostboden!"

Nach meinen Erzählungen im Blockhaus lachen mich zwar alle meine Reisekollegen ziemlich neckisch aus. Doch dieses Outhouse sollte in den nächsten beiden Tagen vollkommen ungenutzt bleiben. Erst als die Luft rein schien, setzt sich der erste Mutige wieder mit seinem „nackten Hintern" in dieses Klohäuschen.

Ärger mit einem „stacheligen Nachbarn" hat Herbert II. Direkt unter seinem Schlafraum hält ein Stachelschwein diesen Platz für ein ausgezeichnetes und bequemes Nachtlager.

Nun so gut. Das Tier scheint aber mit den Platzverhältnissen nicht so ganz einverstanden zu sein. Stundenlang, vor allem in den Dämmerungsstunden, knabbert der „Untermieter" an die hölzerne Pfähle des Unterbaues am Blockhaus, um so die neugefundene „Wohnstube" zu vergrößern.

Nach Anraten von Christa und Günther bleibt Herbert II nichts anderes übrig, als den lauten Gesellen mit einem stabilen Besenstiel das Fürchten zu lernen. Nach diesem, für das Tier recht unerfreulichen Erlebnis, zieht dieses vor, sich etwa fünfzig Meter vom Blockhaus entfernt unter dem Holzvorratslager einen neuen, besser geeigneten und „störungsfreien" Unterschlupf zu suchen.

Herbert mit Northern Pike (Nordischen Hecht)

AUF ÄSCHENPIRSCH MIT DEM KANU

Mit zwei Kanus und einem motorisierten Schlauchboot geht es an diesem Morgen unter der Führung von Günther zum Auslauf des Sees.

Durch den geringen Wasserstand müssen wir an manchen Stellen die beiden Kanus auf unsere Schultern hieven, um sie so über Äste und Baumwurzeln, die als leidige Hindernisse im Bachlauf zu finden sind, zu transportieren und somit den Weg stromabwärts weiter folgen zu können.

Wir können rabenschwarze Wolken schon aus der Ferne ausmachen. Das Wetter ist heute verdammt schwül. Den arktischen Äschen scheint dieses Wetter zu gefallen. In einem wahren Beißrausch stürzen sie sich auf unsere kleinen Spinner und Fliegen.

Innerhalb kürzester Zeit werden von uns kapitale Äschen mit 45 bis 55 cm Länge und Gewichten bis zu drei Pfund erbeutet, so dass wir für unsere kleinen Strapazen reichlich belohnt werden. Während wir unseren Spaß beim Äschenfischen haben, wird Herbert II als Filetmeister eingestellt. Wie Karlheinz, kann auch Herbert II mit den feuchten Schuppenträgern nicht viel anfangen. Aber fachmännisch verarbeitet er unsere Fänge, das muss man ihm lassen.

Aber nicht nur die Fische beißen nach Herzenslust, auch die Moskitos zeigen sich im sumpfigen und feuchten Bachlaufgebiet in bester Beißlaune. Trotz Moskitospray und Günthers „Pfeife" bekommt jeder von uns die schmerzhaften Stiche der kleinen, fiesen Mücken zu spüren.

Scherzhaft wird ja die Moskito-Fliege als Staatstier Nummer eins auf Postkarten im hohen Norden Kanadas und Alaskas angepriesen.

An diesem Tage können wir die kleinen Biester und Quälgeister verfluchen. Wir sind froh, als wir das Seeufer erreichen und die Kanus im Schlepptau an das motorisierte Schlauchboot hängen und die unangenehme Gegend nun schleunigst verlassen können.

Hauptsache ist, dass wir Glück beim Wetter haben. Die Gewitterwolken sind an uns vorbeigezogen und haben sich an anderer Stelle ausgeleert. Unsere gefangenen Äschen werden bestimmt eine vorzügliche Delikatesse abgeben. In den frühen Nachmittagsstunden kehren wir zur Campanlage zurück. Während Christa und Hermann die frischen Fischfilets in einem Salzsud einlegen, bereiten Günther, Kurt und Herbert die Räucherstube vor.

Im Räucherhaus werden die Äschenfilets wenig später zu herzhaften und köstlichen Spezialitäten geräuchert. Als „Ober-Räuchermeister" ist dabei Kurt am Werkeln. Er beobachtet im dichten Nebeldunst des Rauches, dass auch ja nicht das Feuer seine Kraft verliert oder gar erlischt.

Mit Sahnemeerrettich und heißem Toast werden am Abend die geräucherten Äschen im großen Blockhaus serviert.

Am Stewart Creek: Herbert II versorgt fachmännisch die erbeuteten Äschen

Beim Essen traue ich plötzlich meinen eigenen Augen nicht. Was schaut denn da durch das Fenster auf der Rückseite des Blockhauses. Tatsächlich, eine neugierige Elchkuh möchte die neuen Besucher auf „ihrer" Halbinsel anscheinend unter die Lupe nehmen. Wahrscheinlich handelt es sich dabei um das gleiche Tier, das uns am vergangenen Abend mit seinem recht lauten Aufgalopp an der Holztreppe zum Seeufer einen gehörigen Schrecken verpasste.

„Das glaubt uns Zuhause doch keiner!" Kurt nimmt mir die Worte aus dem Mund. Schnell wird nach der Film- und Videoausrüstung gesucht. Das Tier hat sich inzwischen zwar einige Meter vom Blockhaus entfernt, aber dennoch lässt es sich noch schön filmen und fotografieren.

Als wirkliche freche und dreiste Diebe der Wildnis sind die „Whisky Jacks" zu bezeichnen. Die Vögel, die unserem heimischen Eichelhäher am nächsten kommen, klauen uns nicht selten so manches Brotstück vom Kaffeetisch auf der Holzterrasse.

Unsere beiden Gastgeber im Yukon Pioneer Wilderness Camp: „Crazy Doc" Günther und seine Ehefrau Christa

Die Vögel kennen wirklich keinerlei Scheu vor uns Menschen. Nach einigen Tagen werden sogar unsere Kopfbedeckungen in Form von Baseball-Mützen und Cowboyhüten zur willkommenen Aussichtsplattform für die Vögel.

Den plötzlichen und oftmals völlig überraschenden Witterungswechsel lernen Herbert und ich am nächsten Nachmittag wieder einmal kennen.

Mit unserem Boot schippern wir gemächlich am anderen Ende des Sees. Plötzlich ziehen Wolken auf und ihre Schatten verdunkeln das Wasser in eine schwarze Farbe.

„Ausgerechnet jetzt!" Herbert flucht und schimpft. Zu recht, ich hatte nicht aufgepasst und meine Angelleine ist in die Antriebsschraube des Außenborders gelangt. Der Motor stirbt ab. Herbert versucht, die entstandene Schnurperücke an der Schraube zu entfernen. Vergebens!

Durch die aufziehenden Wolken nimmt auch der Wind enorm zu. Die Wasseroberfläche, die noch vor wenigen Augenblicken spiegelglatt vor uns lag, wird durch die nun recht aufbrausenden Wellen zur reinsten „Baby-Wiege". Das kleine Boot schaukelt von einer Seite zur anderen.

„Es hilft nichts, Herbert, wir müssen rudern, sonst werden wir immer mehr vom Ufer abgetrieben und das Kentern mit dem kleinen Boot ist vorprogrammiert!"

Zum Glück ist eine kleine Insel in etwa zweihundert Meter Entfernung vom Ufer vorgelagert. Angst vor dem Ertrinken müssen wir beide deshalb nur bedingt haben. Aber es wäre schade, die teure Angelausrüstung zu verlieren. Mit kräftigen Ruderschlägen kämpfen wir gegen die Wellen an. Kurz vor Erreichen der kleinen Insel geht die reinste Regenflut über uns hernieder.

So böse hatte sich Freund Petrus als Wettergott lange nicht gezeigt. Blitz und Donner haben längst am kohlrabenschwarzen Himmel die Herrschaft übernommen.

Nun haben wir zum Glück festen Boden unter den Füßen. Wir ziehen das Boot komplett aus dem Wasser. Eine kräftige Windböe, und es würde sich sicherlich auf Nimmerwiedersehen von uns verabschieden. Außerdem bietet der Rumpf des Bootes etwas Schutz vor dem stürmischen Wind und Regen.

Zwanzig Minuten später reißt der Himmel wieder langsam auf. Von Minute zu Minute gewinnt die Sonne immer mehr an Durchschlagskraft. Wenige Minuten später geht sie endgültig als Sieger im Wettstreit mit Blitz, Donner, Wind und Regen hervor.

Für uns wird es nun Zeit für einen Klamottenwechsel. Wir sind beide pitschnass. Eine heiße Tasse Tee oder Kaffee täte jetzt auch gut. Vom Angeln haben wir erst einmal die Schnauze voll und kehren im zügigen Tempo, nachdem Herbert die Schraube vom Schnursalat befreit hat, zurück zum Blockhaus.

Als wir am Wohnhaus der Ermerts vorbeisteuern, sehe ich Günther mit ausgestreckten Armen uns zuwinken. Wir legen unser Boot am Steg an. Günther ist uns bereits entgegengelaufen.

Wie er uns mitteilt, werden er und Christa für drei Tage nach Whitehorse fliegen. Mit der neuen Grundstücksübertragung gibt es Schwierigkeiten, deshalb müssen sie nach Whitehorse und die auftretenden Unstimmigkeiten aus dem Wege räumen. Schnell erklärt uns Günther die Handhabung mit dem Funktelefon, falls wir während ihrer Abwesenheit in Schwierigkeiten kommen sollten und Hilfe benötigen.

Als Christa das Wohnhaus betritt, wirkt sie recht blass im Gesicht. Christa hat Flugangst. Besonders die wackligen, kleinen Buschflugzeuge sind jedesmal ein Greuel für sie. Sie darf an den morgigen Tag gar nicht denken, wenn sie sich wieder ernsthaft überwinden muss, das Wasserflugzeug zu betreten.

Aber es wird ihr nichts anderes übrigbleiben. Schließlich weiß sie es am besten. Es führt vom Camp keine Straße in die nächste Siedlung, ringsherum herrscht grenzenlose Wildnis. Nur ein Flug nach Watson Lake oder Whitehorse bringt sie zurück an den Rand der Zivilisation.

Am nächsten Morgen gegen neun Uhr nehmen wir die Motorengeräusche des Wasserflugzeuges wahr. Es ist das „Wasser-Taxi" des Watson Lake Flying Services, das unsere beiden Gastgeber abholt.

Christa und Günther haben sich bereits am „Airport" des Stewart Lakes eingefunden. Thomas, Herbert und ich fahren mit einem Boot zu den beiden hinüber.

Christas Blässe im Gesicht vom Vortag ist nicht besser geworden. Mit zittriger Stimme verabschiedet sie sich von uns Dreien. Günther gibt uns noch letzte Instruktionen, dass wir auch ja auf uns aufpassen sollen und sich keiner verletzt.

„So Jungs, bis in drei Tagen wieder." Mit diesen Worten steigt Günther in das kleine Buschflugzeug der Marke Cessna.

Wenige Augenblicke später nimmt die Rotation der Motorenflügel etwas zu und Buschpilot Steve steuert das Flugzeug in Richtung Seemitte.

Dort läuft der Motor auf Hochtouren und mit ohrenbetäubenden Lärm gleitet die kleine Maschine auf ihren Schwimmflügeln immer schneller auf der Wasseroberfläche entlang. Nun hebt die Maschine langsam ab und nimmt schnell an Höhe zu. Die Maschine verschwindet aus unseren Augen und nur noch der Lärm verrät, dass sich das Flugzeug in luftigen Höhen bewegt.

Wir sind nun alleinige Besitzer des Yukon Pioneer Wilderness Camps. Jedenfalls für drei Tage.

Angeln, Relaxen, Kanufahren oder nur Lesen eines fesselnden Romans aus der „Blockhaus-Bibliothek". Entspannung und Erholung „pur" sind in den nächsten Tagen angesagt. Langeweile gibt es nicht. Zu spannend ist ein Aufenthalt fernab jeglicher Zivilisation.

Immer wieder passieren neue Sachen, so wenn sich „Freund Nerz" die Fischreste aus dem Eimer holt, eine Elchkuh ihren Sprössling „Schwimm-unterricht" erteilt, oder nur wenn die markanten Schreie der Loons

(Polartaucher) uns aus unseren Anglerträumen aufschrecken. In einem Wildnis-Camp kann man die tollsten und einzigartigsten Eindrücke sammeln.

Schnell vergehen die drei Tage ohne unser Gastgeberehepaar. Die Motorengeräusche verraten es wieder.

„Die Ermerts sind wieder im Anflug!"

Eine Wildnisnacht ist schon etwas Besonderes. Nur die Laute der Loons oder das Platschen eines Fisches im See stört die friedvolle Stille.

Von wegen!

Karlheinz kann mit seinem lauten Schnarchen immer wieder die Ruhe sprichwörtlich „wegblasen".

Heute Nacht ist es besonders schlimm. Ich wälze mich ständig im Holzbett von der einen zur anderen Seite. Es hilft nichts. Ich bekomme einfach kein Auge zu. Zu laut ist das „Schnarch-Konzert" von Karlheinz. Normalerweise dürften am nächsten Morgen im Umkreis von Hunderten von Metern keine Bäume mehr stehen, so kräftig „sägt" der Kollege.

Völlig genervt „klettere" ich in den dämmrigen Morgenstunden aus dem Bett und ziehe mir kurzerhand den mitgebrachten Jogging-Anzug über.

Ich „flüchte" bis zum Bootssteg. Meine Blicke richten sich auf die glatte Wasseroberfläche des Sees. Minute um Minute vergeht, ohne das auch nur das geringste Geräusch wahrzunehmen ist.

Mehr als drei Stunden verbringe ich am Ufer, gebannt und aufmerksam der lautlosen Stille zuhörend.

Ja, dies war das Erlebnis, nach dem ich schon so lange gesucht hatte, einmal die Stille der Wildnis zu hören.

Die ersten wagen Strahlen der Morgensonne veranlassen mich zum Blockhaus zurückzukehren und noch ein kleines Nickerchen zu machen, denn es war ganz schön anstrengend, dem Lauschen der Stille aufmerksam zu folgen.

Neben den Namaycush Saiblingen, Hechten und Äschen im Auslauf leben noch Renken (Whitefish) und Aalrutten (Burbot) im See. Mit der letztgenannten Fischart sollte mir noch der Fang der Reise gelingen.

Mit Herbert bin ich auch am vorletzten Tag unseres Aufenthalts im Camp mit dem Boot zum Angeln unterwegs. Das Wetter zeigt sich von seiner besten Seite.

Da, Herberts Angelrute biegt sich beängstigend. Es ist kein Fisch! Einen kräftigen Hänger hat er bekommen. „Skipper" Herbert legt den Rückwärtsgang ein. Schnell gewinnt er Meter für Meter Schnur zurück. Sein Blinker ist an einer Wasserpflanze hängengeblieben. Das Wasser ist kristallklar. Drei bis vier Meter Wassertiefe lassen einen Blick zum Grund zu.

„Schau Herbert!" Mit meiner Hand deutete ich auf einen langen schwarzen Fleck am Seeboden. Dieser bewegt sich nun einige Zentimeter. Ein Fisch, das muss eine Aalrutte sein. Sie sind, wie uns Günther berichtete, nur sehr schwer mit der Angel zu überlisten. Bisher hatte erst ein Petrijünger Glück, eine Rutte mit knapp drei Pfund Gewicht zu erbeuten, aber das sei auch schon Jahre her.

„Die fangen wir!" Schnell hat sich mein Jagdtrieb neu entladen.

Der Löffelblinker wird mit einer ordentlichen Bleibeschwerung versehen. Zwei bis drei Meter vom „schwarzen Punkt" entfernt lasse ich den nun sehr schweren Blinker auf den Seegrund absinken.

„Tatsächlich, der Fisch hat zugeschnappt!" Er ist nicht mehr zu sehen, aber seine gewaltige Kraft kann ich an der Angelrute spüren. Trüb wird das Wasser, der Fisch versucht, im schlammigen Untergrund zu entkommen. Meine hart eingestellte Rollenbremse lässt dies aber nicht zu. Der Fisch hat verloren. Zwar zieht er immer wieder mit gewaltigen Fluchten in Richtung Seegrund. Aber der Haken sitzt zu gut und die Schnur ist den auch noch so größten Druck gewachsen.

An der Wasseroberfläche angekommen, ist der Kampf zu meinen Gunsten endgültig entschieden. Herbert bringt den Fisch gekonnt in den Unterfang-kescher.

„Was für ein toller Kerl!" Das Maßband zeigt genau einen Meter und fünf Zentimeter. Ein Gewicht von zwölf Pfund lese ich ab. Schnell sind ein paar gute Fangfotos gemacht.

Die Aalrutte ist ein großer Laichräuber. Wieviele Jahre lebte dieser Fisch wohl schon im See?

Mir ist nicht ganz wohl zumute, als ich den Fisch betäube und anschließend Herbert ihn mit einem Herzstich tötet.

Aber der Fisch hatte auch den Blinker sehr tief „geschluckt". Als Abschiedsessen sollte der Fisch eine würdige Verwertung finden. Auf Anraten von Günther ließ ich später zu Hause den Kopf des urigen Fisches präparieren. Noch heute schmückt er übrigens den Flur meiner Wohnung aus.

Leider vergingen die zwei Wochen bei den Ermerts viel zu schnell. Die nun wahrzunehmenden Motorengeräusche des anfliegenden Wasserflugzeuges sind das sichere Signal, dass sowohl die Wildnistage am Stewart Lake, als auch die gesamte Reise sich mit unaufhaltsamer Geschwindigkeit dem Ende nähert.

Ich bin traurig und gerührt, als ich mich von Günther und Christa verabschiede. Wunderschön war die Zeit am Stewart Lake.

Abenteuerlich wird für uns allen nochmals der Rückflug, besonders für Herbert II, der „Co-Pilot" spielen darf.

Buschpilot Dave ist mit der großen Otter zu uns geflogen. Dave hat Probleme mit der schweren Maschine. Der heftige Wind sorgt für einen gehörigen Wellengang. Die nötige Startgeschwindigkeit erreicht er nicht. Wir fahren nun mehr als zwei Kilometer bis zu einem windgeschützten Seitenarm des Sees.

Aber es sollte wieder nicht klappen. Die Maschine befindet sich zwar schon in luftiger Höhe, doch die nun vor uns liegenden Baumkronen „packt" die Maschine nicht und Dave bricht den Startversuch energisch ab.

Weis, wie ein Stück Papier, sind wir fast alle. Aber der Magen von Herbert II ist vom plötzlichen Abgang der Maschine schwer in Mitleidenschaft gezogen worden. Die bekannte „K....-Tüte" kommt zum Einsatz.

Aber ich muss es zugeben, viel hätte auch bei mir nicht gefehlt.

Das laue Magengefühl ist noch nicht ganz überwunden, so startet Dave einen neuen Versuch, die Maschine in die Luft zu bekommen.

„Jetzt hebt sie ab!" Schon sind wieder die angrenzenden Bäume zu sehen. Wirklich haarscharf bringt Dave die Schwimmflügel der Maschine über die Baumkronen.

„It was not easy!" Aus dem Rücksitz kann ich Daves Worte zu Herbert II von den Lippen ablesen.

Auch in der sogenannten „Flughöhe" ist der Flug im Gegensatz zum Hinflug alles andere als beruhigend. Ständig sackt die Maschine mehrere Meter durch den sich drehenden Winden ab. Immer wieder wird die Magengegend von allen Fluggästen auf Tauglichkeit überprüft.

Aber vierzig Minuten später ist es überstanden. „Butterweich" setzt die Maschine auf den Watson Lake auf.

Am späten Nachmittag geht es mit einer kleinen Turbo-Prop der Canadian Airlines zurück nach Whitehorse, wo nach einer Hotelübernachtung der Rückflug nach Deutschland erfolgt.

Auf allen Reisen hat die ungezähmte Wildnis und Weite des hohen Nordens Kanadas und Alaskas bei allen Teilnehmern unauslöschliche Eindrücke hinterlassen, mit dem Wunsch Jack Londons, dem Lockruf der Wildnis folgend, der gewohnten Zivilisation öfters einmal entfliehen zu dürfen.

**Allgemeine Reiseinformationen und nützliche Tipps
für Reisen nach Kanada und Alaska**

Anreise: Die Charterfluggesellschaften Condor, LTU, balair und air Transat fliegen teilweise „Non-Stopp" von Frankfurt, Düsseldorf und Zürich nach Anchorage und Whitehorse. Die Charterlinie der Condor fliegt ab Ende Mai bis Mitte/Ende September einmal wöchentlich von Frankfurt über Whitehorse nach Anchorage, zusätzlich findet an Samstagen ein Direktflug nach Anchorage statt. Mit Maschinen der balair geht es von Zürich donnerstags nach Whitehorse.
Stand 2001!

Einreisebestimmungen: Für die Einreise nach Kanada und Alaska benötigen Deutsche, Österreicher und Schweizer für einen maximal neunzig Tage langen Aufenthalt einen Reisepass, der noch mindestens sechs Monate lang Gültigkeit besitzt.

Impfungen: Es sind zur Zeit keine erforderlich.

Devisen: Es empfiehlt sich, kanadische bzw. amerikanische Dollars mit auf die Reise zu nehmen, denn der Umtausch von europäischer Währung ist mühselig und oft kompliziert. Besonders zu empfehlen sind Reiseschecks in US oder CAN Dollar. Sie sind ebenso gut wie Bargeld und werden problemlos überall in Zahlung genommen. Wer größere Einkäufe plant, bzw. einen Mietwagen oder ein Wohnmobil mieten möchte, sollte eine Kreditkarte mitführen, da er für die Miete des Fahrzeuges eine Kaution hinterlegen muss. Die Euro-Card und Visa-Card haben sich im Gegensatz zu der American Express-Card sehr gut bewährt und werden fast überall akzeptiert.

Ärztliche Versorgung: In jeder kleineren Stadt können Sie mit ärztlicher Hilfe rechnen. Beachten Sie bitte, dass Arzt- und Krankenhauskosten oft wesentlich höher als in Deutschland sind. Deshalb ist der Abschluss einer Auslandskrankenversicherung ratsam.

Kleidung/Klima: Denken Sie daran, dass der Sommer und Herbst in Kanada und Alaska recht launisch sein können. Kurzfristige Schneefälle, selbst im Sommer, sind nicht unbedingt außergewöhnlich. Nicht selten steigt aber auch das Thermometer an die 30 Grad Celsius Marke und darüber. Deshalb sollten neben leichten T-Shirts für heiße Sommertage auch ein guter Regenschutz und warme Pullover im Reisegepäck nicht fehlen. Immer beliebter werden auch Urlaube in den Wintermonaten. Bitte bedenken Sie hier, dass die Temperaturen bis weit unter dem Gefrierpunkt sinken, Temperaturen von bis zu minus 40 Grad Celsius sind dabei keine Seltenheit. Lange Thermounterwäsche, Ohrenschutz und Gore-Tex-Hosen dürfen in den nordischen Wintermonaten in keinem Gepäck fehlen.

Stromart und Spannung: In Kanada und Alaska gibt es überall Wechselstrom 110 V / 60 Hz (in Europa 220 V / 50 Hz). Für die Steckdose benötigen Sie einen Zwischenstecker. Es empfiehlt sich, Elektrogeräte mitzunehmen, die auf 110 V umschaltbar sind.

Telefonieren: Die einfachste, aber etwas teure Art ist das bargeldlose Telefonieren mit der T-Card der Deutschen Telekom über die deutsche Vermittlung. Das Telefonieren von öffentlichen Telefonzellen über den Operator ist normalerweise nicht kompliziert. Man wählt die gesamte Nummer, bekommt dann den Operator an den Hörer, der einen mitteilt, wieviel das Gespräch kostet. Zunächst muss immer bei Gesprächen nach Europa 011 gewählt werden, dann die entsprechende Ländernummer, z.B. 49 für Deutschland, dann die Vorwahl (ohne Null) und schließlich die Rufnummer des entsprechenden Teilnehmers.

Zeitverschiebung: Zwischen Deutschland, der Schweiz und Österreich und Westkanada (Britisch Kolumbien, Yukon) besteht ein Zeitunterschied von neun Stunden, nach Alaska zehn Stunden.

Beispiele: Frankfurt 20 Uhr - Whitehorse 11 Uhr
                Frankfurt 20 Uhr - Anchorage 10 Uhr

Mietwagen und Wohnmobile: Die Büros der Vermietstationen befinden sich in allen größeren Städten, z.B. Anchorage, Fairbanks oder Whitehorse. Zum Fahren der Fahrzeuge genügt ein Führerschein der Klasse III, das Mindestalter beträgt 21 Jahre, teilweise sogar 25 Jahre für die Anmietung von Wohnmobilen. Es empfiehlt sich immer die sogenannte VIP-Zusatzversicherung abzuschließen, da sie die Selbstbeteiligung des Mieters bei einem Schaden auf ein Minimum reduziert. Zu einer sehr beliebten Mietvariante haben sich sogenannte Deluxe-Pakete entwickelt, die neben der kompletten Versicherung auch Endreinigung, erste Propangasfüllung, Tankfüllung und komplette Ausstattungen der Fahrzeuge bereits im Mietpreis enthalten. Die bessere Versicherung und die preisgünstigeren Mietkonditionen werden Sie immer bei einer Vorausbuchung durch einen deutschen oder europäischen Reiseveranstalter erzielen. Bei der Übernahme bitte sofort die Fahrzeuge auf eventuelle Schäden überprüfen und diese vom Vermieter quittieren lassen. Dies erspart bei der Rückgabe oftmals unnötigen Ärger.

Straßenentfernungen in Alaska und Yukon: Tipp für Wohnmobiltour: Weniger kann mehr sein! Das soll heißen, planen sie nicht zu lange Touren, um nicht auf Hetzjagd durch die Schönheit des Landes gehen zu müssen. 4 000 Kilometer für eine dreiwöchige Camperreise sollten das Maximum sein!

Anchorage – Denali National Park	ca. 375 km
Anchorage – Fairbanks	ca. 580 km
Anchorage – Kenai	ca. 220 km
Anchorage – Seward	ca. 200 km
Anchorage – Valdez	ca. 500 km
Anchorage – TOK	ca. 520 km
Anchorage – Homer	ca. 370 km
Anchorage – Haines	ca. 1250 km
Anchorage – Skagway	ca. 1350 km
Whitehorse – Skagway	ca. 180 km
Whitehorse – TOK	ca. 650 km
Whitehorse – Dawson City	ca. 530 km

Verpflegung: Größere Einkaufsmärkte und Supermärkte haben teils vierundzwanzigstündige Öffnungszeiten und sind auch mit Abstand am preiswertesten. Alkoholische Getränke erhalten Sie nur in einem sogenannten „Liquor-Store".

Fotografieren: Kanada und Alaska bieten eine Fülle von reizvollen Motiven. Für kontrastreiche Landschaftsaufnahmen sollten ein Pol- bzw. UV-Filter gegen das grelle Mittagslicht im Fotogepäck nicht fehlen. Für Tieraufnahmen sollten Teleobjektive mit möglichst 300 bis 500 mm Brennweite und Stativ zur Verfügung stehen. Denken Sie daran, dass Filme zumeist bedeutend teurer sind als in Deutschland. Sicherheitshalber sollten Sie mitgebrachte Filme in strahlendichte Beutel oder Dosen verpacken und, ganz wichtig, mit ins Handgepäck nehmen.

Mücken: Es ist ein leider oft vergessenes Thema, doch sind Schutzmitteln in manchen Gegenden Kanadas und Alaskas ein absolutes Muss. Wirksame Schutzmittel kauft man besten in den Reiseländern, in Kanada und Alaska gibt es sie normalerweise in allen Supermärkten zu kaufen.

Freizeitaktivitäten:

Angeln: Alaska und Kanada sind wahre Paradiese für Angler. In tausenden Flüssen und Millionen von Seen ist zumeist ein unvorstellbarer Fischreichtum vorhanden. Ob Lachse, Forellen, Saiblinge, Hechte und Äschen, alle Fischarten können hier in Rekordgrößen gefangen werden. Fischereilizenzen sind in fast allen größeren Geschäften käuflich zu erwerben. Bitte beachten Sie, die sogenannten „Fishing Regulations" über Schonzeiten, -maße und Fischereimethoden. Besonders im Yukon herrschen sehr strenge Regularien, die sehr oft von Aufsehern kontrolliert und bei Nichtbeachtung sehr hart bestraft werden.

Jagen: Auf Niederwild ist eine Jagd ohne Führer noch möglich. Selbstverständlich erst nach dem Erwerb der entsprechenden Jagdlizenz. Auf Großwild, wie Bären und Elche, muss immer ein staatlich anerkannter Führer mitgehen. Bitte genauere Informationen einholen, wenn Sie speziell zum Jagen in diese Länder einreisen möchten.

Informationen über Fischen und Jagen erhalten sie bei Alaska Department of Fish and Game, P.O. Box 25526, Juneau, AK 99802 U.S.A.

oder:

Yukon Government Fish and Wildlife Branch, P.O. Box 2703, Whitehorse, YT, Canada Y1A 2C6.

Hiking, Mountain-Biking, Kanufahren:

Besonders das Hinterland Alaskas und Kanadas bieten immer noch abenteuerliche Wanderungen oder Touren mit dem Mountain-Bike. Bitte aber niemals seine eigenen Naturkenntnisse auf den nur kaum oder gar nicht markierten Wegen überschätzen und die Sicherheitsregeln im Umgang mit Bären bestens studieren.

Ein beliebtes Kanuabenteuer ist die Fahrt von Whitehorse nach Dawson City auf dem legendären Yukon River. Acht bis zehn Tage sollten für diese 700 Kilometer lange Fluss-Tour bei den Paddelfreunden eingeplant werden.

Maße, Gewichte, Temperaturen:

1 Meter =	3,28 feet, 1 foot (ft.) = 30,48 cm
1 Kilometer=	0,621 mile, 1 mile (mi.) = 1,609 km

1 Quadratmeter	=	10,764 square feet
1 Quadratkilometer =		2,471 acres

1 pound (lb.)	=	0,454 kg
1 ounce (oz.)	=	28,350 Gramm
1 ton /t.)	=	907,185 kg

1 Liter	=	0,264 U.S.-Gallon,
1 U.S.-Gallon	=	3,785 Liter
1 pint (pt.)	=	0,57 Liter
1 quart (qt.)	=	0,95 Liter

-10 Grad Celsius	=	14,0 Grad Fahrenheit
0 Grad Celsius	=	32,0 Grad Fahrenheit
+10 Grad Celsius	=	50,0 Grad Fahrenheit
+20 Grad Celsius	=	68,0 Grad Fahrenheit
+30 Grad Celsius	=	86,0 Grad Fahrenheit

Nützliche Telefonnummern und Adressen im Yukon:

Besucherzentren bzw. –informationen:

Whitehorse:	Tel. (867) – 667 – 3084, Stadtmitte
Dawson City:	Tel. (867) – 993 – 5566, Front Street
Watson Lake:	Tel. (867) – 536 – 7469, Ortsmitte
Haines Junction:	Tel. (867) – 634 – 2345, Ortsmitte
Beaver Creek:	Tel. (867) – 862 – 7321, Alaska Highway
Carcross:	Tel. (867) – 821 – 4431, Ortsmitte
Carmacks:	Tel. (867) – 863 – 6606, Telegraph Office
Faro:	Tel. (867) – 994 – 3154, Ortsmitte

Straßen im Yukon:

Alaska Highway:	Watson Lake, Whitehorse, Haines Junction
Klondike Highway:	Whitehorse, Carmacks, Dawson City
Klondike Highway II:	Whitehorse, Carcross, Skagway AK
Campbell Highway:	Watson Lake, Ross River, Faro, Carmacks
Haines Highway:	Haines Junction, Haines AK
Dempster Highway:	Dawson City, Inuvik
Top-of-the-World Highway:	Dawson City, Tok Jnct. AK, Beaver Creek
Cassiar Highway:	Kitwanga BC, Stewart,Hyder AK, Watson Lake
Tagish Road:	Carcross, Tagish, Alaska Highway
Atlin Road:	Tagish, Atlin BC
South u. North Canol Road:	Alaska Highway, Ross River, NWT
Silver Trail:	Stewart Crossing (Klondike Highway), Mayo, Elsa, Keno City

Abenteuertouren:
(deutschsprachig)

Blockhüttenabenteuer, Simon/Hoffmann, RR 2 Site 15 Comp 125, Whitehorse, YT, Y1A 5W9, Tel.: (867) – 633 – 3566

Blue Kennels Dog Sled Trips, 102 Wood St. River View Hotel, Box 5484, Whitehorse, YT, Y1A 5H4, Tel.: (867) – 633 – 2219

Glanzmann Tours, geführte Outdoor-Touren im Sommer und Hundeschlittentouren im Winter, P.O. Box 2107, Haines Junction, YT, Y0B 1 LO, Fax: (867) – 634 – 2001

Dalton Trail Lodge, Fischen, Jagen und geführte Outdoor-Touren, wie Wanderungen und Kanu-Touren, P.O. Box 5331, Haines Junction, YT, Y0B 1LO, Tel.&Fax.: (867) – 667 – 1099

Tagish Lake Resort, komfortable Blockhütten mit Seeblick, Campingplatz, geführte Outdoor-Touren, Sommer- und Winterprogramm, P.O. Box 3889, Whitehorse YT, Y1A 5M6, Tel.&Fax.: (867) – 668 - 1009

Tagish Lake Wilderness Lodge, Blockhütten in absolute Wildnis, geführtes Outdoorprogramm, General Delivery, Tagish, YT, Y0B 1TO, Tel.&Fax.: (867) – 393 - 4097

Nützliche Telefonnummern und Adressen in Alaska:

Besucherzentren bzw. –informationen:

Anchorage:	Tel. (907) – 274 – 3531, Stadtmitte
	Tel. (907) – 696 – 4636, North Center
Juneau:	Tel. (907) – 586 – 2201, Davis Log Cabin, 3rd. Street
Petersburg:	Tel. (907) - 772 – 3646, 1st. Street
Ketchikan:	Tel. (907) – 225 – 6166, Front Street
Wrangell:	Tel. (907) – 874 – 3901, Ecke Bruegeer Str.,Outer Drive
Fairbanks:	Tel. (907) – 456 – 5774, 1st. Avenue
Tok:	Tel. (907) – 883 – 5667, Mainstreet
Valdez:	Tel. (907) – 835 – 2984, Stadtmitte, gegenüber Stadthalle
Homer:	Tel. (907) – 235 – 7740, Mainstreet
Kenai:	Tel. (907) – 283 – 1991, Kenai Spur Highway
Seward:	Tel. (907) – 224 – 8051, Seward Highway

Straßen in Alaska:

Alaska Highway	Haines Junction, Tok, Delta Junction, Fairbanks
Taylor Highway	Eagle, Tok Junction
Steese Highway	Fairbanks, Circle
Richardson Highway	Valdez, Glennallen, Delta Junction
George Parks Highway	Anchorage, Denali N.P., Fairbanks
Denali Highway	Cantwell, Paxson
Sterling Highway	Anchorage, Kenai, Homer
Seward Highway	Anchorage, Seward
Haines Highway	Haines Junction, Haines
Dalton Highway	Fairbanks, Deadhorse
Edgerton Highway	Chitina, McCarthy

Abenteuertouren in Alaska:

AUK NU Tours, Walbeobachtungen im Glacier Bay National Park, 76 Egan Drive, Juneau, AK 99801, Tel. 1-800-820-2628

Phillips`Cruises and Tours, Gletscher und Wildlife Touren im Prince William Sound, 519 W 4th. Avenue, Dept. WM, Anchorage, AK 99501, Tel. (907) – 276-8023

Stan Stephens Cruises, Touren zum Columbia Gletscher mit Growler Island, P.O. Box 1297, Valdez, AK 99686, Tel. (907) – 835 - 4731

Schlußwort:

Mit der Realisierung dieses Buches habe ich mir einen jahrelangen persönlichen Traum erfüllt. Allen, die mich hierbei unterstützt haben, möchte ich einen Dank aussprechen. Mein besonderer Dank gilt meinen Freunden, welche mich auf die Touren durch die nordischen Länder begleitet haben, Herrn Andreas Hartmann für die Mithilfe in technischen Fragen und Andreas Röder für die Überarbeitung meiner Textvorlage.
Ich hoffe und wünsche, dass den Lesern die beschriebenen Reisen im Buch und gegebenenfalls beim Nachreisen ebensoviel Freude und Spaß bereiten wie mir und meinen Freunden.

Folgende Reiseveranstalter haben mich bei der Organisation der Touren durch Alaska und dem Yukon bestens unterstützt:

KINGFISHER REISEN Rhein Kurier GmbH, Casinostraße 48-54,
D-56009 Koblenz, Telefon 0261/91554 – 0, Email: info@kingfisher.de

CANUSA Touristik GmbH & Co., Nebendahlstraße 16,
D-22041 Hamburg, Telefon 040/227253 – 0, www.canusa.de

Informationsbroschüren, Kartenmaterial und eine Liste aller Alaska/Yukon-Veranstalter erhält man beim Fremdenverkehrsamt von Alaska, Pela Touristik-service, Postfach 1227, D-63798 Kleinostheim, http://www.travelalaska.com und Canadian Tourism Commission c/o Lange Touristik Dienst, Eichenheege 1-5, 63477 Maintal 1, http://www.travelcanada.ca .

Ein besonderer Tipp:

Im Verhältnis zum US-Dollar bringt der recht günstige Wechselkurs des kanadischen Dollars (ca. DM 1,45 – Stand April 2001) ein vernünftiges Preis-Leistungs-Verhältnis und macht eine Reisekombination Yukon/Alaska erschwinglich. Deshalb die Schwerpunkte und den größten Teil der anstehenden Kosten der Reise, z.B. Wohnmobilanmietung oder Lodge-aufenthalt ins kanadische Yukon verlegen.

Buschflugzeug des Watson Lake Flying Service

Der Traum eines jeden Alaska/Yukon-Besuchers: einen Grizzly in freier Wildbahn zu beobachten